北航法律评论专号（2018年）

日本民法修正

回顾与反思

AMENDMENTS TO THE JAPANESE CIVIL LAW

李 昊 主编

图书在版编目(CIP)数据

日本民法修正:回顾与反思/李昊主编.—北京:北京大学出版社,2020.7
ISBN 978-7-301-31237-7

Ⅰ.①日… Ⅱ.①李… Ⅲ.①民法—法典—日本 Ⅳ.①D931.33

中国版本图书馆 CIP 数据核字(2020)第 023176 号

书 名	日本民法修正:回顾与反思
	RIBEN MINFA XIUZHENG:HUIGU YU FANSI
著作责任者	李 昊 主编
策划编辑	陆建华
责任编辑	陆建华 李慧腾
标准书号	ISBN 978-7-301-31237-7
出版发行	北京大学出版社
地 址	北京市海淀区成府路 205 号 100871
网 址	http://www.pup.cn
	http://www.yandayuanzhao.com
电子信箱	yandayuanzhao@163.com
新浪微博	@北京大学出版社 @北大出版社燕大元照法律图书
电 话	邮购部 010-62752015 发行部 010-62750672 编辑部 010-62117788
印刷者	北京鑫海金澳胶印有限公司
经销者	新华书店
	730 毫米×1020 毫米 16 开本 19.75 印张 370 千字
	2020 年 7 月第 1 版 2020 年 7 月第 1 次印刷
定 价	59.00 元

未经许可,不得以任何方式复制或抄袭本书之部分或全部内容。
版权所有,侵权必究
举报电话:010-62752024 电子信箱:fd@pup.pku.edu.cn
图书如有印装质量问题,请与出版部联系,电话:010-62756370

北航法律评论

主　　办
　　北京航空航天大学法学院

学术委员会
　　龙卫球　任自力　孙新强　王天华　肖建华　郑丽萍

编辑委员会
　　主　编　李昊　明辉
　　责任编辑　毕洪海　初殿清　高琦　刘颖　孙运梁　王锴
　　　　　　　王琦　王永茜　王天凡　张晓茹　周学峰
　　特约编辑　王融擎

学生编辑部
　　编　辑　张博文　翟旭峰

编辑部地址:北京市海淀区学院路37号北京航空航天大学法学院
　　《北航法律评论》编辑部　　　邮　编:100191
Email:bhlawrev@163.com
微信(Wechat)公众号:北航法律评论

　　为适应我国信息化建设,扩大本刊及作者知识信息交流渠道,本刊已被《中国学术期刊网络出版总库》及CNKI系列数据库、中国法律知识总库、北大法宝等数据库收录。如作者不同意文章被收录,请在来稿时向本刊声明,本刊将做适当处理。

编者按

本辑《北航法律评论》为2018年专号，聚焦于日本及其他域外民法的修正，望能助益于我国民法研究。本辑内容分为两个专题。

第一个专题为"日本民法修正"，共涉及债法和继承法两个部分。其中，《日本民法》债法部分的修改历经十数年，最终在各方妥协的基础上得以通过，是《日本民法》颁布以来债法领域最大的一次修正。本辑约请日本参与债法修正的代表学者和留学日本的中国学者对日本债法修正的主要内容进行了详细的剖析，涵盖了日本债法新旧条文的对比、对日本债法修正过程的思考以及对日本具体债法制度修改内容的分析。这些内容对我国当下进行民法典学习、研究具有积极的参考价值。此外，2018年7月，《日本民法》继承编的内容也经历了一次大修，以应对日本国内日益加剧的老龄化等社会问题。这对我国同样具有启示意义。本书就《日本民法》继承编修正部分的新旧法律条文进行了详细的对比。

第二个专题为"域外采风"，聚焦于近年来欧洲大陆民法的制定与变革。其一是对《瑞士债法2020》的译介及条文翻译，其二是对《〈欧洲共同买卖法草案〉第99条(货物或数字内容与合同相符)评注》一文的翻译。这两部分所涉内容虽非正式生效的法律文本，但对我国民法典的进一步完善和民法研究具有重要的借鉴意义。

日本国会于2017年通过的涉及《日本民法》债权部分的修正案的正式名称为《修改民法部分规定之法律》[日文原文为：民法の一部を改正する法律(平成29年法律第44号)]。因这一正式名称并不直接指向债权法修正案(历史上，有多部《日本民法》的修正案均叫《修改民法部分规定之法律》。与中国的法律名称相比较，这一正式名称相当于"全国人大常委会关于修改《××法》的决定")，在学术文献的引用中，前述修正案通常被称为《民法债权编修正案》，在专门论述2017年《日本民法》债权部分修改的文章中，亦会直接简称《修改法案》。

本书关于《日本民法》的文章包含论文、译作和条文的对比翻译，且论文和译作原文的写作时间横跨《日本民法》债权部分修改及《修改法案》正式施行前后。此种多元化的特点使得文章中使用的术语难以统一。例如，在《修改法案》提交国会之前，通常会使用"现行法"和"修改法"来指代经《修改法案》修改前后的《日本民法》。在《修改法案》经日本国会审议通过后，通常会使用"修改前民法/旧法"和"修改后民法/新法"来指代经《修改法案》修改前后的《日本民法》。在《修改法案》正式施行后,经《修改法案》修改后的《日本民法》便是现行法了。

因此,在正式援引时,经上述法案修改后的《日本民法》通常都会标注"依《修改民法部分规定之法律》[平成29年(2017年)法律第44号]修改",以示版本。未经特别说明时,本书专题一中所称"修改法""新民法""新法""修改后民法"均指经上述法案修改后的《日本民法》;与此相对,未经特别说明时,本书专题一中称"现行民法""现行法""旧法"时,均指经上述法案修改前的《日本民法》。

目　　录

专题一　日本民法修正

《日本民法》债权编修订立法程序研究 …………………………… 翟新丽(3)

民法(债权法)修改的"契约·契约法"观
　　…………………………………………〔日〕大村敦志/著　王融擎/译(16)

限制债权让与特约 ……………………〔日〕潮见佳男/著　陈韵希/译(32)

合同责任法的修改
　　——《修改法案》的概要及宗旨
　　…………………………………………〔日〕山本敬三/著　夏静宜/译(38)

日本新民法上的定型格式条款的规定内容 ……………〔日〕王冷然(66)

日本新民法上有关保护个人保证人的规定 ……………〔日〕王冷然(80)

民法债权人撤销权的应有之义
　　——以《日本民法》债权编修订为契机兼论我国债权人
　　撤销权制度的完善……………………………………………张子弦(98)

《日本民法》修改和新旧条文对照表 …………………… 王融擎/编译(115)

专题二　域外采风

瑞士债法现代化：《瑞士债法2020》译介 …………………… 石一峰(233)

《瑞士债法2020：新债法总则草案》(中译本) … 石一峰　潘玮璘/译(247)

《欧洲共同买卖法草案》第99条(货物或数字内容与合同相符)评注
　　………………………………………〔德〕赖纳·舒尔策/著　金晶/译(290)

《北航法律评论》简介 …………………………………………………(299)
《北航法律评论》约稿函 ………………………………………………(301)
《北航法律评论》引证体例 ……………………………………………(303)

专题一　日本民法修正

《日本民法》债权编修订立法程序研究

翟新丽[*]

【摘要】 日本《民法债权编修正案》是当之无愧的学者立法，也是彻底的公开立法，这两个特点贯穿立法的整个过程和每个环节。首先，《日本民法》债权编的论点、试案和要纲案皆由著名的日本民法学者讨论、决定和撰写。其次，《日本民法》债权编修订过程中的所有法律文件都在互联网上向公众公布，任何人可以自由阅览和下载。

【关键词】 债权法部会　中间论点　法制审议会　修订

《日本民法》自1898年实施以来，曾在1947年对第四编亲族编、第五编继承编进行了修订，但债权编始终没有大规模修改过。而在《日本民法》实施100周年的1998年前后，日本民法学界开始呼吁修改债权编。直到2017年5月26日日本《民法债权编修正案》在参议院通过为止，持续二十多年的《日本民法》债权编修订终于落下帷幕。这是《日本民法》颁布120年后对债权编的根本修改，具有特别重要的意义。《日本民法》债权编的修订在对日本社会产生重大影响的同时，也对包括我国在内的世界诸国产生重大影响。日本在立法程序上保持慎重、公开，遵循了唤起广大国民的关心和在取得众多相关者共识的前提下修改法律的日本传统。[1] 本文主要考察《日本民法》债权编修订中的立法程序问题，重点关注法学研究者在立法中发挥的作用，以期对我国民法研究有所裨益。

---

[*] 翟新丽，日本名古屋大学法学博士，郑州大学法学院讲师。
[1] 参见〔日〕内田貴『民法改正—契約のルールが百年ぶりにかわる』（筑摩書房・2011年）第226页。

日本一般的立法过程是由法务省等主管部门[2]首先作出立法或修改法律的决定,之后举行事先研讨会,提出作为审议基础的报告书,接着由法务省在下属法制审议会中设置临时性的专门部会进行研讨并制定草案。专门部会的委员不仅包括大学教授、法官、检察官和律师,还包括社会各界的代表。草案要经过公开征求意见程序,再由内阁通过后提交国会审议。《日本民法》债权编的修改经历了民法学界的研讨,法务省的基础研究,法务大臣的咨询,法制审议会"民法(债权关系)部会"完成并发表《中间论点》,《中间论点》公开征求意见,《中间试案》的完成以及公开征求意见,《要纲案》的完成,答申,国会审议、通过和颁布、实施等数个程序。

一、民法学界的推动

20世纪90年代前半期,日本民法学者中的有识之士就提出应该修改债权法并开始讨论。之后,日本民法学者自发组成几个债权法修改研究团体,集中研究并提出了几个学者草案。日本律师协会也提出了各种意见并制定了草案。

可以说,《日本民法》债权编的修订是在民法学界债权法修订思潮的推动下进行的,民法学界的研讨在立法程序的推动、立法理念的树立、实体法争点的确定以及具体制度的设计上都发挥着不可估量的作用。首先,《日本民法》债权编颁布实施已有一百多年,修订的必要性、修订的理由都受到强烈质疑。日本民法学者深刻而明晰地阐述了债权法修改的正当性和正统性。其次,在修改规模(进行个别条文修改还是根本性修改)上,民法学界以继受的外国法偏离了日本社会的发展为由力主根本性修改。再次,日本学者草案明确了债权法修改的大致内容,日本学者草案所确定的需要修改的实体法上的要点和设计的各种新的具体制度为债权编的修订奠定了坚实基础。最后,正是在民法学界的推动下,司法实务界、实业界和日本立法机关都参与到立法过程中来。

(一)学者草案

具有代表性的由学者组成的日本债权法修改研究会有两个。一是民法(债权法)修改研讨委员会(以下简称"修改委员会"),二是民法修改研究会。

修改委员会由包括东京大学内田贵教授、早稻田大学镰田熏教授、京都大学山本敬三教授在内的多名知名民法学家于2006年发起。该学会在经过三年的深入研讨之后,于2009年4月公布了《债权法修改的基本方针》(『債権法改正の基本方針』,别册NBL126号,以下简称《基本方针》)。

---

[2] 这里的主管部门是指日本内阁政府部门,如法务省、厚生劳动省等。如修订《日本儿童虐待防止法》就是先由法务省在法制审议会设置部会进行研讨,并在此基础上参考厚生劳动省讨论的草案而完成最终的草案。

民法修改研究会于2005年成立,以著名民法学者加藤雅信(上智大学教授)为首。2009年10月,民法修改研究会完成并公布了《日本民法典财产法修改 国民·法曹·学界案(草案)》[『日本民法典財産法改正 国民·法曹·学界有志案(仮案)』,以下简称《民法修改研究会案》]。

(二)实务界草案

2009年前后,有关债权法修改的讨论不再限于法学界,迅速扩大到了司法实务界以及企业法务等司法从业者。[3] 东京律师会法友全期会债权法修改项目组公布了《债权法修改的思考——律师的提案》。大阪律师会也公布了《民法(债权法)修改的论点和实务——对法制审讨论事项的意见书》。

(三)民法学界的研讨

除此之外,几乎所有日本民法学者都参与到《日本民法》债权编修订的研讨中,他们召开各种研讨会、发表数量庞大的论文并出版多种专著对债权编的修订进行深入、具体的研讨。以"债权法修改"为关键词在日本的CINII数据库中可以检索到966篇相关论文和56本专著。这些学术论文和专著阐释了《日本民法》债权编修订的必要性和需要修订的内容,推动了《日本民法》债权编的修订进程。

二、法务省的基础研究

"债权法是学术性很强的领域,很多制度都来自罗马法,具有2000年以上的历史,比较法中也有大量的理论积累。如果不以历史、比较法、世界现状为基础修改债权法,即使修改得很好也无法对世界产生很大影响。影响世界也是本次债权法修改的重要因素,因此,该领域的学术积累和对外学术交流都是非常重要的。"[4] 所以,2006年日本法务省内部开始关注债权法的修改并着手讨论是否有必要修改债权法,2007年10月聘请东京大学民法教授内田贵担任法务省民事局参事官和经济关系民刑基本法完善推进本部参事,对民法修改进行基础研究。内田贵参事官大约从十七八年前就开始了债权编修改的基础研究,堪称日本债权编修改研究第一人。

三、法务大臣的咨问

《日本民法》债权编修订的学者草案、实务界草案相继公布,内田贵参事官

---

[3] 参见[日]山田八千子「法哲学の視座からみた債権法改正の動向」『法律時報』82卷10号第30页。

[4] [日]内田贵:《民法(债权关系)修改的意义和课题》,翟新丽译,载明辉、李昊主编:《北航法律评论》2012年第1辑,法律出版社2012年版,第169-180页。

也研究了近三年,立法条件日臻成熟。2009年10月28日,法制审议会总会召开,时任法务大臣千叶景子就债权法修改进行了咨询(咨问第88号)。

法务大臣的咨问机关是法制审议会,设在日本法务省之下。法务大臣的咨问内容包括有关民法、刑法等其他法律基本事项的调查审议。法制审议会接受法务大臣的咨问并进行审议、在法律修改时制订修正案的基础"改正要纲"并对大臣进行答申。政令规定法制审议会由不超过20名委员组成。2018年的法制审议会由委员19人和干事3人组成。

咨问第88号具体内容如下:"关于民事基本法的《日本民法》中的债权关系,为了使其应对该法制定以来的社会、经济变化,使一般国民容易理解,有必要以与国民日常生活、经济活动密切相关的合同法为中心进行修改,请提示要纲。"

对该咨问,有批判意见认为该咨问认为将应对社会经济变化和确保一般国民容易理解民法作为债权法修改的目的,高度抽象,过于概括。[5] 具体而言:首先,修改的是一般理念,但没有提供实质的具体的方针,更没有明确修改的方向;虽然提供了一定的方向性,但"一般国民容易理解"可有多种解释。其次,该咨问并没有明确修改范围,仅能从文义上得出该咨问认可全面修改的结论。

更有意见认为,该咨问不能说明债权法修改的必要性,这次债权法修改无视日本国情,其目的非常浅薄,是以和美国法同一化、发扬国威并提高国际竞争力为目的的修改。[6]

四、法制审议会"民法(债权关系)部会"[7]的设立

法制审议会接受咨问之后,为了制定"改正要纲案(修改要纲案)"设立了债权法部会。债权法部会于2009年11月24日召开第一次会议。

由于咨问内容涉及众多问题,所以法制审议会通常设立部会解决具体问题。2001年改革之前的审议会部会是常设机构,如1954年设置的民法部会可以进行全面咨问,也可以自主设立立法课题进行答申。部会可以召开"准备会"进行讨论以迅速、详尽地进行审议。如果召开正式的"准备会"有困难,也可召开非正式的研究会进行讨论。2001年改革之后,部会变成非常设机关。日本法制审议会在《日本民法》修改中于2008年到2009年间设置了三个部会:"民法

---

〔5〕 参见〔日〕山田八千子「法哲学的视座からみた债权法改正の动向」『法律时报』82卷10号第31页。

〔6〕 参见〔日〕加藤雅信『民法(债权法)改正—民法典はどこにいくのか』(日本评论社・2011年)第210页。

〔7〕 以下简称"债权法部会"。"部会"相当于我国的专门委员会。

成年年龄部会""儿童虐待关联亲权制度部会""债权法部会"。其中,"民法成年年龄部会"进行了答申(对咨问的答复),2018年完成相关立法;"儿童虐待关联亲权制度部会"的答申以及亲权制度的立法皆已完成。

改革前,法制审议会的委员半数以上由大学教授、法官、律师等担任,改革后,法律从业人员以及研究者以外的委员人数有所增加。这就将法制审议会的审议从专家团的判断变成了社会各界代表的讨论。内阁会议于1999年决定的公开评议机制也促进了这种变化。[8] 民法部会在民法等基本法修改时,针对不同的问题,由从学者、法官、律师、相关官僚和民间团体代表中遴选出来的成员组成审议会,答复法务大臣的咨问。

债权法部会的委员、干事中研究者所占比例很高。这被批判为优先重视法学研究者的意见而无视一般国民的意见。[9] 赞成意见认为:一方面,法学研究者的意见中已经包含了所有可能的意见;另一方面,民法尤其是债权法的理论性、技术性很强,一般国民很难提出自己的意见。[10] 而实际上,代表大企业、中小企业、劳动者团体、消费者团体以及与之相关的经济产业省、金融厅、厚生劳动省、消费者厅的部会委员和干事的意见都是着重强调与自身利益相关的部分。债权法部会委员的名单如下:

表1 日本法制审议会债权法部会委员名单(2014年7月23日)

部会长	早稻田大学校长	镰田薰
委员	法务省经济关系民刑基本法完善推进本部参事	内田贵
	千屋总本店株式会社董事长	大岛博
	第一东京律师会律师	冈正晶
	消费者生活专业咨询员	冈田裕美
	法务省大臣官方审议官	金子修
	最高裁判所事务总局民事局长	菅野雅子
	东京瓦斯株式会社总务部法务室长	佐成实
	大阪律师会律师	中井康之
	东京大学教授	中田裕康
	三菱东京UFJ银行株式会社法务部长	中原利明

---

[8] 参见〔日〕大村敦志『民法改正を考える』(岩波书店·2011年)第129页。

[9] 参见〔日〕加藤雅信『民法(债権法)改正—民法典はどこにいくのか』(日本评论社·2011年)第171页以下。

[10] 参见〔日〕大村敦志『民法改正を考える』(岩波书店·2011年)第129页。

		续表
委员	学习院大学教授	能见善久(同时也是法制审议会委员)
	学习院大学名誉教授	野村丰弘
	京都大学教授	松冈久和
	独立行政法人国民生活中心理事长	松本恒雄
	法务省民事局长	深山卓也
	东京地方裁判所裁判官	村上正敏
	日本劳动组合总联合会副事务长	安永贵夫
	东京大学教授	山下友信
干事	东京大学教授	大村敦志
	内阁法制局参事官	冈田幸人
	东京大学教授	冲野真己
	庆应义塾大学教授	鹿野菜穗子
	东京大学教授	神作裕之
	京都大学教授	潮见佳男
	东京律师会律师	高须顺一
	法务省民事局民事法制管理官	筒井健夫
	东京大学教授	道垣内弘人
	东京大学教授	畑瑞穗
	最高裁判所事务总局民事局第一课长	福田千惠子
	第二东京律师会律师	深山雅也
	法务省民事局参事官	村松秀树
	东京大学教授	山川隆一
	早稻田大学教授	山野目章夫
	一桥大学教授	山本和彦
	京都大学教授	山本敬三
	最高裁判所事务总局民事局第二课长	余多分弘聪

干事和委员在审议中具有同等发言权。部会的审议采用多数决的形式,但也很重视共识的形成。

第一次审议中,《基本方针》《民法修改研究会案》都作为资料分发给各位委员。第一次会议中,筒井干事指出债权法部会要重新开始讨论,广泛听取部会委员和干事以及社会各界的意见,进行充分讨论。镰仓委员长指出债权法部会的任务是听取从不同立场出发提出的各种意见,与此同时确定债权法修改的正确方向。[11] 但由于债权法修改没有召开事先研讨会,也就不存在作为审议基础的报告书,修改委员会的成员多数参与到债权法部会中,债权法修改的部会审议实际上是以《基本方针》为基础的。[12] 而《基本方针》主要由学者起草完成,是学者草案。[13] 对此,内田贵指出,由于债权法具有很强的理论性,应由学者首先将其应有之态编成草案,之后再请实务界进行评判,在草案修改中将反映其评判意见。[14] 大村敦志委员也认为这是为了避免债权法修改变成权宜之计、拼凑之作,并且是制定体系完备、理论完善的债权法草案所必需的,之后再调整相关利害关系亦可达到整体平衡。[15]

债权法部会原则上3周召开一次会议,之后公布议题、议事概要、议事录和相关资料,相关资料通常包括债权法部会的资料、委员等提供的资料以及会议资料。

表 2　议事录的格式(以第 26 次会议议事录为例)

法制审议会、债权法部会 第 26 次会议议事录
第 1 日期　　平成 23 年(2011 年)4 月 12 日(火)自下午 1 点 04 分 　　　　　　　　　　　　　　　　　　　　至下午 4 点 50 分
第 2 地点　　法务省大会议室
第 3 议题　　民法(债权关系)修改
第 4 议事　　(如下) 　　　　　　○镰田部会长　…… 　　　　　　○筒井干事　…… 　　　　　　……

每次的议事录都长达数十页,准确并详细地记载了与会者的发言并公布在

---

[11] 参见「法制審議会 民法(債権関係)部会 第 1 回会議 議事録」http://www.moj.go.jp/content/000046716.pdf,2018 年 1 月 17 日閲覧。

[12] 参见〔日〕加藤雅信『民法(債権法)改正—民法典はどこにいくのか』(日本評論社·2011 年)第 7 頁以下。

[13] 参见〔日〕加藤雅信『民法(債権法)改正—民法典はどこにいくのか』(日本評論社·2011 年)第 202 頁。

[14] 参见民法部会「第三回会議配布資料 検討事項(1)」详细版第 17 页以下。

[15] 参见〔日〕大村敦志『民法改正を考える』(岩波書店·2011 年)第 130 頁。

五、《中间论点》

法制审议会的部会为给法制审议会总会制定"改正要纲"做准备而制定"改正要纲案"。在此之前,部会制定"中间试案"公开征求意见,并将其作为制定"改正要纲案"的基础。

债权法部会从2009年11月开始讨论,约一年半后在2011年4月12日的债权法部会第26次会议上确定了《中间论点》并同时在日本法务省网站上公布。[16]《中间论点》将所有应作为审议对象的论点、应该留意的事项进行了整理。《中间论点》包括如下内容:

1.债权的标的;2.履行请求权等;3.债务不履行的损害赔偿;4.赔偿额的约定;5.合同解除;6.危险负担;7.受领迟延;8.有关债务不履行的新规定;9.债权人代位权;10.债权人撤销权;11.多数人之债;12.保证债务;13.债权转让;14.有关证券债权的规定;15.债务承受;16.合同转让;17.清偿;18.抵销;19.变更;20.免除和混同;21.有关新的债权消灭原因的法律概念;22.合同基本原则;23.合同交涉阶段;24.要约和承诺;25.悬赏广告;26.第三人合同;27.合同条款;28.法律行为通则;29.意思能力;30.意思表示;31.不当条款规制;32.无效和撤销;33.代理;34.条件和期限;35.期间;36.消灭时效;37.合同分论的共同论点;38.买卖——总则;39.买卖——买卖的效力(担保责任);40.买卖——买卖的效力(担保责任以外);41.买卖——买回和特殊买卖;42.交换;43.赠与;44.消费借贷;45.租赁;46.使用租赁;47.典型服务合同(雇用、承揽、委任、寄存)总论;48.承揽;49.委任;50.代替准委任的服务合同类型的规定;51.雇用;52.寄存;53.合伙;54.终身定期金;55.和解;56.新型合同;57.情势变更原则;58.不安抗辩权;59.合同的解释;60.继续性合同;61.对法定债权规定的影响;62.有关消费者、经营者的规定;63.规定的顺位。

下面以"30.意思表示"的"心里保留"为例。

心里保留的无效要件。意思表示者知道表示和真意不一致时的意思表示的效力,《日本民法》第93条的规定没有区分①期待对方意识到意思表示者的真意而为与真意相异的意思表示(非真意表示)和②表意者有使对方误信的意图而隐藏自己的真意,为与真意相异的意思表示(狭义的心里保留)。有见解认为应该区分①和②,非真意表示的对方具有恶意或过失时,意思表示无效;狭义的心里保留仅在对方具有恶意时,意思表示无

---

[16] 参见http://www.moj.go.jp/shingi1/shingi04900074.html,访问日期:2018年1月17日。

效。有意见指出实际上很难区分二者。该见解是否妥当有待进一步讨论。

并且,《日本民法》第93条但书规定当对方知道或能够知道"表意者的真意"时,心里保留无效。因为真意的内容未必有必要知道,将对方恶意等的对象从"表意者的真意"改为"表意者无真意为表示"如何?这需要进一步讨论。

六、《中间论点》公开征求意见

2011年6月1日到2011年8月1日,日本法务省对《中间论点》进行了为期2个月的公开征求意见。[17]《日本行政程序法》第六章对公开征求意见等作出了规定(第38至45条)。公开征求意见的期限原则上为30天以上,日本国民可以通过电子邮件、传真等向相关负责部门提出意见。民法用语现代化时没有事先预告,而仅仅限定暑假1个月时间公开征求意见,受到多方诟病。《中间论点》采用的是任意的公开征求意见。最终,116个团体和253个自然人提出了369条意见,这些意见都作为债权法部分的审议参考资料。[18]

之后,债权法部会又在第27、28、29次会议上听取了相关团体的意见。这些团体包括日本贸易会、日本证券业协会和计算机软件协会等21个代表社会各个行业、各个阶层的团体。

2011年7月26日,民法部会召开第30次会议,决定用一年半的时间完成《中间试案》的起草工作。有学者指出,在公开征求意见结果出来之前,债权法修改工作仍然在进行,等于完全无视了公开征求意见这一环节,使之变得毫无意义。[19] 公开征求意见的结果于2011年11月15日债权法部会第35次会议上被介绍,其中关于是否有必要修改债权法,存在多种意见,而债权法部会并没有对此进行审议。

七、《中间试案》的完成以及公开征求意见

2011年7月23日召开的第30次债权法部会会议开始了对《中间论点》的讨论。为了加快审议速度,以便在2013年2月的预定期提出"中间试案",债权法部会决定那些不是必须在审议时间内由所有人员进行审议的论点由部会从

---

[17] 参见 http://search.e-gov.go.jp/servlet/Public?CLASSNAME=PCMMSTDETAIL&id=300080078&Mode=0,访问日期:2018年1月17日。

[18] 参见 http://search.e-gov.go.jp/servlet/Public?CLASSNAME=PCMMSTDETAIL&id=300080078&Mode=2,访问日期:2018年1月17日。

[19] 参见〔日〕加藤雅信「法務省に対するご質問:債権法改正立法手続きの問題性について」消費者法ニュース102号。

其委员、干事中选出人员设立三个分会进行补充审议。

2013年2月26日,第71次会议投票通过了《中间试案》。从2011年4月12日《中间论点》确定到2013年2月26日《中间试案》通过,债权法部会共召开了45次会议,三个分会共召开了18次会议。

《中间试案》共分44个部分,具体如下:

  1.法律行为总则;2.意思能力;3.意思表示;4.代理;5.无效和撤销;6.条件和期限;7.消灭时效;8.债权标的;9.履行请求权;10.债权不履行的损害赔偿;11.合同解除;12.危险负担;13.受领迟延;14.债权人代位权;15.债权人撤销权;16.多数人之债;17.保证债务;18.债权让与;19.有价证券;20.债务承受;21.合同转让;22.清偿;23.抵销;24.变更;25.免除;26.合同基本原则等;27.合同交涉阶段;28.合同的成立;29.合同解释;30.合同条款;31.为第三者合同;32.情势变更原则;33.不安抗辩权;34.继续性合同;35.买卖;36.赠与;37.消费借贷;38.租赁;39.使用租赁;40.承揽;41.委任;42.雇用;43.寄存;44.合伙。

仍以"2.意思表示"里的"心里保留"为例:

  心里保留(《日本民法》第93条)可做如下修改:
  (1)即使表意者知道意思表示不是真意,也不影响该意思表示的效力。但是,对方知道或能够知道表意者的意思表示不是真意时,该意思表示无效。
  (2)(1)中意思表示无效不能对抗善意第三人。

2013年4月1日到6月3日,《中间试案》公开征求意见,其程序与《中间论点》相同,不再赘述。最终共收到了194个团体和469个自然人的意见。

八、《要纲案》

债权法部会从2013年7月16日的第74次会议开始着手,经过近一年的努力,在2014年8月26日制定了《民法(债权关系)修改要纲草案》[『民法(債権関係)改正に関する仮要綱案』,以下简称《要纲草案》],并最终在历经约一年半、25次会议后,于2015年2月10日制定了《民法(债权关系)修改要纲案》[『民法(債権関係)改正に関する要綱案』,以下简称《要纲案》]。

《要纲案》包括以下内容:

  1.公序良俗(《日本民法》第90条);2.意思能力;3.意思表示;4.代理;5.无效和撤销;6.条件和期限;7.消灭时效;8.债权标的(法定利息除外);9.法定利息;10.履行请求权等;11.债务不履行的损害赔偿;12.合同解除;13.危险负担;14.受领迟延;15.债权人代位权;16.债权人撤销权;17.多数债权;

18.保证债务;19.债权转让;20.有价证券;21.债务承担;22.合同转让;23.清偿;24.抵销;25.变更;26.合同基本原则;27.合同的成立;28.格式条款;29.为第三人利益的合同;30.买卖;31.赠与;32.消费借贷;33.租赁;34.使用借贷;35.承揽;36.委任;37.雇用;38.寄存;39.合伙;40.其他。

仍以"2.意思表示"的"心里保留"为例:

心里保留(《日本民法》第93条)可做如下修改:

(1)即使表意者知道意思表示不是其真意时,也不影响该意思表示的效力。但是,对方知道或能够知道表意者的意思表示不是真意时,该意思表示无效。

(2)(1)但书规定的意思表示无效不能对抗善意第三人。

九、答申

法制审议会对咨询进行答申,通常情况下政府的内阁会议对此进行承认后,政府就有责任提出法案。第二次世界大战后的《日本民法》修改,包括1962年、1980年、1987年的《日本家族法》修改,1971年的《日本抵押权法》修改,1999年的《日本成年监护法》修改。其中多数都是经过法制审议会的答申而进行的。

十、国会审议

(一)提交国会

2015年3月31日,内阁会议通过并于同日向第189次国会(常会)提交审议《民法部分修改案》(『民法の一部を改正する法律案』,编号为"189阁法63号、64号",以下简称《民法修正案》)。同时向国会提出的还有修改关联法案的《有关民法修改部分实施关联法律整备等的法案》(「民法の一部を改正する法律の施行に伴う関係法律の整備等に関する法律案」)。其理由为:"考虑到社会经济情况的变化,有必要完善时效制度,如统一诉讼时效等,设立法定利息变动的规定,完善保护保证人的保证债务规定,设立格式条款相关规定。"但由于审议安保法案占用的时间太多,《民法债权编修正案》没能进入审议程序,第190次、第191次、第192次国会都没有进行审议。

国会并没有对债权法修正案表现出强烈关心,因为债权法修改中缺乏政治上的争议点,也不存在施加压力的团体,议员无法通过推动债权法修改获得选票。[20]债权法修改并非司法实务上的需要,也不是社会层面的需要,所以日本

---

[20] 参见[日]大村敦志『民法改正を考える』(岩波書店·2011年)第135页。

国民总体上对债权法修改的关心度比国会还低,只有一部分利害关系人提出了自己的意见。[21]

(二)众议院审议

在第192次临时国会上(会期从2016年9月26日到2016年12月17日),众议院法务委员会于2016年11月16日开始对《民法债权编修正案》进行审议。直到2016年12月7日,众议院法务委员会共对《民法债权编修正案》审议7次,计近40个小时。实际的审议中,国会议员的提问多半集中在公证书的做成和保证效力、金钱融资保证、连带保证、消灭时效上。

2017年2月2日,《民法债权编修正案》在第193次通常国会(会期从2017年1月20日到2017年6月18日)的众议院预算委员会上进行审议,这是该法案首次在日本国会直播中被讨论。讨论的重点仍然在连带保证上,即如何修改关于个人连带保证的规定以扩大无担保贷款,实现日本复兴战略。

2017年4月5日,众议院法务委员会在约5个月后再次开始对《民法债权编修正案》进行审议。经过4次审议之后,2017年4月14日在众议院本会议上,《民法债权编修正案》在自民党、公明党、共产党、日本维新会赞成而民进党反对的情况下获得通过,并送交参议院审议。

(三)参议院审议

2017年4月20日,参议院法务委员会开始对《民法债权编修正案》进行审议。截至2017年5月25日,前后进行了7次审议。参议院审议的焦点仍然在融资担保和公证人制度上。在众议院法务委员会和参议院法务委员会的审议中举行了数次参考人质询,由担任日本律师协会理事的律师、学者等专家推荐的三人在审议中陈述各自的意见并接受质询。

十一、通过和颁布、实施

2017年5月26日的参议院本会议上,《民法债权编修正案》在投票总数为232票,赞成181票、反对51票的多数赞成的情况下决议通过。《民法债权编修正案》于2017年6月2日公布,该修改法律的法律号码是"平成29年(2017年)6月2日法律44号"。《民法债权编修正案》从2020年6月2日起开始实施。

综上所述,首先,《民法债权编修正案》是当之无愧的学者立法,因为在《日本民法》债权编的修订过程中,在国会审议之前,都是日本著名的民法学者在讨论、决定和撰写论点、试案和要纲案;其次,《日本民法》债权编的修订过程是公开的,其中的所有法律文件都在互联网上向公众公布,任何人都可以自由阅览和下载,从法务大臣的咨问、《中间论点》《中间试案》《要纲案》、债权法部会的

---

[21] 参见〔日〕大村敦志『民法改正を考える』(岩波书店·2011年)第135页以下。

所有议事录,到国会审议议事录都是公开的,供公众学习、研究和评判。

我国于 2014 年重启民法典编纂工作。2014 年 10 月 23 日,党的十八届四中全会通过《中共中央关于全面推进依法治国若干重大问题的决定》,其中明确提出要"编纂民法典"。2015 年 3 月以来,全国人民代表大会常务委员会法制工作委员会(以下简称"法工委")牵头成立了由最高人民法院、最高人民检察院、原国务院法制办公室、中国社会科学院、中国法学会 5 家单位参加的民法典编纂工作协调小组,并组织工作组开展民法典编纂工作。[22]

中国社会科学院和中国法学会各自提交了民法总则建议稿,作为立法部门的参考资料。接着全国人大法工委民法室从建议稿中挑选条文组成《民法总则(室内稿)》(以下简称"室内稿"),并于 2015 年 9 月 14 日到 16 日召集全国主要的民法学者,召开第一次研讨会,征求专家学者对室内稿的意见和建议。此后全国人大法工委民法室又分别与最高人民法院、最高人民检察院和其他事务部门召开了几次研讨会。全国人大法工委在研讨会的基础上对室内稿进行修改最终形成一审稿。室内稿以及研讨会的会议记录没有公布。

2016 年 6 月 14 日,习近平总书记主持召开中央政治局常委会会议,听取并原则同意全国人民代表大会常务委员会党组关于民法典编纂工作和民法总则草案几个主要问题的汇报。民法典立法加速进行。2016 年 6 月 27 日、10 月 31 日以及 12 月 19 日,《民法总则草案》提请全国人民代表大会常务委员会进行了初次审议、二次审议和三次审议。每次审议后的《民法总则草案》都在中国人大网公布并向社会公开征求意见,为期 1 个月。第一次公开征求意见共有 13802 人参与,提出 65093 条修改意见;第二次共有 960 人参与,提出 3038 条修改意见;第三次共有 660 人参与,提出 2096 条修改意见。但审议的会议记录以及修改意见并没有对外公布。修改意见多大程度上被参考也无从得知。2017 年 3 月 15 日召开的第十二届全国人民代表大会第五次会议上,在时任全国人民代表大会常务委员会副委员长李建国对《民法总则草案》中的民法基本原则和法律适用规则、民事主体、民事权利、民事法律行为和代理、民事责任和诉讼时效等 5 个方面做了约 30 分钟的说明后,草案就提请与会代表审议并表决通过,历时 4 分钟。

究竟谁编纂了《民法总则》,编纂过程中出现了哪些具体争议,为什么会出现这些争议以及这些争议是经过怎样的研讨并最终如何解决的,均无从追寻。《民法总则》编纂过程并不公开,无社会各界参与机制,国民参与度不高。

---

[22] 参见《民法典编纂时间表与民法总则大事记》,载《光明日报》2017 年 3 月 9 日,第 7 版。

民法(债权法)修改的"契约·契约法"观[*]

〔日〕大村敦志[**]/著　王融擎[***]/译

引　言

2009年11月到2015年2月,法制审议会民法(债权关系)部会进行的民法修改,通常被称为"债权法修改"。[1] 但是,众所周知,这里所说的"债权法",指的是民法债权编中除去侵权行为等法定债权的部分,同时加上总则编中的法律行为、消灭时效的相关规定。在本质意义上,其实体指的是"契约法"。所谓"债权法修改"是从民法编别出发的称呼,但是如果更加准确地看待修改对象的话,是"(实质意义上的)契约法修改"。

民法(债权法)修改(《修改法案》以及修改讨论)[2]给"契约"带来了什么?

---

[*]　译者注:本文原发表在2017年4月的『民商法雑誌』(第153卷第1号)。当时,关于民法修改的审议尚未结束,因此文中所称"法案"为修改后民法之规定;未特别明确所指时,有关规定均指修改前民法之规定。

[**]　〔日〕大村敦志,日本东京大学法学院法学政治学研究科教授。

[***]　王融擎,北京大学法学硕士,日本东京大学研究生,现为北京市天同律师事务所律师。

[1]　即使在法务省官网,2006年2月公告开始修改时也用的是《关于民法(债权法)修改》的标题。此外,法案是按照通常的惯例,以《修改民法部分规定的法律案》为题,在2015年3月提交给国会(2016年12月,众议院的委员会终于开始进入审议程序)。

[2]　当然,民法(债权法)修改尚未结束,但是对于民法这一技术性颇难的法律而言,国会很难进行大的修改。而且,即使有修改,在论述从修改法案和修改议论中所见的"契约·契约法"观时,有其本身的意义。当然,本次国会审议过程本身不构成讨论的对象,这一点自不待言。在这一意义上,与明治时代的帝国议会审议或是战后的国会审议情形一样,期待能以结集成册的形式公开出版议事录〔广中俊雄编著『第九回帝国議会の民法審議』(有斐閣·1986年)、同「第一二回帝国議会における民法修正案(後二編)の審議」民法研究3号(2002年)、最高裁判所事務総局編「民法改正に関する国会関係資料」家庭裁判資料34号(1953年)〕。

这是本文所要讨论的主题,但本文想要把它换成"民法(债权法)修改中所呈现的'契约·契约法'观是什么样的"来看。研究这一问题时,首先应当从再次追问"(实质意义上的)契约法修改"的意义究竟是什么这一问题开始。这也是涉及民法体系的问题,但是关于这一点,笔者将会在其他文章中研究,本文只会在下文"一、形态论上的讨论"中简单涉及。

修改法案虽然涉及债权法(实质意义上的契约法)的全部内容,但是在法案提交之际,"提案理由"中列举了四点作为主要修改项目,分别为:(1)统一时效期间;(2)引入法定利率变动制;(3)保护保证人;(4)新设格式条款相关规定。如此一来,最坏情形下,立法当局可能打算只拿出这四个项目而舍弃其他项目来实现法律的修改。

这其中,(1)和(2)当然是关于契约的,但仅是关于契约所生债权的消灭时效或利息、损害赔偿金的计算,并不直接被"契约·契约法"观所左右[当然,对于(1)的见解,并非与契约观无缘]。与此相对,(3)涉及契约一方当事人保护,(4)涉及契约成立中的意思必要性,这些都是涉及"契约·契约法"根干的重大变更。〔3〕但是,关于这些点,从当初的提案来看,修改法案的内容是不充分的。可以说,在激烈争论的最后,形成修改法案的是尚有异议的"契约·契约法"观。

如果只有这四个项目是主要修改项目的话,那么通过日本民法(债权法)修改而(想要)实现的修改,相比于当初所设想的修改小得太多。对于涉及"契约·契约法"观的(3)和(4),也有观点认为相比于以前的想法,法案反而退步了。但是,无论结果如何,讨论过程中指出的各种问题的意义绝不容小觑。今后的契约法学需要试着在法解释中反映未实现的提案。〔4〕另外,即使仅着眼于要实现的法律修改,也可以在其中看到民法(债权法)修改的"契约·契约法"观的姿态。即使这些新规定本身并非划时代性的,但是笔者认为,某一观点通过新规定而得到认可,这本身并非没有巨大意义。

实际上,在民法(债权法)修改中,有很多提案由于非常受关注,因而成为广泛议论的对象而没有实现。与此同时,也有一些提案由于并不引人注

---

〔3〕 可以说,正因为如此,这两点直到审议最后都还在被激烈争论。特别是关于第三点,审议时想要插入相当于现行《民法》第 349 条那样的条文。译者注:现行《民法》第 349 条规定:"质权设定人,于设定行为或债务清偿期前之合同中,不得约定作为清偿而使质权人取得质物所有权,及不以法律规定之方法处分质物。"

〔4〕 关于这一点,在大村敦志《"未建成"(Unbuilt)的民法学——在债权法修改"连战连败"之后》(渠遥译,《中日民商法研究》2015 年第 14 卷)中有所论述。此外,也可参见大村敦志「債権法改正後の解釈論・立法論」安永正昭・鎌田薫・能見善久三先生古稀記念『債権法改正と民法学』(商事法務・近刊)。

目,几乎没有什么阻碍就实现了。这其中出乎意料地出现了重要的新观点。而且,也有一些提案进行了部分、妥协的修改而被保留下来,无论如何,这些提案是加入了观点本身。如此看来,在民法(债权法)修改中,从短期来看,作为即效性的法理而被导入的内容很少,但从长期来看,也可以认为设置了将会给"契约·契约法"观带来影响(确认或者预告"契约·契约法"观的转换)的规定。

本文的本论部分(第二部分和第三部分)想立足于这一观点,在将要实现的修改法案中,尝试着发现民法(债权法)修改的"契约·契约法"观。如果认为绪论(第一部分)是对民法(债权法)修改的容器(contenant)进行讨论,那么本论中将对民法(债权法)修改的内容(contenu)进行讨论。那么,通过民法(债权法)修改,"契约·契约法"观的哪些内容已经发生变化了呢,哪些内容正在发生变化呢,哪些内容可以发生变化呢?关于这一点,下面将从实定法上的观点(第二部分)和原理性上的观点(第三部分)出发分别进行讨论。在与法体系的关系上,这里说的"实定法上的""原理性上的"也可以换一种说法,称为"内在的""外在的",或者说"自足性的""开放性的"。但是,不管怎样,这不过是相对性的区分而已。首先要抓住具体的规定进行讨论,接着要将法思想或世界观置于脑海中进行讨论。但是,实定法上的讨论会涉及原理,原理性上的讨论也会涉及具体规定。[5]

一、形态论上的讨论

《日本民法》由总则、物权、债权、亲属、继承五编组成,在编成上,"契约"出现在"债权"编第二章"契约"中。这里可以看到,重要的是"物权"与"债权"的区别,而契约不过是"债权"的发生原因之一。但是,从社会构成要素来看的话,不容否认,"契约"与"所有权"都是最重要的。而且,实质上来看,可以说在《日本民法》中,契约的存在感非常强。"债权"编总则中设置的许多规定都是设想了因契约所生债权的规定,这一点自不用说。而且,契约也是构成"总则"编法律行为的核心。此外,消灭时效中最重要的问题是契约债权的消灭时效。

---

[5] 本文的讨论对象限定在《修改法案》(以及《中间试案》),原则上不会提及立案工作过程中被提交的各种方案或议事录中记载的部会委员和干事的发言。这一限定是为了在有限的时间(及篇幅)内展现本次修改的宏观姿态,并非包含仅应将《修改法案》(以及《中间试案》)作为讨论对象这一方法论上的主张。为了展现更精密且耐人寻味的姿态,需要在参阅这些资料的基础上进行更加详细的讨论。但是,这一点留待日后。另一方面,关于学说,并非是需要论述其对修改法案的影响关系,而是需要论述修改议论与学说的位置关系(学说与立案过程中论述的各种问题的哪一侧面有关联,将会在何种方向上展开议论)。但是,这一点也留待日后。本文仅介绍提出作为讨论出发点的主要成就。

如开篇提到,民法(债权法)修改在划定修改对象之际,采纳的不是形式意义上的债权法,而是实质意义上的契约法,这有着重要意义。可以说,这一最初的选择就已经展示了民法(债权法)修改的"契约·契约法"观的一侧面。在法务大臣咨询(咨询第88号)中说道:"对于民法中债权关系的规定,为了适应同法制定以来的社会经济变化,使一般国民容易理解,有必要以与国民日常生活或经济活动密切相关的契约规定为中心进行修改。"在此,"契约·契约法"被放在"深入涉及国民日常生活或经济活动的契约规定"这一地位上,立足于"契约"的重要性,展现了实现"契约法"的现代化和平易化的期望。[6]

从这一观点来看,不论对民法典的体系采用何种观点,可以构想将契约法归拢到一起放到民法典之中(或者之外)。即使在法制审议会的部会中,也并非完全没有讨论这样的方案[7],但是这一方案在早期阶段就被实质性地搁置。围绕个别问题进行讨论之际,有数次都对规定的配置产生疑问,但是最终还是维持原来的编成。[8] 在这一点上,不得不承认《修改法案》是极为保守的。[9] 但是,我们将会再一次确认,重视"契约·契约法"的态度(契约·契约法的焦点化)并没有因此而被否定。

二、实定法上的讨论

在规定的形式上,笔者将从对契约和契约法的看待方式中看到的变化进行讨论。

(一)契约的实体与过程

关于对契约的看法,无论是从共时性(构造性)来看,还是从历时性(过程性)来看,都会确认分节化的发展。

---

[6] 可以说,本文第二部分和第三部分第一节是关于契约法现代化的考察。第三部分第二节的考察是再次确认契约的重要性。此外,本文不涉及契约法的平易化。相关内容由水津论文对体系进行论述。译者注:"水津论文"是指,原文同一期刊载的水津太郎「民法(债权法)改正の方针と民法典の体系」『民商法雑誌』(第153卷第1号)。

[7] 民法(债权关系)的改正に关する中间的论点整理"第63·规定的配置"。

[8] 例如,有提案将意思能力的规定放在"法律行为"一章,但是最终放在了"人"一章。此外,有提案将契约上地位移转的规定放在"债权总则"一章(在债权让与、债务承担之后),但是最终放在了"契约"一章。

[9] 例如,在《德国民法典》中,民法总则"法律行为"一章中包含了契约的规定,而没有另外设置契约总则,仅设置债权总则。与此相比,现代日本的立法者的态度似乎有些过于形式化。当然,对于法律行为一章中的无权代理人责任,由于区别了契约(第117条)和单独行为(第118条),所以明治时代日本的立法者认为在法律行为一章中不能设置契约规定,但这也没有绝对的理由。

1.契约的构造化与客体化

(1) 契约的中心与周边

契约发生的义务有着一定的构造(例如给付义务与附随义务的区别),其中有轻重的区别(例如提取基本义务违反)等,这是在民法(债权法)修改以前,论述契约责任论的再编成的各见解所提倡的观点。[10] 至于这一观点在何种程度上会被写入民法,未有明确结果。例如,修改法案没有设置将保护义务明文化的规定,也没有采用基本义务违反(或重大的契约违反)的概念。[11] 即使如此,《修改法案》也以轻微的契约违反不能解除的形式(《修改法案》第541条但书)对这一问题进行了关照。[12]

另一方面,《修改法案》以明确的形式设置了认可部分解除的规定(《修改法案》第542条第2款)。[13] 关于部分无效的规定虽然被搁置了[14],但契约的效力并非是全有全无(all or nothing)的。为了仅解除合同的某个部分,将该部分从全体中独立出来的观点也得到了明确的承认。[15]

(2) 契约的分离独立与债权的分离独立

内部有独自构造的契约,在外部关系上作为自立的存在出现。契约是独立于契约当事人的独自存在,可以与契约当事人分离。对于债权,这一点已经为现行民法所承认,承认债权让与即是其体现。与此相对,民法(债权法)修改中认可了契约让与(契约上地位的移转)(《修改法案》第539条之2)。[16][17] 今

---

〔10〕 关于契约责任论的再编成的文献不胜枚举,这里列举可以一览各方见解的文章。「(特集)契约责任论の再构築」ジュリ1318号(2016年)、「(シンポジウム)契约责任论の再構築」『私法』69号(2007年)。

〔11〕 在《中间试案》中,前者在"26.契约基本原则"中的"3.附随义务及保护义务"中被维持,但是后者在"11.契约解除"中的"1.因债务不履行而解除契约的要件"中采用了与修改法案同方向的观点(但是,在与契约目的的关联上,仍然被探究)。

〔12〕 围绕解除的各种问题的研究,森田修「解除の行使方法と债务転形论(1)-(3・完)」法协116卷7-9号(1999年)[同『契约责任の法学的構造』(有斐閣・2006年)所收]、同「『契约目的』概念と解除の要件论」下森定先生傘寿论文集『债権法の近未来像』(酒井书店・2010年)[同『契约规范の法学的構造』(商事法务・2006年)所收]。

〔13〕 原来关于部分解除的研究,道垣内弘人「一部の追认・一部の取消」星野英一先生古稀祝賀『日本民法法学の形成と課題(上)』(有斐閣・1996年)。

〔14〕 《中间试案》有"5.无效及撤销"中的"1.法律行为部分无效"。

〔15〕 另一方面,关于解除或无效、撤销,以多个契约作为一体来把握的观点,尚残存在《中间试案》中的"11.契约解除"中的"2.多个契约的解除",但是最终没有被采用。

〔16〕 原来关于契约上地位移转的研究,野沢正充『契约讓渡の研究』(弘文堂・2002年)。

〔17〕 同时需要注意的是,设置了标的不动产转让时一并移转出租人地位的规定(《修改法案》第605条之2)。

后"契约上地位"自身将会被作为有一定财产价值的对象来看待,虽然这已经为判例、学说所承认,但民法从正面承认这一点仍有很大意义。

而且,对于之前讨论的(在以债权让与性为原则的基础上)让与禁止特约[18],修改法案原则上不认可其效力,但对于特约的存在,对恶意或重大过失的受让人采用了债务人可以拒绝履行的规则(《修改法案》第466条第2、3款)。就这一点而言,债权的自立性比原来更高。[19]

2.履行过程的考虑与控制

债务因合同而发生,已经成立的债务应当按照其内容履行。这一古典的观点还不至于通过诚实信用原则来调整履行过程,即使在现行法中也未必得到贯彻。解除时需要催告[20]即是其中一例。

(1)考虑不履行后的情事

上述内容在民法(债权法)修改中曾被提出。例如,关于解除,有提案认为应当考虑包含不履行以后在内的各种情事,从而判断不履行是否重大,或者应当对情事变更原则进行明文化。[21][22] 后者没有被采用就终止了,前者虽然似乎已经退居幕后,但是从《修改法案》第541条但书的"期间经过后"这一表达来看,也可以认为考虑了这一点,但其仍然没有被明示地强调。[23]

(2)救济手段相互的关系

但是,需要注意的是,《修改法案》设置了想要理顺履行过程中的履行请求(追完请求)、损害赔偿请求与解除之间关系的规定(《修改法案》第564条。也参见关于追完请求权与价款减少请求权的《修改法案》第563条第1款)。在以前,发生不履行后,债权人、债务人关系纠缠不清。但是,这次修改可以说将(包

---

[18] 最近关于债权让与禁止特约的研究,石田刚『債権譲渡禁止特約の研究』(商事法务·2003年)。

[19] 当然,关于存储款债权设置了特则,维持了原来的操作(《修改法案》第466条之5)。此外,本文认为承认契约自立化与强化债权自立化有着同样的方向,但是[本文(二)2部分]从债权内容通过契约而确定这一观点来看,两者之间关系紧张。关于(非金钱债务的)债务内容的具体化与金钱债务的统一化的关系,需要进一步讨论。

[20] 关于法国法中解除的历史,斋藤哲志「フランスにおける契約の解除(1)(2·完)」『法協』123卷7-8号(2006年)。

[21] 关于情事变更的原则,《中间试案》中仍然讨论了新设的规定("32.情事变更的法理")。

[22] 最近关于情事变更原则的研究,石川博康『再交渉義務の理論』(有斐閣·2001年)、吉政知広『事情変更法理と契約規範』(有斐閣·2014年)。

[23] 这一表达是自《中间试案》"11.契约解除"中的"1.因债务不履行而解除契约的要件(1)"以来的表达,但是在《中间试案》的补充说明中,本文的这一点没有特别成为明示的说明对象。

含对不履行的救济过程的)广义的履行过程以分节化的方式展示出来。

此外,对履行过程的关注,也体现在将"订立协议的合意"作为消灭时效的延期完成事由而加入进来(《修改法案》第151条)。

对于契约法的把握,只能以上述契约的把握为前提。与此相区别,围绕契约法的理想状态,开始出现当事人与法院的职责如何划分的考虑。

(二)契约法中的当事人与法官

1.要物主义的脱却

民法(债权法)修改中虽不引人注目,但却是重要修改点之一的,是要物主义的脱却。

(1)诺成化与要式化

诺成主义是近代契约法的趋势。方式自由是契约自由原则的内容之一。但是,实际上,几乎没有对所有契约类型都贯彻诺成主义的例子。例如,法国民法对赠与采用了要式主义。[24] 日本法虽然对赠与原则上采用了诺成主义,但是无方式的赠与(非书面赠与)在履行前是可以撤销的(《修改法案》第550条)。在这一点上,修改已经向诺成化踏出了一小步。

进一步表现为,民法(债权法)修改将原来是要物契约的使用借贷和保管,也改采诺成主义。其对待方式转换为,在履行前允许其解除(关于使用借贷,见《修改法案》第593条、第593条之2;关于保管,见《修改法案》第657条、第657条之2)。其功能在于,指示了一个方向——"约定之后应当遵守",即虽然是无方式、无原因的约定,但如果当事人期望的话,法院应当赋予其强制力。

但是,这是否为人所乐见,在评价上有分歧。而且,也应当注意,在保证合同中,乍一看反对诺成化而被要求采用书面形式并且制作公证文书[在2004年修改之际实现了保证的一般要式化,之后在民法(债权法)修改中对"经营债务相关之保证合同"要求在契约缔结前制作公证文书。《修改法案》第465条之6]。[25][26]

(2)合意的阶层化抑或方式的代替化

或许这可能是在说,区别第一阶段的合意和第二阶段的合意,无方式的合意足以发生弱的效力(比以前更多),但是要想发生强的效力,仅有无方式的合

---

[24] 参见《法国民法典》第931条。

[25] 要求书面的例子,有《借地借家法》第22条(定期借地)及同法第38条(定期建筑物租赁)。另外,要求制作公证文书的例子,有1999年的《任意监护契约法》第3条。

[26] 参见〔日〕山本敬三「保証契約の適正化と契約規制の法理」ゲルハルド・リース教授退官記念論文集『ドイツ法の継受と現代日本法』(日本評論社・2009年)。此外,可参见〔日〕小出篤「債権法改正における『保証』制度の改正について」学習院『法務研究』7号(2013年)。

意是不够的(也比以前更多)。如此看来,不仅仅是契约本身,就连创设出契约的当事人合意也同样被构造化了。或者也同样可以认为,现在发生的不单单是诺成化,还有从要物化的脱离以及通过要式化的补完。例如,虽然没有从正面认可诺成性的消费借贷,而是规定如果消费借贷为书面形式则无须物的交付,这(《修改法案》第587条之2)正是这一观点的说明和整合。包括这一情形在内,要求书面的理由恐怕是要对由于认可契约效力而受到重大(常常是不利的)影响的一方当事人进行保护(确保真意)。

当然,在贯彻诺成主义的情况下,区分具体情形,法院也不是不会考虑否定合意的拘束力。为此,法院被迫从完全的白纸中判断真意存在与否。与此相对,如果采用要式主义,法院可以通过对方式履践之有无来代替对真意存在与否的判断。这大概可以说是减轻法院负担的方案。

2.契约解释中的个别与定型

在民法(债权法)修改中,新说主张按照个别契约(根据当事人的意思)来确定契约责任(义务)的内容,而旧说主张按照一般性标准(根据社会通念)来确定契约责任(义务)的内容。新说与旧说相互对立。如今看来,几乎已没有从正面支持旧说的研究者,但还是可以看到,实务者倾向于坚持自己以前学习的旧说。

(1)"契约"与"社会通念"

这一对立通过妥协得以解决。作为其结果而被遗留的是《修改法案》中各个地方采用的如下文字(下划线是作者所画。其他的还有《修改法案》第483条、第541条但书等。此外,参见《修改法案》第95条第1款)。

"参照<u>契约及其他债权发生原因</u>以及<u>交易上之社会通常观念</u>所规定之善良管理人之注意"(《修改法案》第400条)

"债务之履行参照<u>契约及其他债务发生原因</u>以及<u>交易上之社会通常观念</u>而不能时"(《修改法案》第412条之2第1款)

"参照<u>契约及其他债务发生原因</u>或<u>交易上之社会通念</u>来看乃因不可归责于债务人之事由而致时"(《修改法案》第415条第1款但书)

(2)三种解释

一看便知,此处同时使用了"契约(及其他债权、债务发生原因)"这一亲和新说的文字与"交易上之社会通念"这一亲和旧说的文字。如果对此进行整合解释,则应当分别使用不同的文字,即确定义务的首先是契约,但仅凭契约无法确定时则以交易上之社会通念为依据。从法官的观点来看,不履行的标准的确定首先要探求当事人的意思,但是没有必要全都探求当事人的意思,也可以从契约外部带入不履行的标准。乍一读好像会得出这样的解释。

当然,如果留意一下就会发现,在对应《修改法案》第400条的《中间试案》("8.债权标的"中的"1.特定物交付情形中的注意义务")中,使用了"适合(基于契约性质、订立契约的目的、契约缔结的经纬及其他情事,考虑交易通念而确定的)有关契约趣旨的方法"这一表达,所以也并非没有别的解释余地。可以考虑下面两种解释。

一种解释是,通过总括了《中间试案》括弧内前半部分各种情事的"契约(及其他债权、债务发生原因)"与对应后半部分的"交易上之社会通念"相结合,明确了"有关契约的趣旨"。决定注意义务的毕竟还是"有关合同的趣旨"。如此考虑,交易上之社会通念并非是存在于"有关契约"之外的实体性标准,而不过是展示了明确"有关契约"趣旨的解释标准。

另一种解释是,"交易上之社会通念"是实体标准,但问题是,其并非抽象的一般性的交易上社会通念,而是有关合同相关的具体个别交易上之社会通念。

无论采用上述三种观点中的哪一种,法院确定义务内容时,都可以在"契约(及其他债权、债务发生原因)"以外依据"交易上之社会通念"作出判决,这一点没有改变。但是,如果交易上之社会通念是实体标准的话,义务内容(与有关合同相脱离,或者按照有关合同的形式)就可以从契约外部带入;与此相对,如果将其理解为解释基准的话,原则上是借助交易上之社会通念提取契约中的契约内容。[27]

反过来,上述议论对于有关契约的观点也会带来影响。当然,这与对契约构造或过程的理解不同,契约构造是契约拘束力或社会性功能等涉及更原理性的事项。通过民法(债权法)修改的过程,这一原理性层面的问题被更加直截了当地议论。在后半部分中,我们将讨论这一种问题。

三、原理性上的讨论

接下来我们将讨论涉及基本原理的问题。一个是与自然(外界)的关系,另一个是涉及社会的理想状态。

(一)契约中的人与自然

1.自然(外界)的超克与人为界限的认识

人被契约课以义务,但是如果履行不可能,则他可以从义务中解放出来。因此,以契约成立时就已经履行不可能的(被称为自始不能)义务为内容的合同无效。另外,契约成立以后履行变得不可能的(被称为嗣后不能)义务也不再有拘束力。只是,在嗣后不能的情形中,根据债务人归责事由之有无,后续处理会

---

[27] 上述议论可以与另一个问题相对比,即在确定契约内容时,习惯是如何发生作用的。众所周知,习惯是作为实体规范而对契约进行补完,但同时,习惯也被作为契约解释的方法。

有所不同。有责的话债务人负有损害赔偿义务,无责的话债务人则不负有任何责任。一直以来都是这样的观点。但是与此相对,《修改法案》中设置了规定,即使是自始不能,契约也并非当然地无效(《修改法案》第 412 条之 2 第 2 款)。

(1) 从可能性、确定性脱离

这里看到的是某种"自然的超克"[28]。根据原来的观点,如果标的物在物理上完全灭失,则以此为标的的合同不能有效成立,但这是立足于"物的存在与否"这一自然(外界)状况难免会给契约带来影响的观点。与此相对,《修改法案》的观点是立足于不论"物存在与否"(即使其已经灭失)也还是可以该物为标的成立合同这一前提。进一步来说,即使以不存在于这个世界上的物作为契约标的物,如果当事人期望如此,也不是不可以。问题只是成立的合同可否履行。如果不能履行的话,通过损害赔偿来处理即可(《修改法案》第 412 条之 2 第 2 款)。

同样的想法也可以在将来债权让与中看到。过去的判例[最判昭和五十三年(1978 年)12 月 15 日判时 916 号 25 页]无限制地不承认将来债权让与,仅在限制的期间内认可其有效,但是之后的判例放弃了期间的制约,而是认为债权发生的不确实性不会左右将来债权让与的效力[最判平成 11 年(1999 年)1 月 29 日民集 53 卷 1 号 151 页]。《修改法案》立足于这一观点,对于将来债权让与,在《修改法案》第 466 条之 6 中作为一般论而认可;在关于债权让与对抗要件的《修改法案》第 467 条中仅加上了"债权之让与(含未现实发生之债权的让与)",这意味着就将来债权让与不课以特别制约。[29]

这一想法的转换也会给契约的解释或错误等带来影响。目前,对契约的解释常常被现实存在的"物的存在与否"左右,但是根据新的观点,应该脱离"物的

---

[28] 关于这一点,大村敦志「危険負担・解除」『もうひとつの基本民法 II』(有斐閣・2007 年)第 65 页以下有所涉及。

[29] 对于将来债权让与的法律构成,和田勝行『将来債権譲渡担保と倒産手続』(有斐閣・2014 年)。此外,更一般地,森田宏樹「処分権の法的構造について」星野英一先生追悼『日本民法学の新たな時代』(有斐閣・2015 年)。

存在与否",而明确当事人期望什么。[30][31]

(2)确认附义务的界限

当然,《修改法案》中没有认为当事人认识到全部状况而缔结合同,而是充分地意识到了人为界限。例如,即使认为不履行责任的存否是依存于契约内容,也没有认为当事人总是(应当)预想到了全部可能的状况。在判断义务违反的存否时,除了契约本身,还要参照"交易上之社会通念",这一点已如前所述。

---

[30] 例如,作出"作为受胎良马的 A"的买卖合意的话,即使 A 马不是"受胎的良马",买受人也负有交付"作为受胎良马的 A"的义务。于此情形,出卖人因不能履行而负有损害赔偿责任。与《修改法案》中的自始不能情形的对待方式一样。

[31] 但是,关于错误还留下了一些困难的问题。

第一,在《修改法案》中可以看到区分了"表示与真意的不一致"(《修改法案》第 95 条第 1 款第 1 项)与"事实与认识的错误"(同款第 2 项)。对于后者,"限于该事由作为法律行为之基础已被表示出时"认可其撤销(同条第 2 款)。但是,(1)鉴于这一限定不过是保护相对人的要件,契约的效力通过显露出来的事实误认而被否认。例如,买卖的对象是以现实存在的"A 马"为前提,买受人陷入了将"A 马"误认为是"受胎的良马"的错误,并且买受人表示出重视是否为"受胎的良马"的情形,认可其撤销。当然,(2)认为这一限定不过是将需要"该动机被向相对人表示出来并且成为法律行为的内容"的判例[最判平成元年(1989 年)9 月 14 日家月 41 卷 11 号 75 页]换了一种说法的话,在类别上,动机升格为内容,马的性状(是否是"受胎的良马")相关错误的有无成为了问题。此种情形下,对于被扩张的契约内容,首先要确定哪个当事人的意思是一致表示的含义,出卖人的意思(作为出卖人的意思而被构成的意思)是表示的含义时,买受人可以主张因错误而撤销(但是,如果买受人的意思是表示的含义时,买受人没有错误,出卖人有错误)。(2)是本文中所述的观点,但是如果按前者理解,契约就没有超越现实。

第二,《修改法案》向国会提交后出现的判例[最判平成二十八年(2016 年)1 月 12 日民集 70 卷 1 号 1 页]认为,对于保证合同中误认为债务人不是暴力团体相关人员的案件,当事人应当有能力对可能发生的误认风险预先采取措施,所以即使判明了此种误认,"不能说双方将否定本案各保证合同的效力作为前提"。可以将引用部分替换为"不能说作为法律行为的基础"的话,认定错误的可能性就比原来格外得小。这是在更高层面上把握了将事实认识预先反映到契约中的可能性,使得作出误认的当事人负担风险,但是这也可以说是在与本文所述的不同意义上指向了"自然的超克"。但是,即使这一观点在经营者之间的合同中是妥当的,也不能认为它扩张到其他契约(特别是消费者契约)也是妥当的。在这一意义上,可以说应当在"自然的超克"中设置限度。

此外,原来关于错误的相关判例,森田宏樹「民法 95 条——動機の錯誤を中心として」広中俊雄=星野英一編『民法典の百年 II』(有斐閣・1998 年);关于法案的讨论,森田修「錯誤——要件論の基本構造を中心に(1)(2)」『法教』428 号・429 号(2016 年)。

认可免责事由(《修改法案》第 415 条第 1 款但书)即是根据"义务是有界限的"观点。[32][33]

进一步来看,也可以在同样的文脉中把握新设的意思能力的相关规定(《修改法案》第 3 条之 2)。一方面,原来在法律行为中当然需要有必要的最低限度的判断力。这也可以理解为《修改法案》只是设置明文的规定确认了这一点而已。另一方面,也可以认为在今日,契约的内容(标的物或契约条件)多种多样,其中出现了普通人难以理解的契约内容。《修改法案》在此也将人为界限纳入了考虑,设置了意思能力相关的规定。[34]

2. 因时间经过而解放与人身的价值

既如前述,在民法(债权法)修改中,关于消灭时效的规定也被包含在修改对象中。考虑从契约中发生债务,如果该债务因时效而消灭的话,消灭时效可以说是契约效力的时间界限。

(1) 时间耐久力的相对低下与债权管理的强化

对于消灭时效,时效期间被缩短究竟意味着什么呢?一方面,可以理解为债务的效力因为时间的力量而丧失。根据这一观点,人为(契约)屈服于自然(时效)。但是,我们的能力(记忆力、证据保全能力)与过去相比不也是大大增长了吗?如此看来,这一观点几乎没有说服力。另一方面,可以看到,即使我们的时间耐久力本身(绝对的耐久力)增长,考虑到应处理的信息也大大地增加后,对信息管理所需成本的意识也变得敏感,相对的耐久力会下降。可以说,在现代,要想债务尽早履行,债权尽早回收,当事人应当为此积极地付出行动。根据这一观点,契约债权债务的履行并非是作为委以偶然情事的事项(自然),而是应当作为谨慎管理的事项(人为)对待。

(2) 不能忘记的义务

当然,《修改法案》中也明确存在即使时间经过也不会被解放的债务。即,对于"因侵害人之生命或身体而产生之损害赔偿请求权",不仅不是时效期间缩短的对象,期间反而被延长了(根据《修改法案》第 167 条、第 724 条之 2,不区分契约责任与侵权行为责任,规定了短期 5 年、长期 20 年的时效期间)。这

---

[32] 当事人预先将风险计算在内是有限度的。换言之,与前注所举的错误的情形间的关联性变得更加明确。

[33] 在与这一点的关联上,关于不可抗力的研究可以参考荻野奈绪「契約責任における不可抗力の位置づけ」同志社『法学』58 卷 5 号(2006 年)、同「フランスにおける不可抗力の予見不能性要件をめぐる最近の動向」同志社『法学』59 卷 3 号(2007 年)。

[34] 关于意思能力,熊谷士郎『意思無能力法理の再検討』(有信堂高文社・2003 年)。

里出现了不能忘记的义务这一认识。支撑这一认识的是"人的尊严"这一基本价值。[35]

(二) 个人、社会、契约

1. 从债务构造到契约自由

过去的债权法学将重点放在明确债务(债权)的构造上。与此相对,最近的债权法学着眼于作为债务发生原因的契约。[36] 并非根据债务的一般情形而抽象地判断不履行类型(迟延、不能、不完全履行),而是参照契约内容判断是否作出了履行。如前所述,《修改法案》的条文中虽然附加了"交易上之社会通念"这些文字,但是因此受到影响的是契约内容的确定方法,与契约内容没有关系的不履行判断标准并没有被导入,更接近契约自由原则(内容决定自由)。《修改法案》第521条发挥了再次确认这一点的作用。

现代契约自由原则的确认,其意义不单停留在契约内容的决定要委以当事人自由的层面。同条在宣扬契约自由原则时,同时将"法令的限制"考虑进来,可以说是促进和推荐当事人一边行使此种自由,一边通过契约创造出适当的社会关系("因契约而社会"论或"契约社会"论)。[37] 这一点,只看《修改法案》第521条难以理解,可以尝试思考该条与其他规定的关联。

2. 私人自治与公序的相辅性

如果有法律行为相关的一般规定[参见《中间试案》"1.法律行为总则"中的"1.法律行为的意义(1)"]的话,应该会更加明确,但是即使欠缺这一规定,将现行《日本民法》第1条第1款和第2条的存在纳入考虑的话,在第(1)部分后半段中提及的点也可以有如下理解。

已经根据现行《日本民法》第1条第1款设想了"私权"与"公共福祉"的共进化。[38] 支撑这一点的是民法的作用。这是第1条第1款本身规定的。而且,在第2条中,在私权和公共福祉间架桥的民法明确了"个人尊严"与"平等"

---

[35] 关于这一点,大村敦志「消滅時効」『もう一つの基本民法 I』(有斐閣・2005年)第27页以下有所涉及。

[36] 作为开端见解,平井宜雄『損害賠償法の理論』(東京大学出版会・1971年)。最近,吉田邦彦「債権の各種——『帰責事由』論の再検討」星野英一編集代表『民法講座(別巻2)』(有斐閣・1990年)、潮見佳男『契約規範の構造と展開』(有斐閣・1991年)、森田宏樹『契約責任の帰責構造』(有斐閣・2002年)等。

[37] 关于这一点,大村敦志『民法改正を考える』(岩波書店・2011年)第160页以下有所涉及。

[38] 在2004年修改表述现代语言化之际,第1条第1款被改写成了"应适合",但是这不过是将表述现代语言化之前的"遵从"换一种说法而已。在1947年修改追加第1条第1款时,"遵从"意味着"共进"。如果重视这一趣旨的说明的话,将会如本文所理解的这样。

应当作为基本价值。在这双重原则之下,放入《中间试案》第 1.之 1(1)及 2 (1)(《修改法案》第 90 条)与《修改法案》第 521 条的话,会出现如下配置:

α.民法全体(作为个人领土、主导权的)私权+公共福祉(作为社会基本价值的)个人尊严与平等

β1.法律行为(以个人意思为起动力的)法律行为的效力+公序

β2.(契约)(由于私人自治的)内容决定的自由+(包含公序的)法令的限制

这里重要的一点是,由于 β2 被明示了,通过 α、β1、β2,前项与后项的关系显现化。"意思自治"或"私人自治"以个人尊严和平等这一价值为出发点(通过以契约为中心的法律行为),个人谋求自己利益的同时,创造出更好的社会,作为"个人=社会像"的表现,可以认为"意思自治"或"私人自治"被放在了更加明确的位置上。

此外,考虑到信息、交涉力的差距(《中间试案》"26.契约基本原则"中的"4.适用诚实信用原则等时的考虑要素"),以及放入了对消费者契约相关规定的讨论,可以说是对现代契约法中公序(或者说公共福祉)具体化的尝试。这最终未能实现,因为在民法(债权法)修改(契约法修改)这一架构中,普遍性是前提,因而无法充分地集中对差异关怀的推进力。[39] 但是,在民法中,如果有机会实现基本价值修改的话,则其同时也会对契约法产生影响。

3.契约的制度化

在过去 50 年时间里,关于格式条款拘束力的学说发生了很大变化。在今日,民法学说几乎全都赞成所谓的契约说。[40] 但是,从这一契约说的观点来看,民法(债权法)修改中采用了难以说明的规则。也就是说,关于纳入格式条款的《修改法案》第 548 条之 2 第 1 款,除了存在纳入相关合意的情形外,在"对相对人表示出以其格式条款作为契约内容之意思时",也认可其纳入。而且,关于变更格式条款的《修改法案》第 548 条之 4 第 1 款,除了变更适合于相对人

---

[39] 此外,关于契约法中的人的形象(进一步地,民法中的人的形象)应当论述的点有很多,吉田论文已进行了论述。关于我的见解,眼下参照大村敦志『民法 0・1・2・3 条』(みすず書房・2007 年)等。目前,关于讨论结果,会在其他稿子中会体现[大村敦志「民法における人間像の更新(仮題)」瀬川信久先生・吉田克己先生古稀『社会の変容と民法の課題(仮題)』(成文堂・近刊)]。译者注:"吉田论文"是指,原文同一期刊载的吉田克己「民法(債権法)改正と『人』概念の再定義」『民商法雑誌』(第 153 卷第 1 号)。

[40] 关于格式条款,河上正二『約款規制の法理』(有斐閣・1988 年)、山本豊『不当条項規制と自己責任・契約正義』(有斐閣・1997 年)。关于法案,河上正二「民法(債権関係)改正要綱――よくに『定型約款』について」ジュリ1480 号(2015 年)、沖野眞已「約款の採用要件について」星野追悼・前注29)。

一般利益之情形(第 1 项),在"不违反订立契约之目的,且参照变更之必要性、变更后内容之相当性……其他有关变更之情事,乃合理之时",也认可其变更(第 2 项)。

对于这一规则,也可以理解为是作出了相对人的承诺拟制。[41] 另一方面,特别是关于变更,也可以理解为以内容的合理性(《修改法案》第 548 条之 4 第 1 款第 2 项)与周知的方案(《修改法案》第 2 款、第 3 款)为条件,可以单方变更而对格式条款进行再定义。[42] 立足于后者的观点,即使为了发生当初的约束力而需要最低限度意思的契机,对于内容本身,《修改法案》也认可一方当事人的变更(因情形而形成)。可以看到,这里区分了为了契约成立的意思和为了内容形成的意思,对于后者,出现了代替意思而使合理规则运转的观点。也可以将此类契约称为"被制度化的契约",但是考虑来看,可以说此类制度性虽然有程度之差,但是被包含在全部契约之中。[43] 毕竟存在通过任意规定而被补完的契约类型自身展示了这一点。[44] 问题是,合理的规则总是应当通过法律创设出来吗?或许未必如此,在市民社会的法律名义下,法院审查社会交易提案的规则的合理性,通过这一方式理论上应该也是可能的。[45]

结语——契约法学的诸相

最后,关于今后契约法学的去向,本文考察的主要着眼点并不是论述各个

---

[41] 可以理解为,关于纳入,《修改法案》第 548 条之 2 第 1 款第 1 项是原则,第 2 项规定了可以理解为相当于该原则的情形。关于变更,推认承诺的《修改法案》第 548 条之 4 第 1 款第 1 项是原则,第 2 项可以理解为规定了相当于原则的情形。

[42] 即使在旅行合同等中,也可能发生单方变更等事态,但是此种情形中,需要保障相对人的解除权(参照标准旅行业格式条款。募集型策划旅行契约之部第 16 条第 2 款第 1 项、第 3 款,接受订单型策划旅行契约之部第 16 条第 2 款第 1 项、第 3 款)。格式条款之情形,通过脱离,问题很多时候都没有解决,但是进行一定的对应是必要的。

[43] 关于这一点,大村敦志「フランス法における契約と制度」山口俊夫先生古稀記念『現代ヨーロッパ法の展望』(東京大学出版会・1998 年)第 275 页以下有所涉及。

[44] 关于契约类型,除了大村敦志『典型契約と性質決定』(有斐閣・1997 年)外,还有石川博康『「契約の本性」の理論』(有斐閣・2010 年)、森田修「フランスにおける『契約の法性決定』(1)・(6・完)」『法協』131 卷 12 号・132 卷 12 号(2014 年、2015 年)、山代忠邦「契約の性質決定と内容調整(1)・(5・完)」『論叢』177 卷 3 号・179 卷 5 号(2015 年、2016 年)。关于与之密切相连的原因(コーズ),小粥太郎「フランス契約法におけるコーズの理論」早稲田法学 70 卷 3 号(1995 年)、竹中悟人「契約の成立とコーズ(1)・(8・完)」『法協』126 卷 12 号・127 卷 7 号(2009 年、2010 年)。

[45] 关于这一点,一方需要与就业规则的变更对比后进行讨论[土田道夫『労働指揮権の現代的展開』(信山社・1999 年)]。另一方面,也有必要留意与制度性契约论的连接[内田貴『制度的契約論』(羽鳥書店・2010 年)]。

规定、制度在性质上应该是怎样的。当然,立法也好,解释也好,个别具体地探求更好的法的理想状态是契约法学的一个重要任务。但是,现有的(或者说想要有的)契约法是依据什么样的观点呢?明确其世界观或价值观,也是契约法学的一个任务。这样的讨论(微观层面上的意义理解="解释")[46]是为了明确我们所拥有的契约法的特征。[47] 进行这样的讨论后,我们才可能去考虑契约法的将来。

学而不思则罔。[48]

学习(细微部分)而不思考(整体)的话,是不能获得很大展望(深刻意义)的。

---

[46] 对于东洋古典的这一说法,西洋的现代思想家有如下论述,区别"遵守"和"解释"文本(text)。本文所说的"解释"与这里的"解释"相对应。"'读我'——这一命令或提案突然在我们的文化中沉淀下来。在古兰经中被称为异教徒的我们的文化中。……读这一命令,究竟意味着什么呢?这是两层意义上的命令。也就是说,这是命令既要严守文本的法,也同样要解释文本的意思。虽说如此,在此稍作留意,便可注意到被包含在应当读这一命令之中的两个严令,既不对等也不对称。遵守法律时,挑着读读即够用,但是解释意义时,应当读解文本。……也可以这样说,在我们的传统中,称为法的法,全部都是在一切读解之前存在的……免不了一些说明或明示、公示……成为法一般本质的两重前提是在我们有的全部法律书籍的根源中找到的。"[ジャン=リュック・ナンシー(西宮かおり訳)『思考の取引——書物と書店と』(岩波書店・2014年)第29、31頁]。

[47] 不把法限定为裁判规范,不把法的旗手限定为法律家,而是作为市民的行为规范(进而是社会的理想状态=规范性世界)来看待的话,这样的看法愈发地重要。关于这一点,眼下请参照大村敦志『広がる民法(1)入門編』(有斐閣・近刊)。关于这一点更进一步的讨论已经安排通过另一篇稿子进行[大村敦志「制度=規範=社会の学としての法学(仮題)」平井宜雄先生追悼『民事責任法のフロンティア』(有斐閣・近刊)]。

[48] 指出思而不学则殆,主张不仅要思考个别事件,还应当很好地知道学说和判例,藤原弘道「思うて学ばざれば則ち殆し—民事裁判における実務と学説・判例との係わりについて」『判例タイムズ』929号(1997年)。

限制债权让与特约

〔日〕潮见佳男[*]/著　陈韵希[**]/译

一、引言

债权原则上可以被自由转让,但有时债权人和债务人之间会缔结特约用以限制债权的让与(即"限制让与特约")。债权人违反特约将债权转让给他人时,围绕着债权人、债务人、受让人及其他第三人所产生的法律关系应当如何处理?

无论是修改前的《日本民法》还是《修改法》,均认为限制让与特约(民法修改前的惯用语是"禁止让与特约")在当事人之间有效,债权的可让与性受到该特约的限制。不过,新旧法之间,在违反该特约时债权让与的效力问题以及该情形下法律关系的处理问题上,有着观念上的巨大差异[下文是在潮见佳男《新债权总论 II》(信山社2017年版)第386页以下内容基础之上的概括]。

二、债权让与有效

《修改法》重视债权可自由让与的原则,其基本观点是,即便被让与的债权上附有限制让与特约,让与也是有效的(《修改法》第466条第2款)。依这种观点,当附有限制让与特约的债权被转让时,无论受让人对于特约是善意还是恶意,受让人都成为被让与债权的债权人。

在此基础之上,《修改法》对存储款债权的限制让与特约效力设置了例外规则:如果受让人有恶意或重大过失,那么债权让与无效(《修改法》第466条之5)。

---

[*] 〔日〕潮见佳男,京都大学大学院法学研究科教授。
[**] 陈韵希,日本京都大学法学博士,上海交通大学凯原法学院讲师。

三、限制让与特约不可对抗第三人

《修改法》认可了附有限制让与特约债权的让与的有效性，同时还兼顾债务人通过限制让与特约所欲实现的、将债权人固定下来的利益。《修改法》是从债务人能否以其与债权人缔结的限制让与特约来对抗"第三人"（受让人、债权的质权人）这一角度来处理兼顾债务人利益的问题的。

对此，《修改法》所确立的原则是，债务人不能以债权的限制让与特约对抗"受让人及其他第三人"。

四、限制让与特约可对抗有恶意或重大过失的第三人

（一）可对抗的情形

债权上附有限制让与特约时，如果"受让人及其他第三人"对限制让与特约明知（恶意）或者基于重大过失而不知，那么债务人不仅能够以特约对抗该"受让人及其他第三人"，还能够以对让与人的清偿等其他债务消灭事由对抗之（《修改法》第466条第3款）。此处的"第三人"，主要是指在附有限制转让特约的债权上设定质权情形中的债权质权人。

（二）债务人对受让人"可以拒绝履行债务"的含义

债权受让人有恶意或重大过失时，债务人对受让人"可以拒绝履行债务"。

有恶意或重大过失的债权受让人即使具备了对抗债务人的要件，债务人也可以拒绝向受让人履行。即使是让与人请求其向受让人履行，债务人也可拒绝履行，且债务人不会因拒绝履行而陷入履行迟延。

（三）债务人能够以"对让与人的清偿及其他债务消灭事由"对抗第三人的含义——赋予让与人法定的受领权限

受让人就限制让与特约有恶意或重大过失时，债务人能够以"对让与人的清偿及其他债务消灭事由"对抗之。

据此可以认为，《修改法》第466条第3款针对债务人提供清偿的情形，赋予了让与人对被让与债权的法定受领权限。不过需要注意的是，该规定并没有一并赋予让与人履行请求权和收取权限。

让与人根据《修改法》第466条第3款规定的法定受领权限受领了债务人提供的清偿后，应当将受领的金钱及其他给付交付给作为债权人的受让人。

五、对限制让与特约之抗辩的放弃——债务人的承诺

如果债务人对让与人或受让人作出了债权让与的承诺，那么债务人就不能再以限制让与特约对抗受让人。之所以如此是因为，限制让与特约旨在保护债务人就固定债权人（=清偿对象）所享有的利益，债务人的承诺可以被视为对固

定债权人利益的自行放弃。虽然在条文中没有具体规定,但这是理所当然的。

六、对恶意受让人的保护——对债务人的催告

在《修改法》的规定下,受让人就限制让与特约有恶意或重大过失时,由于债务人能够以限制让与特约对抗之,受让人即使请求债务人履行被让与债权,债务人也有权拒绝(《修改法》第466条第3款)。另一方面,既然债权让与合同本身有效,让与人就不再是债权人,其无法再向债务人请求履行,而只能在债务人履行债务时受领之(如前所述,让与人根据《修改法》第466条第3款仅有受领清偿的权限,并没有收取的权限)。由此所导致的结果是,如果债务人不履行债务,无论是让与人还是受让人,都无法请求履行(债务人方面也不会因为不履行债务而陷入履行迟延),而这种胶着状态是应当避免的。

为此,《修改法》规定,债务人不履行债务时,受让人可以规定一个合理的期间,对债务人发出催告,要求其"向让与人履行",如果在此期间内债务人不向让与人履行,债务人就不得再以限制让与特约对抗受让人(《修改法》第466条第4款。限制让与特约之抗辩的丧失)。

受让人即便就限制让与特约具有故意或重大过失,在催告并且经过合理期间后,也可将被让与债权视同未附有限制让与特约的债权一般,请求债务人履行,此时债务人必须向受让人履行债务。

七、附有限制让与特约的债权的让与和提存制度

附有限制让与特约的金钱债权被转让时,如前所述,受让人(即便其有恶意或重大过失)成为被让与债权的债权人,让与人不再是债权人。所以,此时并不存在无法确知债权人身份的问题,债务人不能以无法确知债权人身份为由进行提存(修改前《日本民法》第494条第2款)。

但是,债务人的清偿对象会因受让人是善意还是恶意、有无重大过失而有所不同。即,如果受让人是善意且无重大过失的,那么债务人必须拒绝来自让与人的履行请求,向受让人清偿(不得向让与人清偿)。与此相对,如果受让人恶意或有重大过失,那么债务人可以向让与人清偿。然而,受让人究竟是善意还是恶意、有无重大过失,这在有些情况下对债务人来说是难以判断的。

《修改法》为了消除债务人的判断风险,作出了如下规定:附有限制让与特约的金钱债权被转让时,无论受让人是善意还是恶意,以及无论其有无重大过失,债务人都可以将相当于被让与金钱债权全额的金钱向债务履行地的提存机构提存(《修改法》第466条之2第1款)。也即,《修改法》赋予了债务人特别的提存权。

只有作为债权人的受让人才能够请求还付(同条第3款)根据《修改法》第

466 条之 2 第 1 款的规定被提存的金钱。反过来说,让与人对于该被提存的金钱不享有还付请求权。因此,让与人的债权人无法对提存金还付请求权进行扣押。

八、受让人对债务人的提存请求权——让与人的破产和受让人的保护

(一)赋予受让人提存请求权的理由——对破产隔离的允许

附有限制让与特约的金钱债权被转让而让与人破产时,全额受让了金钱债权且已具备对抗第三人要件的受让人,无论是善意还是恶意以及无论有无重大过失,均可要求债务人就被让与的金钱债权进行全额提存(《修改法》第 466 条之 3)。在此情形下,准用《修改法》第 466 条之 2 第 3 款的结果是,只有受让人才能够请求提存金的还付。

债权被转让后受让人成为债权人,尽管如此,如果受让人既没有在催告后经过合理期间,也没有获得债务人的承诺(放弃限制让与特约之抗辩的意思表示),就无法收取债权,这种状态与债权质押的情形类似。根据《日本民法》的规定,债权质押的质权人可以要求第三债务人提存(此时,质权存在于提存金之上)(修改前《日本民法》第 366 条第 3 款)。《修改法》第 466 条之 3 针对附有限制让与特约的金钱债权被转让的情形也设置了同样的规则,这使得受让人在破产程序之外全额回收债权成为可能(据此,破产隔离被允许)。

受让人一旦提出提存请求,债务人就有义务进行提存,债务人将被禁止向破产管理人清偿。债务人要摆脱债务的束缚,必须进行提存(受让人作出请求提存的意思表示之前,债务人可以向破产管理人清偿,破产管理人也可以受领清偿)。

(二)享有提存请求权的主体——全额受让金钱债权的主体

能够向债务人提出提存请求的,只有对附有限制让与特约的金钱债权"全额受让"的主体。

九、对附有限制让与特约的债权的强制执行

(一)原则——可以强制执行

附有限制让与特约的债权被强制执行时,债务人不能以该特约对抗实行强制执行的扣押债权人(《修改法》第 466 条之 4 第 1 款)。法律不允许私人通过合同创造出禁止扣押的财产。因此,实行强制执行的扣押债权人无论是善意还是恶意,均可取得扣押命令和转付命令。

(二)例外——有恶意或重大过失的受让人的债权人实行强制执行的情形

如果是恶意或有重大过失的受让人的债权人对附有限制让与特约的债权实行强制执行,那么债务人既能够拒绝履行债务,也能够以对让与人的清偿及

其他债务消灭事由对抗之(《修改法》第 466 条之 4 第 2 款)。

这是因为,扣押债权人不得享有超出被执行人(即受让人)所享有的权利范围以外的权利,如果债务人能够以受让人的恶意或重大过失为由,用限制让与特约对抗受让人,那么债务人也能够以此对抗扣押债权人。

十、将来债权的让与和限制让与特约

(一) 问题的所在

假设这样一种情形:债权人将对债务人的将来债权转让给了受让人,在缔结债权让与合同的时点,转让标的之债权上并没有附有限制让与特约,但在转让之后,债权人与债务人之间缔结了限制让与特约,被让与的将来债权也成为该特约的适用对象。此后,受让人欲行使被让与债权时,债务人能否以限制让与特约对抗之?例如,G 与 A 缔结了集合债权让与担保设定合同,约定 G 将其在合同缔结之日以及之后所取得的对 S 的应收账款债权转让给 A,之后 G 和 S 缔结买卖合同时双方约定:在该买卖合同所产生的应收账款债权上设置限制让与特约。

(二) 《修改法》第 466 条之 6 第 3 项的准则

基于将来债权的让与合同,受让人在让与合同缔结时即取得了将来发生的债权(在此基础之上,该债权在受让人处产生)。在该合同中,当事人是以被让与债权上不存在让与限制为前提而达成让与合意的,因此,从该合同中所产生的债权受让人的期待(也即受让人能够取得被让与债权而不会受到限制让与特约之对抗的期待),作为自合同而生的期待,应当受到法律的保护。不仅如此,这种解释还有利于确保债权让与交易的安全,并促进债权的流动化。

不过,债权受让人的期待毕竟是基于债权让与合同而生的期待,虽然在让与的当事人之间该期待受到保护,但欲要求让与合同当事人之外的债务人也保护这种期待,受让人必须能够向债务人主张其作为将来债权受让主体的地位。为此,债权的让与必须具备对抗债务人的要件。

另一方面,债权人和债务人之所以缔结限制让与特约,是为了保护债务人就固定债权人所享有的利益,而该利益本身也明确受到《修改法》第 466 条第 3 款的保护。

如此一来,为了协调受让人的利益保护和限制让与特约下债务人的利益保护之间的关系,在缔结限制让与特约时,债权让与尚未具备对抗债务人要件的,债务人可以用特约的效力对抗受让人(以此保护债务人的利益);不过,如果是在债权让与具备了对抗债务人要件之后才缔结限制让与特约的,那么较为妥当的做法是,把受让人取得的将来债权视作不附限制让与特约的债权来对待(以此保护受让人的利益)。

基于上述观点,修改法规定,在债权让与具备对抗债务人要件之前已缔结限制让与特约的,视作受让人对限制让与特约明知,即视作受让人有恶意,此时应当适用有关限制让与特约的法理(《修改法》第466条之6第3款)。

据此,对于在对抗债务人要件具备之前缔结的限制让与特约,《修改法》对受让人的恶意进行了拟制,不问受让人是否实际知道特约的存在,完全以具备对抗债务人要件的时点为基准,根据限制让与特约的缔结时点和该时点的先后顺序来确定债务人和受让人之间的优劣关系。

合同责任法的修改
——《修改法案》的概要及宗旨

〔日〕山本敬三*/著　夏静宜**/译

一、序言

关于民法(债权关系)的修改,自2009年11月法制审议会设置民法(债权关系)分会以来,已经经过了为期5年多的审议。审议过程中,分别于2011年5月和2013年3月公布了《关于民法(债权关系)修改的中间论点整理》[1]和《关

---

* 〔日〕山本敬三,日本京都大学大学院法学研究科教授。
** 夏静宜,日本京都大学法学博士,扬州大学法学院讲师。
[1] 法制审议会民法(债权关系)分会:《关于民法(债权关系)修改的中间论点整理》(2011年6月3日补充修订;以下简称《中间论点整理》)。该资料公布于法务省官网主页(http://www.moj.go.jp/content/000074989.pdf),并以附录形式刊载于NBL953号(2011年)。此外,关于这份《中间论点整理》,法务省民事局参事官室对法制审议会民法(债权关系)分会上的讨论状况进行整理,汇总成为《关于民法(债权关系)修改中间论点整理的补充说明》(2011年6月3日补充修订;以下简称《中间论点整理补充说明》)。该资料也公布于法务省官网主页(http://www.moj.go.jp/content/000074988.pdf),并被商事法务出版社编集刊印为《关于民法(债权关系)修改中间论点整理的补充说明》(商事法务·2011年)一书。

于民法(债权关系)修改的中间试案》[2]。其后,审议活动继续进行,2014年8月26日,《关于民法(债权关系)修改的纲要暂定稿》得以形成。[3] 这一阶段,经济界围绕"格式条款"出现大量反对意见,因此,暂定稿并未对此予以规定。同年12月,审议活动重新开始,2015年2月10日,包含格式条款在内的纲要稿[4]得以形成,并最终审议通过。2月24日的法制审议会总会上,纲要稿原封不动地成为《纲要》。[5] 2015年3月31日的内阁会议上,《修改民法部分规定之法律》[6](以下简称《修改法案》)获得内阁决议通过,并于同年被提交通常国会审议。

不过,其后很长一段期间内,《修改法案》一直处于未付审议的状态。直至2016年11月,审议再次重启。2017年4月14日获得众议院通过,2017年5月26日获得参议院通过并正式成为法律,2017年6月2日被公布为第44号法律。依据"附则"第1条的规定,修改法自其公布之日起3年之内,于政令规定之日起施行。

---

〔2〕 法制审议会民法(债权关系)分会《关于民法(债权关系)修改的中间试案》(2013年7月4日补充修订;以下简称《中间试案》)。该资料同样公布于法务省官网主页(http://www.moj.go.jp/content/000112242.pdf),并收录于NBL997号(2013年)。关于《修改法案》,法务省民事局参事官室对其中的各条目作出归纳和说明,以"概要"栏的形式附录于各条目之后,汇总成为《关于民法(债权关系)修改的中间试案(附概要)》(2013年7月4日补充修订),同样公布于法务省官网主页(http://www.moj.go.jp/content/000112244.pdf),并被商事法务出版社编集刊印为《关于民法(债权关系)修改中间试案(附概要)》(别册NBL143号)(商事法务,2013年)一书。此外,添加详细的解说,并以"补充说明"栏的形式附录其后的,是由同一机关制作的《关于民法(债权关系)修改中间试案的补充说明》(2013年7月4日补充修订;以下简称为《中间试案补充说明》),同样公布于法务省官网主页(http://www.moj.go.jp/content/000112247.pdf)并被商事法务出版社编集刊印为《关于民法(债权关系)修改中间试案的补充说明》(商事法务·2013年)。

〔3〕 法制审议会民法(债权关系)分会《关于民法(债权关系)修改的纲要暂定稿》(以下简称《纲要暂定稿》)。该资料公布于法务省官网主页,并收录于NBL1034号(2014年)。关于纲要暂定稿的概要和解说,参见〔日〕潮见佳男『民法(債権関係)の改正に関する要綱仮案の概要』(金融财政事情研究会·2014年)。

〔4〕 法制审议会民法(债权关系)分会《关于民法(债权关系)修改的纲要稿》。该资料公布于法务省官网主页(http://www.moj.go.jp/content/001136445.pdf)。

〔5〕 法制审议会《关于民法(债权关系)修改的纲要》(以下简称《纲要》)。该资料公布于法务省官网主页(http://www.moj.go.jp/content/001136889.pdf),同时收录于NBL1045号(2015年)第21页。

〔6〕 《修改民法部分规定之法律》公布于法务省官网主页(http://www.moj.go.jp/MINJI/minji07_00175.html)。关于《修改法案》的概要和解说,参见〔日〕潮见佳男『民法(債権関係)改正法案の概要』(金融财政事情研究会·2015年)。

本文以《修改法案》中合同责任法的相关部分为考察对象,对其概要进行介绍,明确修改的宗旨。具体而言,包括履行请求权及其界限、债务不履行的损害赔偿、合同解除以及风险负担等制度的修改情况。[7]

二、合同责任法的重构及其思路

(一)"合同的尊重"

本次民法修改中,合同责任法的修改可谓是最具特征的内容之一。其特征就是将"合同的尊重"思想融入到合同责任法的基础之中。这里所谓的"合同的尊重",是指结合债务的发生原因(合同)来思考合同责任法的问题构成,以合同拘束力为基本出发点推导出履行请求权、债务不履行的损害赔偿以及合同解除的基本思路。

具体而言,首先,履行请求权是由合同拘束力推导而出的。这个结论看似理所当然,实则意义重大,依据这一结论,在划定履行请求权的范围时同样要以合同拘束力的射程为基准。

其次,关于债务不履行的损害赔偿,认可该种责任的理由是债务人未为合同所约束的事项。关于损害赔偿的效果,一般认为,债务人不履行合同的,债权人得请求赔偿其基于该项合同可能获得的利益。

最后,认可合同解除的理由同样也是合同拘束力——原本因合同而预定取得的利益变得无法期待之时,维持合同拘束力已无意义可言。其结果是,解除的成立要件中不再要求债务人具有可归责事由。

(二)被尊重的"合同"的含义

问题是,这里所谓的被尊重的"合同"的含义究竟如何?

1.合同书中心主义

在初期的议论中,有观点指出,"合同"一词往往使人联想到合同书这一具体意象,并将二者做等同理解。应当警惕这种理解,因为它可能会助长强者将不正当的"合同"强加于他人这一行为的发生。[8] 事实上,正是为了对此类"合同"行为进行规制,也应当将"社会一般观念"列作考虑事项。[9]

---

[7] 其中,关于合同解除和风险负担,[日]山本敬三「民法改正と要件事実—危険負担と解除を手がかりとして」『自由と正義』第67卷1号(2016年)第33页曾有过讨论,不过,主要围绕两制度的关系而展开。本文则以各个制度具体要件的理解为考察对象。

[8] 参见法制审议会民法(债权关系)分会第3次会议(2010年1月26日)议事录(http://www.moj.go.jp/content/000047261.pdf)第24页以下;见前注[1]中间论点整理补充说明第27页。

[9] 参见法制审议会民法(债权关系)分会第37次会议(2011年12月13日)议事录(http://www.moj.go.jp/content/000094781.pdf)第57页、第61页以下。

上述观点建立在将合同理解为一种事实,即意思表示的合致的基础上。既然在合同书上署名实现了意思表示的合致,那么这就是"合同"。

2."合同"的宗旨及其考虑要素

不过,其后有观点提出,这里所谓的"合同"的宗旨,不仅包括合同的内容(合同书的记载内容),还应当考虑包括合同的性质(包括有偿或无偿)、当事人订立合同的目的、合同订立过程在内的与合同相关的一切情况,并在斟酌交易活动中一般观念的基础上作出评价和认定。中间试案采纳了这种理解,以此为前提,规定"依照该项合同的宗旨"理解"合同"。[10]

上述观点建立在将"合同"理解为一种制度性行为的基础上。[11] 具体而言,两个人的行为之所以被理解为合同订立行为,是以将可观察到的自然行为转化为法律上的行为的法制度的存在为前提,这里所谓的法制度,就是构成合同制度的各种规则。在欠缺这些规则的前提下,合同行为究竟是什么,根本无从构想。构成合同制度的规则,不仅包括规定合同本质内容的规则,也包括围绕该种合同一般可能产生问题的事项所形成的各种规则。这种制度性行为意义上的合同订立行为,其实质是当事人决定借由这些构成合同制度的规则形成合同内容。

如果采纳这种理解,那么,在评价、认定"合同"宗旨之时,考虑合同的性质以及交易活动中的一般观念就是理所当然的。所谓应当被尊重的"合同",其含义正在于此。

3.《修改法案》的文字及其含义

不过,有观点指出,仅规定"依照该项合同的宗旨"很难读取出应当考虑交易活动中的"社会一般观念"的意思。法制审议会上,这种意见得到采纳,并最终形成"依照合同或其他债务发生原因以及交易活动中的社会一般观念"这一表述。[12] 事实上,在审议过程中,与会成员曾就"依照在考虑交易活动中的

---

[10] 参见前注[2]《中间试案》第 15 页;前注[2]《中间试案补充说明》第 106 页以下、第 110 页以下;法制审议会民法(债权关系)分会资料 68A(http://www.moj.go.jp/content/000117654.pdf,以下简称《分会资料 68A》)第 1 页以下;法制审议会民法(债权关系)分会第 78 次会议(2013 年 10 月 8 日)议事录(http://www.moj.go.jp/content/000117653.pdf,以下简称《第 78 次会议议事录》)第 4 页以下。

[11] 参见[日]山本敬三「契約の拘束力と契約責任論の展開」ジュリスト1318 号(2006 年)第 101 页以下。

[12] 参见法制审议会民法(债权关系)分会资料 79-3(http://www.moj.go.jp/content/000124058.pdf,以下简称《分会资料 79-3》)第 8 页以下、第 9 页以下;法制审议会民法(债权关系)分会资料 83-1(http://www.moj.go.jp/content/000126619.pdf)第 11 页;前注[3]《纲要暂定稿》第 11 页;前注[5]《纲要》第 11 页。

社会一般观念的基础上形成的合同或其他债务发生原因的宗旨"的表述达成共识,只是进入审议的最终阶段之际(准确地说,是纲要暂定稿出台之前),主要出于法制工作技术性的考虑,在"合同或其他债务发生原因"与"交易活动中的社会一般观念"之间使用"以及"一词作为连接语。[13]

以上是从整体上对审议要点所作的归纳。下面就具体提案的内容进行说明。

三、履行请求权及其界限

现行《民法》	《修改法案》
（无）	（履行不能） 第 412 条之 2　依照合同或其他的债务发生原因以及交易活动中的社会一般观念,债务之履行陷于不能的情形,债权人不得再请求该项债务之履行。 2.（略）

（一）履行请求权

关于履行请求权,相较于现行民法而言,《修改法案》新增一条规定,即《修改法案》第 412 条之 2。事实上,直至审议过程的最终阶段(纲要暂定稿第一稿[14]),作为该条规定前提的一项基本原则也一直存在于提案之中。这就是"债权人得向债务人请求该项债务之履行"的原则。《修改法案》第 412 条之 2 此前则一直是作为该项原则的但书出现在提案之中的。

原本,本次民法修改的目的之一就是制定一部"对一般国民而言容易理解的民法"。[15] 这就要求对构成民法前提的基本原则进行明文化,使之能够从民法典之中被读取出来。

遗憾的是,这样的基本原则明文化作业最终大多未能实现。导致这一结果的原因之一是传统法制工作理念"理所当然的事项不予规定","从其他规定可以读取出的内容不予规定"。依据这种理念,关于履行请求权,既然将第 412 条

---

[13]　关于这一用语的含义及妥当性的讨论,参见法制审议会民法(债权关系)分会第 90 次会议(2014 年 6 月 10 日)议事录(http://www.moj.go.jp/content/001128483.pdf,以下简称《第 90 次会议议事录》)第 38 页以下。

[14]　参见前注[12]《分会资料 79-3》,第 8 页。

[15]　参见咨问第 88 号(http://www.moj.go.jp/content/000005084.pdf)。

之 2 规定为例外情形,债权人享有履行请求权这一原则就是不言自明之理。[16]

(二) 履行请求权的界限

正是基于上述考虑,《修改法案》第 412 条之 2 作出如下规定:"依照合同或其他债务发生原因以及交易活动中的社会一般观念,债务之履行陷于不能的情形,债权人不得再请求该项债务之履行。"

规定"依照合同或其他债务发生原因以及交易活动中的社会一般观念"的目的前文已作出说明,此处不再赘述。至于详细内容,在其后的债务不履行的损害赔偿部分将再作展开。

事实上,该项提案的要点在于对否定履行请求权的情形做一元化处理,并将其统摄于"不能"概念之下。问题是,这里所谓履行"不能"的含义究竟如何。

一般认为,履行不能不仅包括物理上的不能,还包括所谓的社会观念上的不能,这一理解构成上述提案的前提。[17] 经常作为典型事例被列举的,比如,债务内容为戒指的交付,而戒指沉入湖底后,交付在物理上并非不能,但在社会观念上是不能的。

此外,审议过程中,有观点提出,履行不能还应当包括履行需要花费"过高费用"的情形。[18] 就现行民法而言,其所对应的是承揽合同第 634 条但书的规定,即"瑕疵并属重大,其修理需要花费过高费用的情形除外"。修改法案删除了这一规定,主要基于如下理由:该规定的内容已为一般原则中的"不能"概念所涵摄。[19] 但是,即便认为履行不能包含社会观念上不能的情形,其所涵摄的也仅限于诸如前文所列举的非常极端的事例。与之相较,瑕疵的修理需要花费过高费用的情形则更为广泛。将修理需要花费较高费用的情形也纳入到"不能"概念之中是否妥当,殊值疑问。无论如何,相较于以往而言,今后如何对"不能"概念进行解释会变得更加棘手。作为可能的解决方案,不妨采用如下理解:所谓履行不能,是指依照合同宗旨,相较于债权人通过修理所获得的利益而言,债务之履行需要花费过高费用的情形。[20]

---

〔16〕 参见法制审议会民法(债权关系)分会资料 83-2(http://www.moj.go.jp/content/000126620.pdf,以下简称《分会资料 83-2》)第 8 页。

〔17〕 参见前注〔2〕《中间试案补充说明》第 106 页。

〔18〕 参见前注〔10〕《第 78 次会议事录》第 2 页。

〔19〕 法制审议会民法(债权关系)分会资料 81-3(http://www.moj.go.jp/content/000125163.pdf,以下简称《分会资料 81-3》)第 18 页。

〔20〕 参见〔日〕山本敬三『民法講義Ⅳ-2 契約』(有斐閣・2005 年)第 681 页等。

四、债务不履行的损害赔偿

接着,考察关于债务不履行损害赔偿的修改情况。

(一)基本要件

关于基本要件,将现行《民法》的规定与《修改法案》的内容对比如下(画线部分对应修改部分)。

现行《民法》	《修改法案》
(债务不履行的损害赔偿) 第 415 条 债务人不依债务本旨履行的情形,债权人得请求赔偿因此所生之损害。因可归责于债务人之事由致使履行陷于不能的情形,亦同。	(债务不履行的损害赔偿) 第 415 条 债务人不依债务本旨履行,或者债务履行不能的情形,债权人得请求赔偿因此所生之损害。但是,依照合同或其他债务发生原因以及交易活动中的社会一般观念,该项债务不履行是因不可归责于债务人的事由所致的情形,不受此限。 2.(略)

1. 本旨不履行

第一处修改是将正文的规定修改为"债务人不依债务本旨履行,或者债务履行不能的情形"。现行《民法》第一句和第二句对"债务人不依债务本旨履行的情形"和"履行不能的情形"分别予以规定;而《修改法案》则用"或者"一词将二者连结起来。现行《民法》之所以在第一句之外追加规定第二句,主要是为了避免"不履行"的表述并不涵盖"履行不能"这一可能产生的疑虑。[21]《修改法案》承袭了这一思路。[22]

然而,现如今"不能履行"当然包含在"不依债务本旨履行"的表述之中,这一点已成为共识[23],因此,上述考虑就没有必要了。相反,特意用"或者"将"不依债务本旨履行"与"履行不能"相连结,反倒像在暗示后者并不包含在前者之中。不过,在但书规定中,《修改法案》又将二者并称为"该项不履行",显然,正文中的"履行不能"也包含在其中。因此,《修改法案》的上述规定虽然在表述方面欠缺连贯性,在内容理解方面却并不存在歧义。如果说有问题,那也只是

---

[21] 关于《民法》第 415 条的立法过程,参见〔日〕吉田邦彦「債権の各種-『帰責事由』論の再検討」,载于星野英一編集代表『民法講座·別巻2』(有斐閣·1990 年)第 5 页以下;〔日〕中田裕康「民法 415 条·416 条(債務不履行による損害賠償)」,载〔日〕広中俊雄=星野英一編『民法典の百年Ⅲ』(有斐閣·1998 年)第 1 页以下。

[22] 参见前注[16]《分会资料 83-2》第 8 页以下。

[23] 参见〔日〕我妻栄『新訂債権総論』(岩波書店·1964 年)第 98 页以下。

规定方式巧拙的问题罢了。

2.免责事由

（1）免责事由的明确化

第二处修改是以但书规定的方式将债务人不具有可归责事由明确规定为免责事由。关于这一点，现行《民法》之下也并无异议，《修改法案》规定的要点在于，其明文宣示了以下规则：债务人不具有可归责事由的主张和举证责任由债务人自身负担。[24]

（2）免责事由的含义

问题是"不具有可归责事由"中免责事由的含义究竟如何？关于这一点，现行民法仅规定了"可归责事由"一词；与之相对，《修改法案》则规定得更为具体，即"依据合同或其他债务发生原因以及交易活动中的社会一般观念，该项债务不履行是因不可归责于债务人的事由所致的情形"。

①不采用过失责任主义的明确化

《修改法案》维持了"不可归责于债务人的事由"这一表述。不过，通过附加"依据合同或其他债务发生原因以及交易活动中的社会一般观念"这一修饰语，修改法案表明了其所采用的基本立场，即免责事由的判断依据应当是"合同或其他债务发生原因"，而非脱离该项"合同或其他债务发生原因"的客观意义上的过失，这也是审议过程中的共同理解。因此，将归责事由理解为"债务者的故意、过失或者依据诚实信用原则应当视同于此的其他事由"的传统通说[25]在《修改法案》的框架下已经无法作为解释论而获得支持。

②合同或其他债务发生原因以及交易活动中的社会一般观念

不过，至少从字面看，在"合同或其他债务发生原因以及交易活动中的社会一般观念"这一表述中，二者以"以及"相连结，呈现出并列的关系。但是，如前所述，审议过程中，与会成员形成的共同理解是采用"依照在考虑交易活动中的社会一般观念的基础上形成的合同或其他的债务发生原因的宗旨"这一表述。至于使用"以及"这一连接词，主要是出于法制工作技术的考虑。审议过程中，关于这一点曾有过说明，即"交易活动中的社会一般观念"并不能脱离"合同或其他债务发生原因"而成为独立的判断标准。[26] 因此，此处要特别留意，不应脱离上述理解作单纯的文言解释。

（二）基本要件补充规则的明文化

除上述基本要件之外，《修改法案》中还包含对基本要件的补充规则进行明

---

[24] 参见前注[23]第105页。

[25] 参见前注[23]第100页以下、第105页以下、第144页以下等。

[26] 参见前注[13]《第90次会议议事录》第38页以下，尤其是第40页以下、第43页以下。

文化的提案。

1.替代债务履行的损害赔偿的要件

是将替代履行的损害赔偿的要件特别予以明文化。这里所谓的"替代履行的损害赔偿"是指填补赔偿。严格而言,比如,在标的物遭受损伤的情形,因而支出的修理费用也理应属于"替代履行的损害赔偿"。但是,此处所设想的情境并非如此,而是"如果债务得到履行,则可能获得的利益",相当于给付整体的价值与逸失利益的总和。

现行《民法》	《修改法案》
（无）	（债务不履行的损害赔偿） 第415条 （略） 2.基于前款规定,债权人得请求损害赔偿,且符合下列情形的,债权人得请求替代债务履行的损害赔偿。 一、债务履行不能的情形; 二、债务人明确表示拒绝履行债务的情形; 三、债务因合同而产生,而该合同被解除,或者因债务不履行而产生合同解除权的情形。

（1）替代债务履行的损害赔偿（填补赔偿）要件的明文化

关于填补赔偿的要件,现行民法委诸法解释;《修改法案》第415条第2款则以明文化的方式对以下三种情形下的填补赔偿予以认可:①债务履行不能的情形;②债务人明确表示拒绝履行债务的情形;③债务因合同而产生,而该合同被解除,或者因债务不履行而产生合同解除权的情形。

关于③,需要补充的是:只要债务不履行满足解除的要件,即产生解除权,依据第415条第2款第3项后半句的规定,此种情形,即使不解除合同,仍得成立填补赔偿。因此,前半句所谓的"合同被解除"是指合意解除的情形。

①与③是对以往判例、通说的明文化[27];②则可以理解为与之作同等处理的情形。[28]

（2）与履行请求权并存的可能性

不过,该条规定在明确不采用所谓的债务转型论这一点上具有理论意义。[29]所谓债务转型论,是指履行请求权因履行不能或解除而消灭,从而转变为填补赔偿

---

[27] 参见前注[23]第123页、第146页以下。

[28] 将履行期前的履行拒绝作为一种不履行的类型进行"再发掘"的观点,参见〔日〕奥田昌道编『注释民法（10）』（有斐阁·1987年）第354页以下（北川善太郎执笔部分）。

[29] 参见前注[6]潮见书第61页。

请求权的思想。[30] 依据《修改法案》第 415 条第 2 款第 2 项及第 3 项后半句的规定,即使陷于履行不能,只要合同尚未解除,履行请求权仍然存续。换言之,此种情形,履行请求权与填补赔偿请求权同时存在,债权人得择一主张。

2.履行期不确定情形下的履行迟延

现行《民法》	《修改法案》
(履行期与履行迟延) 第 412 条 关于债务的履行,存在确定期限的情形,债务人自该期限到来之时起,负迟延责任。	(履行期与履行迟延) 第 412 条 (略)
2.关于债务的履行,存在不确定期限的情形,债务人自知道该期限到来之时起,负迟延责任。	2.关于债务的履行,存在不确定期限的,<u>该期限到来后,债务人收到履行请求之时</u>,或者债务人知道该期限到来之时,<u>以两者之中较早的时点为基准,债务人自该基准时起负迟延责任。</u>
3.关于债务的履行,未规定期限的情形,债务人自收到履行请求之时起,负迟延责任。	3.(略)

关于履行期不确定情形下的履行迟延,依据现行《民法》的规定,关于债务的履行,存在不确定期限的情形,债务人自知道该期限到来之时起,负迟延责任。《修改法案》第 412 条第 2 款将其修改为:该期限到来后,债务人收到履行请求之时,或者知道该期限到来之时,以这两者之中较早的时点为基准,债务人自该基准时起负迟延责任。当然,这也不过是对现行民法学说中无异议的规则[31]进行明文化罢了。

3.履行迟延中的履行不能

现行《民法》	《修改法案》
	(履行迟延中或受领迟延中的履行不能及归责事由) 第 413 条之 2 债务人就其债务负迟延责任的期间内,因不可归责于当事人双方之事由致使债务履行不能的,该项履行不能视为因可归责于债务人的事由所致。 2.(略)

关于履行迟延中的履行不能,《修改法案》第 413 条之 2 第 1 款规定,在债

---

[30] 参见〔日〕森田修『契約責任の法学的構造』(有斐閣・2006 年)第 17 页以下。
[31] 参见前注〔23〕第 104 页等。

务人负迟延责任期间内发生履行不能的,该项履行不能视为因可归责于债务人的事由所致,这实质上是否定债务人针对履行不能的损害赔偿请求权的免责可能性。这同样也是对现行民法之下的支配性见解进行明文化。[32]

(1)"因不可归责于当事人双方之事由"的含义

从《修改法案》第413条之2第1款的文言上看,履行迟延中的履行不能以"不可归责于当事人双方之事由"所致为要件。如此规定主要是考虑,没有必要将履行迟延中的履行不能是因可归责于债务人的事由所致的情形"视为因可归责于债务人的事由所致"。[33]

履行不能致使债权人遭受损害,仅此足以构成请求权之基础。只要债务人不能证明其就该项履行不能不具有可归责事由,就不能免责(《修改法案》第415条第1款)。此外,即使债务人就履行不能本身不具有可归责事由的情形,如果履行不能是在债务人负迟延责任——履行期届满仍未履行的期间内发生的,债务人也不能免责,这正是《修改法案》第413条之2第1款的含义。

(2)履行迟延与履行不能之间的因果关系

不过,这条规定终归以履行迟延与履行不能之间存在因果关系为前提。因此,尚未陷入履行迟延而发生履行不能的情形,债务人可得免责。[34]

(三)效果

关于债务不履行的损害赔偿的效果,现行《民法》第416条对其进行了规定。

现行《民法》	《修改法案》
(损害赔偿的范围) 第416条 针对债务不履行的损害赔偿请求,以赔偿因债务不履行通常所生之损害为目的。 2.因特殊情事所生之损害,当事人预见或者可以预见该项情事的情形,债权人得请求赔偿。	(损害赔偿的范围) 第416条 (略) 2.因特殊情事所生之损害,当事人<u>应当</u>预见该项情事的,债权人得请求赔偿。

1.现行《民法》之下的解释

关于现行《民法》第416条的解释,学说上存在争议。

(1)传统通说——相当因果关系说

依据传统通说的理解,现行《民法》第416条第1款是相当因果关系原则的

---

[32] 参见前注[23]第145页等。
[33] 参见前注[12]《分会资料79-3》第11页、前注[16]《分会资料83-2》第9页。
[34] 参见前注[12]《分会资料79-3》第11页。

宣言性规定;第2款则是对作为其判断基础的情事范围的规定。[35] 既然债务人预见或者可以预见自己的债务不履行将致使债权人遭受损害,却仍然不履行债务,对其课以损害赔偿责任就是无可厚非的。构成这种解释基础的是与过失责任主义相同的基本思想。依据传统通说,预见可能性的主体是债务人,预见可能性的时点是债务不履行时。

(2)现行学说上的有力观点——保护范围说

与之相对,现在的有力学说则主张所谓的保护范围说。[36] 依据这种观点,现行《民法》第416条是民法起草者在参考英国法上哈德雷规则(Hadley Rule)的基础上制定的,这也是构成第416条基础的基本思想。

依据这种思想,损害赔偿范围也应当依照当事人的合意,亦即依照合同,各方当事人得保持多少利益来确定。具体而言,即使是因特别情况而生的损害,当事人在订立合同之时可以预见该项情事的情形,一般认为,债务人也负有使债权人不生该项损害的合同义务,换言之,该项损害落入保护范围(义务射程)之内。依据保护范围说,预见可能性的主体是合同双方当事人,预见可能性的时点是合同订立时。

2.《修改法案》的理解

关于这一点,审议过程中曾出现过种种争议,最终,《修改法案》仅停留于将第416条第2款中的"预见或者可以预见"修改为规范化表述"应当预见"的程度。[37] 因此,以往形成的种种争议在修改法案的框架之下将原封不动地存续。

依据前述保护范围说的理解,这并非预见或者可以预见这一事实层面的问题,而是是否认可债权人取得合同上的利益,换言之,是否认可债务人负有不使损害发生的合同义务这一评价层面的问题,因此,"应当预见"这一表述更为妥当。

五、合同解除

(一)解除要件的概要

关于解除,《修改法案》作出了相当大的修改。首先,对解除要件作简要说明。

---

[35] 参见前注[23]第118页以下、第147页、第156页以下。
[36] 参见〔日〕平井宜雄『損害賠償法の理論』(東京大学出版社・1971年)第180页以下;平井宜雄『債権総論(第2版)』(弘文堂・1994年)第96页以下;〔日〕潮見佳男『債権総論Ⅰ(第2版)』(信山社・2003年)第351页以下;前注[11]第93页以下。
[37] 参见前注[12]《分会资料79-3》第11页以下。

现行《民法》	《修改法案》
（因履行迟延等所生之解除权） 第541条 当事人一方不履行债务的情形，相对人规定相当的期间并催告其履行，该项期间内仍未履行的，相对人得解除合同。 （因定期行为履行迟延所生之解除权） 第542条 依照合同的性质或者当事人的意思表示，非于特定时日或者一定期间内履行即不能实现合同目的的情形，该时日到来或该期间届满而当事人一方仍未履行的，相对人得不经前条之催告而直接解除合同。 （因履行不能所生之解除权） 第543条 全部或部分履行陷于不能的情形，债权人得解除合同。但是，该项债务不履行是因不可归责于债务人的事由所致的情形，不在此限。	（催告解除） 第541条 当事人一方不履行债务的情形，相对人规定相当的期间并催告其履行，该项期间内仍未履行的，相对人得解除合同。<u>但是，该项期间届满之时，依据该项合同以及交易活动中的社会一般观念，债务轻微不履行，不在此限。</u> （非经催告之解除） 第542条 <u>下列情形，债权人可不经前条之催告，直接解除合同。</u> <u>一、全部债务履行不能的；</u> <u>二、债务人明确表示拒绝履行全部债务的；</u> <u>三、部分债务履行不能，或者债务人明确表示拒绝履行部分债务的情形，仅凭剩余部分无法实现合同目的的；</u> <u>四、</u>依据合同的性质或者当事人的意思表示，不在特定时日或者一定期间内履行即不能实现合同目的的情形，该时日到来或期限届满而<u>债务人仍</u>不履行的； <u>五、除前述各项所列情形之外，债务人不履行债务，即使债权人为前条之催告，也明显无法期待足以实现合同目的之履行的情形；</u> 2.<u>下列情形，债权人可不经前条之催告，直接解除部分合同。</u> <u>一、部分债务履行不能的；</u> <u>二、债务人明确表示拒绝履行部分债务的。</u> （因可归责于债权人的事由所致的情形） 第543条 债务不履行是因可归责于债权人的事由所致的情形，债权人不得依前两条之规定解除合同。

1. 现行《民法》

	成立要件	阻却要件
因履行迟延等所生之解除权（催告解除） ＝第541条	①债务不履行 ②相对人规定相当的期间并催告其履行 ③该项期间内仍未履行	债务不履行因不可归责于债务人的事由所致。
无催告解除 ＝第542、543条	（1）定期行为的履行迟延 （2）全部或部分履行不能	

现行《民法》第541条规定了催告解除的要件，第542、543条规定了无催告解除的要件。关于催告解除：①债务人不履行债务的情形；②相对人规定相当的期间并催告其履行；③该项期间内仍未履行的，得为解除。与之相对：（1）定期行为的履行迟延；（2）全部或部分履行不能的情形，得为无催告之解除。

无论上述何种情形，若债务不履行是因不可归责于债务人的事由所致，则不得解除。

2.《修改法案》

		成立要件	阻却要件
催告解除 ＝第541条		①债务不履行 ②相对人规定一定的期间并催告其履行 ③该项期间内仍未履行	催告期间届满之时，债务轻微不履行的（依据该项合同以及交易活动中的社会一般观念）
无催告解除	全部解除 ＝第542条第1款	（1）全部履行不能 （2）债务人明确拒绝全部履行 （3）部分履行不能或债务人明确拒绝部分履行＋仅凭剩余部分不能实现合同目的 （4）定期行为的履行迟延 （5）债务不履行＋即使催告也无法期待足以实现合同目的的履行	第543条 债务不履行是因可归责于债权人的事由所致。
	部分解除 ＝第542条第2款	（1）部分履行不能 （2）债务人明确拒绝部分履行	

(1)催告解除

《修改法案》也于第 541 条规定了催告解除,其成立要件与现行民法相同。不过,《修改法案》增设了阻却要件,即催告期间届满之时债务轻微不履行的情形,不得催告解除。

(2)无催告解除

①全部解除

关于无催告解除,《修改法案》第 542 条第 1 款规定了全部解除的要件。其中,(1)全部履行不能和(4)定期行为履行迟延的情形得为全部解除,与现行法的规定相同;(2)(3)(5)则是新增的内容,即规定(2)债务人明确表示拒绝履行全部债务的情形,(3)部分履行不能或者债务人明确表示拒绝履行部分债务,而仅凭剩余部分无法实现合同目的的情形以及(5)债务人不履行债务,即使债权人催告,也明显无法期待足以实现合同目的之履行的情形,得为无催告的全部解除。

②部分解除

《修改法案》第 542 条第 2 款规定,部分履行不能或者债务人明确表示拒绝部分履行的情形,得为不经催告的部分解除。这也是新增的内容。

③阻却要件

《修改法案》第 543 条新增了阻却要件——即使满足上述成立要件,但债务不履行是因可归责于债权人的事由导致的,不得解除合同。

(二)修改的要点

以上述内容为前提,下文对修改的要点进行说明。

1.债务人的归责事由要件的废除——解除制度目的的变化

现行《民法》规定,债务人不具有可归责事由的情形不得解除合同,修改法案删除了这条规定。这与如何看待解除制度的目的这一问题紧密相关。

(1)传统通说

依据现行法之下传统通说的理解,解除制度具有剥夺债务人反对债权的效果,因此,与损害赔偿责任的情形相似,对债务人课以该种不利益需要正当化理由,这就是债务人的"归责事由"包括债务人的故意、过失或者依据诚实信用原则应当视同于此的其他事由。[38]

(2)《修改法案》的思想

与之相对,《修改法案》所采用的则是在近来国际潮流的影响下形成的、近

---

[38] 参见〔日〕我妻荣『债権各论上卷』(岩波书店・1954 年)第 152 页以下。

期学说中的支配性观点。[39] 依据这种观点,若债权人以取得一定利益为目的而订立合同,该项利益无法获取时应当认可其脱离合同拘束力的可能性,这是构成解除制度基础的基本思想。因此,是否认可解除与债务人是否具有"可归责事由"无关,在债权人以取得一定利益为目的订立合同,却无法获得该项利益的情形,换言之,若订立该项合同的意义已不复存在,则有必要认可其解除合同之权利。

2.解除基本要件的构造

解除的基本要件在构造上也发生了重大变化。

		合同目的实现不能	合同目的实现可能	
			不履行≠轻微	不履行=轻微
催告解除	债务不履行	解除可能		解除不可
无催告解除	债务不履行	全部解除可能	全部解除不可	
	部分履行不能或明确拒绝部分履行	部分解除可能		

关于催告解除,只要存在债务不履行,即认可催告解除。但是,不履行轻微的情形不认可催告解除。

与之相对,关于无催告解除,原则上仅限于合同目的不能实现的情形。不过,在部分履行不能或者明确拒绝部分履行的情形中,至少部分解除是可能的。

(1)因合同目的不能实现所生之无催告解除

依据《修改法案》的规定,在因债务不履行致使合同目的不能实现的情形中,债权人得不经催告解除合同。关于无催告解除的事由,《修改法案》第542条第1款第1—5项进行了列举。

如前所述,第1项规定的全部履行不能与第4项规定定期行为的履行迟延是对现行《民法》规定的维持;第2项规定的债务人明确拒绝全部履行是对解释论上既有理解的确认[40];第3项所规定的部分履行不能或者明确拒绝部分履行而仅凭剩余部分无法实现合同目的则是对以重大违约或合同目的实现不能

---

[39] 参见〔日〕辰巳直彦「契約解除と帰責事由」林良平=甲斐道太郎編集代表『谷口知平先生追悼論文集・第2巻』(信山社・1993年)第339頁;山田到史子「契約解除における『重大な契約違反』と帰責事由―1980年国際動産売買契約に関する国連条約に示唆を得て(2)」『民商法雑誌』第110巻3号(1994年)第88頁以下;前注〔36〕潮見書第430頁以下;前注〔11〕第94頁以下。

[40] 参见前注〔36〕潮见书第153页以下。

为基准的既有观点[41]的具体化;最后的第 5 项则是宣示整体思路的兜底性规定。因此,从整体上看,该条规定认可了合同目的实现不能情形下的无催告解除。

(2)催告解除

①催告解除的成立要件

与之相对,关于催告解除的成立要件,《修改法案》维持了现行《民法》的规定,即无论债务不履行是否致使合同目的实现不能,均得催告解除。

②催告解除的阻却要件

不过,"该项期间届满之时,依据该项合同以及交易活动中的社会一般观念,债务轻微不履行的",不得催告解除。

依据现行《民法》之下部分裁判的观点,在仅违反附随义务的情形中,原则上不认可解除,只有当不履行致使合同目的实现不能之时,方才认可解除。[42] 关于如何将这种观点明文化,审议过程中曾有过激烈争论[43],最终形成了这样的提案内容,即催告期间届满之时不履行"轻微"的,不得催告解除。[44] 依据议事录中的说明,这里所谓的"轻微",不仅包括违反义务的轻微性,也包括不履行样态的轻微性。[45]

然而,"轻微"的判断标准并不明确,恐怕只能留待今后解释。特别是与合同目的实现可能性的关系问题,今后有必要进一步深究。

六、风险负担

考察风险负担制度的修改。[46] 关于风险负担,有三条修改提案。

---

[41] 参见前注[39]山田论文第 88 页以下;前注[36]潮见书第 433 页以下。

[42] 参见最判昭和 36 年(1961 年)11 月 21 日民集 15 卷 10 号第 2507 页;最判昭和 43 年(1968 年)2 月 23 日民集 22 卷 2 号第 281 页。

[43] 参见前注[1]《中间论点整理补充说明》第 37 页以下;前注[2]《中间试案补充说明》第 132 页以下;前注[10]《分会资料 68A》第 20 页以下。

[44] 参见前注[12]《分会资料 79-3》第 13 页以下。

[45] 参见法制审议会民法(债权关系)分会第 96 次会议(2014 年 8 月 26 日)议事录(http://www.moj.go.jp/content/001137511.pdf,以下简称《第 96 次会议议事录》)第 19 页以下。

[46] 相关内容,可同时参见前注[7]山本论文第 33 页。

(一)债权人主义等规定的删除

现行《民法》	《修改法案》
(债权人的风险负担) 第 534 条　以特定物的物权设定或移转为双务合同目的的情形,该物因不可归责于债务人的事由而灭失或损伤的,该灭失或损伤归债权人负担。 2.关于不特定物的合同,依第 401 条第 2 款的规定该物得以确定之时,适用前款之规定。 (附停止条件的双务合同的风险负担) 第 535 条　附停止条件的双务合同的标的物于条件成就与否尚未确定的期间内灭失的情形,不适用前条规定。 2.附停止条件的双务合同中的标的物因不可归责于债务人的事由而损伤的情形,该损伤归债权人负担。 3.附停止条件的双务合同的标的物因可归责于债务人的事由而损伤的情形,条件成就的,债权人得依其选择,请求合同之履行或行使解除权。此种情形不妨碍损害赔偿请求的成立。	

关于以物权的设定或移转为目的的双务合同,现行《民法》第 534 条规定了债权人主义,与之相关的第 535 条则是关于附停止条件的双务合同的规定,《修改法案》删除了这两条规定。一直以来,这两条规定都备受批判:尽管标的物发生了损伤或灭失但债权人的反对债务却并不消灭。这一结论欠缺合理性[47],因此,完全未见反对将其删除的提案。

(二)反对给付的履行拒绝——风险负担制度的变质

问题主要集中于第 536 条。

1.从债务消灭构成到履行拒绝权构成

(1)解除一元论的主张——废除风险负担制度

如前所述,关于解除,如果采用不问债务人是否具有可归责事由的立场,那么解除制度与风险负担制度就会在事实上发生重合。于是,是否有必要使两者同时存续就成为问题。的确,如果就风险负担采用债务人主义,那么双务合同中的一方债务陷于履行不能的情形,不待债权人为解除的意思表示,他方债务当然地归于消灭。如此一来,认可履行不能解除的规定就失去意义。正是为了

---

[47]　参见前注[20]第 128 页、第 141 页以下。

解决这一问题,有观点强烈主张废除风险负担制度,从而实现解除制度的一元化。[48]

(2)修改法案的立场——采用履行拒绝权构成

与之相对,基于如下两点考虑,《修改法案》在结论上保留了风险负担制度:①假设废除风险负担制度,那么,一方面,债务人免于履行债务——不具有归责事由的情形,也免于损害赔偿责任;另一方面,只要债权人解除的意思表示未到达债务人处,反对债务就不得免除,其结果必将损害当事人之间的公平。②关于合同解除,存在解除的不可分性(现行《民法》第544条)等独特的制约规则,考虑到这一点就很难断言,对于债权人而言,只要有解除制度,风险负担制度就是可有可无的。[49] 不过,为了解决前述问题,《修改法案》修改了风险负担的效果——并非他方债务归于消灭,而是认可债权人得拒绝履行他方债务(《修改法案》第536条第1款[50])。此外,伴随上述修改,关于债权人有归责事由的情形的现行《民法》第536条第2款也被《修改法案》修改为:债权人具有可归责事由的,不得拒绝他方债务之履行(《修改法案》第536条第2款前半句)。

现行《民法》	《修改法案》
(债务人的风险负担等)	(债务人的风险负担等)
第536条 除前两条规定的情形之外,因不可归责于当事人双方的事由致使债务履行不能的情形,债务人不享有接受反对给付之权利。	第536条 因不可归责于当事人双方的事由致使债务履行不能的,债权人得拒绝履行反对给付。
2.因可归责于债权人的事由致使债务履行不能的情形,债务人不丧失接受反对给付之权利。此种情形,因免于履行自身债务而获有利益的,应当将之偿还给债权人。	2.因可归责于债权人的事由致使债务履行不能的,债权人不得拒绝履行反对给付。此种情形,债务人因免于履行自身债务而获有利益的,应当将之偿还给债权人。

---

〔48〕 参见前注〔36〕潮见书第480页以下;〔日〕松冈久和「履行障害を理由とする解除と危険負担」ジュリスト1318号(2006年)第144页以下;民法(债权法)检讨委员会编『债权法改正の基本方针(别册NBL126号)』(商事法务·2009年)第150页以下;民法(债权法)检讨委员会编『详解债权法改正の基本方针Ⅱ』(商事法务·2009年)第348页以下;前注〔2〕中间试案补充说明第141页以下。

〔49〕 参见前注〔12〕《分会资料79-3》第17页。

〔50〕 主张这种履行拒绝权构成的观点,参见〔日〕森田宏树「双务契约における一方の债务と反对给付债务の牵连性」同『债权法改正を深める—民法の基础理论の深化のために』(有斐阁·2013年)第98页以下。

2.现行《民法》与《修改法案》的比较

问题是,相较于现行《民法》而言,上述修改究竟有何不同。双务合同中,一方债务履行不能的情形,反对债务的命运如何?这正是风险负担所涉及的问题。具体而言,又可细分为反对债务尚未履行和已经履行两种情形进行讨论。

(1)现行《民法》的构成——风险负担

		原 则	债权人有归责事由的情形
反对债务未履行	原 则	履行拒绝可能 (反对债务消灭)	履行拒绝不可 (反对债务存续)
	先履行义务型 (承揽等)	履行拒绝可能 (反对债务不发生)	履行拒绝不可 (反对债务发生)
反对债务既履行		不当得利返还请求可能 (反对债务消灭)	不当得利返还请求不可 (反对债务存续)

①反对债务未履行的情形

依据现行《民法》第 536 条第 1 款的规定,反对给付尚未履行的情形,原则上,按照债务人主义的要求,反对债务消灭。因此,即使债务人请求履行反对给付,债权人也得拒绝。不过,依据现行《民法》第 536 条第 2 款的规定,债权人具有可归责事由时,反对给付并不消灭,因此,债权人不得拒绝履行。

然而,诸如承揽等先履行义务型合同——反对债务(报酬支付债务等)的发生以债务人先履行为前提的情形,一方债务陷于履行不能时,他方债务根本还未发生。因此,债务人请求履行反对债务时,债权人得拒绝履行这一结论虽然不变,但是,履行不能是因可归责于债权人的事由所致的情形,有必要确立补充规则,即虽然未能完成工作,报酬债权依然发生。因此,债权人不得拒绝履行。关于这一点,现行《民法》第 536 条第 2 款虽然未予明确,但在解释上一般都予以认可。[51]

②反对债务既履行的情形

反对债务已经履行的情形,一方债务陷于履行不能的,反对债务消灭,换言之,反对债务的履行欠缺法律上的原因,得成立不当得利返还请求权。但是,履行不能是因可归责于债权人的事由所致的情形,反对债务并不消灭,因此,不成立不当得利返还请求权。

---

[51] 参见前注[20]第 144 页。

（2）《修改法案》

		原　则	债权人有归责事由的情形
反对债务未履行	原　则	履行拒绝可能	履行拒绝不可
	先履行义务型（承揽等）	履行拒绝可能（反对债务不发生）	解　释
反对债务既履行		解　释	解　释

①反对债务未履行的情形

反对债务尚未履行的情形，《修改法案》明文规定：原则上，债权人得拒绝履行，但是履行不能是因可归责于债权人的事由所致的情形，不得拒绝履行。

先履行义务型合同中，原则上反对债务不发生，这一结论不变。问题是，债权人有归责事由的应当如何处理。对此，修改法案并未予以明确，而是委诸法解释。

② 反对债务既履行的情形

反对债务已经履行的情形，《修改法案》仅规定了履行拒绝，至于是否认可不当得利返还请求权，则未予明确。这一点同样委诸法解释。债权人有归责事由的情形亦同。

3. 履行拒绝权构成的含义

保留风险负担制度，采用履行拒绝权构成的意义究竟何在？

（1）与解除制度之间的矛盾的回避

履行拒绝权构成具有如下含义：债务人的债务陷于不能履行的情形，债权人的债务并不消灭，债权人仅得拒绝履行。由此可见，修改法案不认可所谓的牵连性原则，亦即一方债务陷于履行不能的，另一方债务并不当然地归于消灭。因此，前述风险负担与解除制度的矛盾得以回避。[52]

（2）履行请求的拒绝——反对债务未履行的情形

依据上述理解，反对债务未履行的情形，针对债务人的履行请求，债权人得依《修改法案》第536条第1款拒绝履行，或依《修改法案》第542条第1款第1项解除合同并拒绝履行。在这一点上，履行拒绝权构成与解除权构成本质上并无不同。问题是，同时认可这两种构成究竟具有何种意义。

如前所述，针对主张废除风险负担制度、实现解除制度一元化的观点，批判意见指出，只要债权人解除的意思表示未到达债务人处，反对债务就不得免除

---

[52] 参见前注[12]《分会资料79-3》第17页。

的结论存在问题。事实上,反对债务尚未履行的情形,不会产生大问题。债务人向债权人请求履行反对债务之时,债权人只需向债务人为解除的意思表示,进而拒绝履行即可。因此,至少在这种情形下,通过解除权构成也能推导出与履行拒绝权构成相同的结论,所以没有必要在解除权构成之外认可履行拒绝权构成。

(3)给付返还请求——反对债务既履行的情形

反对债务既履行的情形,既履行给付的返还请求成为问题。

①不当得利返还请求权的成否

依据现行《民法》的规定,一方债务陷于履行不能的情形,反对债务消灭,因此,反对债务的履行就不再具有"法律上的原因"。与之相对,履行拒绝权构成之下,反对债务并不当然地归于消灭,因此,反对债务的履行并不欠缺"法律上的原因"。如此一来,债权人就不得请求债务人返还不当得利。

当然,此种情形通常满足《修改法案》第542条第1款第1项的要件。因此,债权人得解除合同,并向债务人请求恢复原状。或许会有人说,正因为在履行拒绝权构成之外认可解除权构成,制度上的功能分担才成为可能。但是,如前所述,反对债务尚未履行的情形,通过解除权构成能够推导出与履行拒绝权构成相同的结论。因此,毋宁说,只要认可解除权构成即可,无须在其之外再认可履行拒绝权构成。

不过,审议过程中,有观点指出,即使在履行拒绝权构成之下,也存在认可既履行反对给付返还请求权的余地。[53] 其灵感来源于:不知道债务之上附有永久性抗辩权而为清偿的,得准用非债清偿之规则请求返还所给付之物。[54] 不同于诸如同时履行抗辩权等因其行使而暂时阻止请求权效力的抗辩权(延期抗辩权),永久性抗辩权的行使致使请求权效力终局性地归于消灭。如果将《修改法案》第536条第1款所规定的履行拒绝权也理解为一种永久性抗辩权,换言之,其行使致使反对债务履行请求权终局性地归于消灭,那么债权人不知道有履行拒绝权,亦即债务人的债务陷于履行不能而履行反对债务的情形,得请求给付之返还。

假设采用这种观点,那么在既履行给付的返还请求问题上履行拒绝权构成

---

〔53〕 参见法制审议会民法(债权关系)分会第91次会议(2014年6月17日)议事录(http://www.moj.go.jp/content/001129006.pdf)第21、23页。

〔54〕 参见〔日〕我妻荣『債権各論・下巻一』(岩波书店・1972年)第179页;〔日〕四宫和夫『事務管理・不当利得・不法行為(上)』(青林书院・1981年)第144页以下;〔日〕藤原正则『不当利得法』(信山社・2002年)第57页。这是在参照《德国民法典》第813条第1款明文规定的基础上所提出的主张。

与解除构成之间就不存在实质性差异。然而,如此一来,又要考问在解除权构成之外再认可履行拒绝权构成的必要性。对此,可能的回应是:当解除权罹于时效而消灭,基于履行拒绝权构成,不当得利返还请求权仍得成立,在这一点上,认可履行拒绝权构成具有意义。问题是,如此一来,认可解除权时效消灭就失去意义,而这将会留下较大问题。

②债权人复数的情形——与解除权不可分性

解除权不能行使的情形,假设债权人能够通过履行拒绝权构成获得必要救济,那么在解除权构成之外认可履行拒绝权构成就是有意义的。存在这种可能性的主要是因解除权的不可分性(现行《民法》第544条第1款)致使解除权不能行使的情形。审议过程中,就这种情形进行了讨论。

尤其在债权人为复数,相互之间就救济方法之选择无法达成一致,比如,既有选择解除之人,也有舍弃解除而选择代偿请求之人(《修改法案》第422条之二)的情形,可能会出现问题。此种情形,依据现行《民法》第544条第1款的规定,不得解除合同。因此,反对债务未履行的情形,不得拒绝债务人的履行请求;反对债务既履行的情形,不得向债务人请求作为恢复原状内容的既履行给付之返还。但是,债务人的债务陷于履行不能的情形,在现行民法之下依据风险负担规则,反对债务也归于消灭。因此,债权人得拒绝债务人的履行请求;得向债务人请求既履行给付之返还。因此,通过《修改法案》第536条第1款认可债权人的履行拒绝权,使得向债权人提供与现行民法之下相同的救济成为可能。

然而,认可解除权不可分性原则的目的,一般而言是为了回避法律关系的复杂化,同时也因为,如果不这么做,则与当事人通常的意思相悖。[55] 如果认为这一目的在上述情形中也是妥当的,那么对于一部分债权人认可其行使履行拒绝权,对于另一部分债权人则认可其选择其他救济手段,就违背了这一目的。反之,如果认为,认可其选择是妥当的,那么上述情形就构成解除权不可分性原则的例外,认可该种例外应当有特别的理由。[56]

(4)债权人有归责事由的情形

紧接着,与采用履行拒绝权构成相配套,《修改法案》第536条第2款前段针对"因可归责于债权人的事由致使债务履行不能的情形",将现行民法所规定的"债务人不丧失接受反对给付之权利"修改为"债权人不得拒绝履行反对给付"。

---

[55] 参见前注[54]我妻书第186页。
[56] 持相同看法的观点,参见〔日〕礒村保「解除と危険負担」瀬川信久编著『債権法改正の論点とこれからの検討課題』(別冊NBL147号)(商事法務・2014年)第89页。

①原则型

依据该规定,反对债务未履行系因债权人的归责事由所致之时,债权人不得拒绝债务人的履行请求。

反对债务既履行的情形,如前所述,关于《修改法案》第536条第1款,即使认为通过准用非债清偿的规则,仍有成立不当得利返还请求权的余地,因债权人的归责事由所致之时,债权人不享有履行拒绝权,不当得利返还请求权也就无从成立。

②先履行义务型——特别的履行请求权

问题是,诸如承揽合同等债务人(承揽人)负有先履行义务(完成工作的义务等)的情形应当如何处理?

依据现行《民法》第536条第2款的规定,此种情形,债权人(定作人等)有归责事由的,债务人(承揽人等)"不丧失接受反对给付之权利"。换言之,债务人得请求反对给付(支付报酬等)之履行。

但是,所谓"不丧失接受反对给付之权利"是指"不丧失"基于其他发生原因业已发生的权利。因此,从这一表述中能否读取出其具有为特别的履行请求权之发生提供基础的意思并不明确,这一点被作为问题遗留下来。

这一问题在《修改法案》第536条第2款前段中不但没有得到解决,反而被放大了。"债权人不得拒绝履行反对给付"这一表述所隐含的前提是,请求履行反对给付的权利基于其他原因业已发生,对此,债权人不得拒绝履行。如果说,现行《民法》第536条第2款前段是从权利消灭层面所作的规定,那么《修改法案》第536条第2款前段则是从履行拒绝的层面所作的规定,如此一来,想要读取出为特别的权利发生提供基础的意思就变得愈发困难。

不过,审议过程中,关于特别的履行请求权的认可,完全没有反对意见,在这一点上维持现行法成为了当然的前提。事实上,《修改法案》还通过新增规定的方式表明了这一立场。

比如,关于承揽的《修改法案》第634条第1款规定,在"因不可归责于定作人的事由致使工作不能完成"的情形中,"定作人因承揽人业已完成的工作结果之中可分部分之给付而受有利益的","视为完成该部分的工作","承揽人得依定作人受有利益的比例请求相应之报酬"。

从字面上看,第634条第1款所规定的是"因不可归责于定作人的事由"致使工作不能完成的情形,如果说这种情形下承揽人仍得依定作人受有利益的比例请求相应之报酬,那么因可归责于定作人的事由致使工作不能完成时,承揽人当然得请求相同程度之报酬。

如此一来,"因不可归责于定作人的事由"这一表述宣示了如下规则,并且该文言的意义也仅限于此:因可归责于定作人的事由致使工作不能完成的情形,承揽人不仅得依定作人受有利益的比例请求相应之报酬,而且得请求报酬之全额。请求报酬全额的依据正是《修改法案》第536条第2款正文的规定,这是《修改法案》的基本思路。[57] 上述解释也适用于关于雇佣的《修改法案》第624条之2和关于委托的《修改法案》第648条第3款。

审议过程中,曾有人提议以明文规定的方式认可先履行义务型合同中的特别的履行请求权,并就此展开过讨论。然而,由于在规定方式的问题上无法达成共识,最终未能实现明文化。

然而,关于风险负担,在采用履行拒绝权构成的前提下,从《修改法案》第536条第2款前半句中读取出特别的履行请求权变得愈发困难。因此,应当说,明文规定的设置是不可或缺的。

4.关于标的物灭失或损伤的风险的移转

此外,《修改法案》还在合同分则买卖一节中就标的物灭失或损伤情形下的风险移转规定了特殊规则。

(1)现行法

①对价风险

所谓对价风险,即标的物灭失或损伤时,反对债权(对价请求权)的命运将如何? 这个问题应适用风险分担的相关规定进行处理。

买卖合同是以物权的设定或移转为目的的双务合同,依据现行《民法》第534条的规定,风险由债权人,也就是买受人负担。如果原封不动地适用该条规定,那么可能得出如下结论:即使标的物发生灭失或损伤,买受人也不能免除支付价款全额之义务。考虑到这一结果有违公平的观念,学说对其进行了实质性的修正。

现如今,关于现行《民法》第534条,认为其虽然规定标的物发生灭失或损伤的情形对价支付债务存续的风险由买受人(债权人)负担,但是,严格来说,其并未规定从何时开始负担风险。在此基础上,主张风险在买受人(债权人)取得标的物支配之时发生转移的观点(支配移转时说[58])逐渐占据有利地位。依据这种观点,支配移转时(依据现在的有力见解,即标的物交付时[59])之前,标的物发生灭失或损伤的,风险由出卖人(债务人)负担。

②给付风险

与之相对,关于给付风险,即标的物发生灭失或损伤时,标的物交付债务的命运如何的问题,现行《民法》第401条第2款针对种类物设有规定。依据该条

---

[57] 参见前注[19]《分会资料81-3》第17页以下;前注[45]第50页。

[58] 参见前注[20]第129页。

[59] 参见前注[36]潮见书第474页。

规定,"债务人完成物之交付所必要的行为"之时,"其后,以该物为债权之标的物"。换言之,其后,即使该特定之物发生灭失或损伤,债务人也不必重新调配他物用以交付。

(2)修改法案

与上述现行法的规定相对,《修改法案》关于买卖增设了一条特别规定,即《修改法案》第567条。

现行《民法》	《修改法案》
	（关于标的物灭失等的风险移转） 第567条 出卖人向买受人交付标的物（限于作为买卖标的予以特定之物。以下与本条同）的情形,自交付之时以后,该标的物因不可归责于双方当事人之事由而灭失或损伤的,买受人不得以灭失或损伤为由,主张履行补正请求、价款减额请求、损害赔偿请求及合同解除。此种情形,买受人不得拒绝支付价款。 2.出卖人以符合合同内容之标的物,作为交付债务之履行予以提供,而买受人拒绝接受或者不能接受该项履行的情形,自履行提供时以后,该标的物因不可归责于当事人双方之事由而灭失或损伤的,与前款相同。

①《修改法案》第567条第1款的含义

依据《修改法案》第567条第1款的规定,"出卖人向买受人交付标的物（限于作为买卖标的予以特定之物。以下与本条同）的情形,自交付之时以后,该标的物因不可归责于双方当事人之事由而灭失或损伤的","买受人不得以灭失或损伤为由,主张履行补正请求、价款减额请求、损害赔偿请求及合同解除"。此外,在此种情形下,"买受人不得拒绝支付价款"。

a.要件构成

如前所述,出卖人向买受人请求支付价款的情形,买受人得以标的物灭失、出卖人的标的物交付债务陷于履行不能为由解除合同,也得依《修改法案》第536条第1款的规定拒绝履行。但是,依据《修改法案》第567条第1款的规定,标的物交付后标的物灭失的,不得解除合同,亦不得履行拒绝。不过,标的物之交付完成以后,标的物交付债务因清偿而消灭,因此,即使其后该物灭失也不构成交付债务的履行不能。因此,严格来说,对《修改法案》第567条第1款的规定应作如下理解:买受人的解除合同或拒绝履行仅限于标的物在交付之前灭失的情形——从这个意义上说是理所当然的。[60]

---

[60] 参见前注[20]第132页。

b."特定"的含义——交付不符合合同之物的情形

此外,关于"标的物""限于作为买卖标的予以特定之物"的含义,存在争议。这一问题在出卖人向买受人所交付之标的物不符合合同,即非按本旨履行的情形体现得尤为明显。

审议过程中,有观点提出,"即使标的物不符合合同内容,风险也发生移转"[61];还有观点主张,至少关于这一点应当委诸法解释[62]。

然而,出卖人将不符合合同之物交付给买受人的,很难认为此时种类物的特定已经完成,除非存在诸如买受人认可、允许该种履行并为受领行为等特殊情况。[63]《修改法案》第567条第1款将标的物"限于作为买卖标的予以特定之物"足以表明,不符合合同之物并非"标的物",风险并未发生移转。[64]

②《修改法案》第567条第1款的问题——与种类债务特定的关系

关于风险移转的效果,《修改法案》第567条第1款不仅排除了解除合同和拒绝履行,还排除了履行补正请求、价款减额请求以及损害赔偿请求。其中,履行补正请求(代物请求和修补请求)并非对价风险(标的物灭失或损伤的情形,价款请求权的命运如何)的问题,而是给付风险(债务人是否从给付的再调配义务中解放出来)的问题。如前所述,这个问题原本是由关于种类债务特定的现行《民法》第401条第2款处理的。问题是,现行《民法》第401条第2款(《修改法案》原封不动地维持了该条规定)与《修改法案》第567条第1款的关系究竟如何。[65]

这里,假设将《修改法案》第567条第1款解释为:直到交付标的物之时为止,都由出卖人负担给付风险,即使标的物发生灭失或者损伤,买受人仍得请求履行之补正,那么对种类物的特定予以规定的现行《民法》第401条第2款将会失去意义。从民法的整合性解释的角度来看,这种理解无法得到认可。

为了维持现行《民法》第401条第2款的存在意义,唯有作如下解释:《修改法案》第567条第1款仅规定,标的物交付之后,标的物发生灭失或损伤的,不得请求履行之补正;至于交付之前标的物灭失或损伤的,则由现行《民法》第401条第2款进行处理。因此,特定之后发生灭失或损伤的,不得主张履行请求

---

[61] 前注[19]《分会资料81-3》第9页以下。

[62] 参见前注[45]第49页以下。

[63] 参见[日]奥田昌道『債権総論(増補版)』(悠々社·1992年)第45页、第160页;前注[36]潮见书第61页以下。也可参见[日]奥田昌道编『新版注釈民法(10)Ⅰ』(有斐閣·2003年)第246以下[金山正信、金山直樹执笔]。

[64] 参见前注[45]第48页以下。

[65] 法制审议会(债权关系)分会第97次会议(2014年12月16日)议事录(http://www.moj.go.jp/content/001143144.pdf)第33页以下。

以及履行补正请求。

问题的根源在于,《修改法案》第 567 条第 1 款未能查明对价风险和给付风险的异同,将一直以来被理解为对价风险移转时点的标的物交付时扩张适用于履行补正请求权这一给付风险范畴中的风险移转。因此,至少应当删除《修改法案》第 567 条第 1 款中的履行补正请求,而将其委诸现行《民法》第 401 条第 2 款及《修改法案》第 567 条第 1 款的解释。

③因受领拒绝或受领不能引起的风险移转

除此之外,《修改法案》第 567 条第 2 款规定,出卖人以不符合合同内容之标的物作为交付债务之履行予以提供,而买受人拒绝接受或者不能接受该项履行的情形,自履行提供时以后,因不可归责于双方当事人的事由致使该标的物灭失或损伤的,风险也发生移转。受领迟延导致风险移转,这是现行民法解释上所确立的规则[66],《修改法案》第 567 条第 2 款在买卖的部分对其予以明文化。

七、结语

以上就是合同责任法修改的概要。事实上,为使本文所概括的修改的意义和射程更为明确,对现行民法之下的学说和判例的积累以及围绕修改所形成的议论作深入探讨是必不可少的。此外,本文仅停留在合同责任法一般原则的层面,未能涉及合同分则(买卖、赠与、租赁、承揽等)中关于合同不相符的责任(对应于现行民法中的担保责任)的修改。其中也有基于"合同的尊重"这一理念所作的重要修改,因此,想要从整体上理解合同责任法的修改,有必要将这些关于合同分则的修改内容也纳入观察视野。从这个意义上说,本文仅介绍了合同责任法修改的部分内容。尽管如此,仍期望在把握正在进行中的民法修改的方向性方面能为读者诸君提供些许助力,以此结束本文。

---

[66] 参见前注[20]第 139 页。

日本新民法上的定型格式条款的规定内容*

〔日〕王冷然**

一、导言

　　修改前的《日本民法》里虽然没有有关格式条款的规定,但关于格式条款的理论研究却早在五十多年前就已开始。将有关格式条款的规定写入民法典可以说是很多日本法律学者的夙愿,主导此次民法大修改的前东京大学教授内田贵在解说修改民法的书里也特意提到,民法典规定格式条款是实现行民法典现代化的重要内容。[1]

　　正因为有关格式条款的规定是这次日本民法大修改中最引人注目的项目之一,审议过程中,就如何在《日本民法》里规范格式条款的问题进行了激烈的争论。不仅其名称一变再变,即使决定采取"定型格式条款"的名称后,也一直到《纲要暂定案》(2014年8月26日)的阶段还无法就其内容形成一致意见,只好搁置关于格式条款的规定,暂且不再审议。就在格式条款的规定能否写入修改草案里也变得很危险时,第98次法制审议会(2015年1月20日)又重新开始对"定型格式条款"的规定进行审议。最终,在最后一次审议会,即第99次法制审议会(2015年2月10日)上,审议内容被写入《纲要案》,并一字不差地被修改草案所采纳,最后成为新民法的条文。

　　《纲要暂定案》公开之后,包括参与立法工作的民法学者在内的很多学者撰

---

　　* 在第16届中日民商法研究会(2017年)上笔者就该题目作了报告,报告内容已刊登在《中日民商法研究》第17卷(2018年)上。
　　** 〔日〕王冷然,日本南山大学法学部教授。
　　[1] 参见〔日〕内田贵『民法改正—契約のルールが百年ぶりに変わる』(ちくま新書・2011年)第150页。

文指出"定型格式条款"所存在的问题,并强烈建议重新考虑。[2] 在之后的国会审议中,国会议员也对"定型格式条款"的规定提出很多质疑,但最终修改草案的内容一字未动地作为新《日本民法》(以下简称《新民法》)的条文得以通过。《新民法》于2017年5月26日通过,同年7月就有诸多学者在专业杂志上发表文章指出新法规定里隐含的理论问题。[3] 2017年10月,日本私法学会又就新法上的定型格式条款规定组织了专题讨论。[4] 在日本《新民法》的规定中,只有"定型格式条款"的规定从审议阶段一开始就成为立法参与者头疼的对象,最终写入《新民法》中的条文被称为妥协的产物,其内容又使法律学者们困惑不解[5],这样问题重重的新条文可以说是前所未有的。

《新民法》最终对格式条款作出了规定,但《新民法》一通过,对其的批判却不断,这种现象不仅在日本少有,恐怕在全世界也罕见。之所以发生这样的现象,是因为在法制审议会的审议过程中经济界再三反对。《新民法》所规定的有关格式条款的条文不仅是妥协的产物,而且其内容与日本民法学说上几十年来积累的理论也有很大的偏离。[6]

备受批判的日本《新民法》上的定型格式条款其实只有3个条文。不过这3个条文不仅规定了定型格式条款的定义、订入合同的要件及效力规则、提示义务等问题,还规定了到目前为止在学说上几乎还没有被讨论过的定型格式条款

---

[2] 参见[日]河上正二「約款による取引」『法律時報』86卷12号第96页以下(2014年),同「民法(債権関係)改正要綱—特に『定型約款』について」,ジュリスト1480号第82页以下(2015年),同「債権法講義・特論—『定型約款』規定の問題点—」法セ726号第104页以下(2015年),[日]沖野眞已「約款の採用要件について—『定型約款』に関する規律の検討」,『星野栄一先生追悼・日本民法学の新たな時代』(有斐閣・2015年)第543页以下,[日]山本敬三「民法(債権関係)の改正に関する要綱と保険実務への影響」,生命保険論集191号第1页以下(2015年),[日]鹿野菜穂子「民法改正と約款規制」,『法曹時報』67卷7号第1页以下(2015年),[日]山下友信「民法(債権関係)改正と保険—改正の意義、重要論点及び今後の保険実務—」,『損害保険研究』77卷2号第139页以下(2015年)等。

[3] 参见刊登在[日]河上正二編『消費者法研究』3号(信山社、2017年)上的以下各论文,河上正二「『約款による契約』と『定型約款』」山本敬三「改正民法における『定型約款』の規制とその問題点」鹿野菜穂子「『定型約款』規定の諸課題に関する覚書」沖野眞已「『定型約款』のいわゆる採用要件について」丸山絵美子「『定型約款』に関する規定と契約法学の課題」大澤彩「『定型約款』時代の不当条項規制」廣瀬久和「『定型約款』規定についての覚書を再び掲載するに当たって」。

[4] 专题讨论的报告人是日本研究格式条款的第一人——河上正二教授。该专题讨论的内容已刊登于日本私法学会的专用杂志《私法》80号上。

[5] 参见[日]山本豊「定型約款の新規定に関する若干の解釈問題」ジュリスト1511号第46页(2017年)。

[6] 参见[日]山本(敬)・前注[2]第28页。

的变更,但却没有对定型格式条款的解释规则作出明文规定。《新民法》上的这些规定不仅与其他国家关于格式条款的规定有很大不同,而且也背离了日本几十年来的民法学术理论。在这一立法背景下,本文在介绍定型格式条款规定内容的同时,也阐述一下其问题点所在。

二、从《中间试案》到《新民法》的内容变动

2009年11月开始启动的日本民法修改审议,经过整理论点,在2013年2月公开了《中间试案》,其中所提出的关于格式条款的规定方案基本上采用了日本关于格式条款的通说。但这一方案在之后的审议过程中受到经济界的强烈反对,《中间试案》中的构想一再倒退,规范对象从当初的"格式条款"限定为"定型格式条款"。即使这样还是得不到经济界的赞同,对其他修改项目几乎都统一了意见,只有对格式条款还无法达成一致意见。2014年8月整理出的《纲要暂定案》只好对格式条款予以保留,关于格式条款的审议一度中断。在2015年1月重新开始审议后,《新民法》中的定型格式条款规定内容已与《中间试案》的方案内容大相径庭,不仅在用语和定义上发生了很大变化,在订入合同的要件和提示义务等方面也发生了根本性的变化,详见下表。

《中间试案》	《新民法》
【格式条款的定义】 格式条款是指,预定与多数相对人缔结合同而预先准备的合同条款的总体,以格式化地规定合同内容为目的而使用的条款。	【定型格式条款的定义】 定型格式条款是指,在进行定型交易(所谓定型交易是指特定人以不特定多数人为相对人所进行的交易,其内容的全部或一部分是格式化的,这对双方而言都是合理的交易)上,以作为合同内容为目的,由该特定人所准备的条款的总体(《新民法》第548条之2第1款)。
【格式条款的订入合同的要件】 合同的当事人就该合同使用格式条款达成合意,并且在准备该格式条款之人(以下称之为"格式条款使用人")确保相对人有机会在缔结合同之前,只要采取合理的行动就能够得知格式条款的内容的情形下,格式条款成为该合同的内容。	【定型格式条款的合意】("视为有合意"之规定) 在下列情形下,视为做出进行定型交易的合意之人,对定型格式条款中的个别条款也做出了合意。 (1)对把定型格式条款作为合同内容做出合意时。 (2)准备了定型格式条款者预先把将定型格式条款作为合同内容之意表示给相对人时(《新民法》第548条之2第1款)。

(续表)

《中间试案》	《新民法》
（无）	【定型格式条款的内容的提示】 （1）进行定型交易或欲进行定型交易的定型格式条款准备人，在定型交易合意之前或者在定型交易合意之后的一定期间内，于相对人提出请求时，必须无拖延地以相应的方法提示该定型格式条款的内容。但是，定型格式条款准备人已经把记载定型格式条款的文件交付给相对人或者提供了记录该定型格式条款的电子记录时除外。 （2）定型格式条款准备人在定型交易合意之前拒绝了相对人的请求时（发生一时性的通讯障碍及其他正当理由的情形除外），不适用"视为合意"的规定（《新民法》第548条之3）。
【突袭条款】 对于格式条款所包含的合同条款，相对人参照其他合同条款的内容、格式条款使用人的说明、相对人的知识和经验以及其他与该合同有关的一切事情，仍无法合理预测其被包含在格式条款里时，该合同条款不能成为合同的内容。 【不当条款的规制】 相比于该合同条款不存在时成为合同内容的合同条款限制了相对人的权利，或者加重相对人的义务，在考虑到合同内容的整体、缔结合同时的状况以及其他一切事情，该限制或加重的内容带给相对人过大的不利时，该合同条款无效。	【定型格式条款的效力】（"视为没有合意"之规定） 被视为有合意的定型格式条款中的个别条款之中，对于被认为是限制相对人的权利或者加重相对人的义务的条款，参照该定型交易的形态以及其实情和交易上的社会常识，其违反了诚信原则，单方面地损害相对人的利益的条款的，视为没有做出合意（《新民法》第548条之2第2款）。
【格式条款的变更】 （1）具有下列情形之一时，格式条款使用人通过变更格式条款，不经相对人的同意可以变更合同的内容。 ①格式化地变更该格式条款的内容应具有合理的必要性。	【定型格式条款的变更】 （1）定型格式条款准备人在下列情形下，通过变更定型格式条款，对于变更后的定型格式条款的条款视为存在合意，无须个别地与相对人进行合意可以变更合同的内容。

(续表)

《中间试案》	《新民法》
②现在使用该格式条款的合同有很多,想获得所有相对人变更合同内容的合意非常困难。 ③参照①的必要性,该格式条款的变更内容是合理的,并且,变更的范围以及程度是妥当的。 ④该格式条款的变更内容不利于相对人时,参照该不利的程度采取了适当的措施。 (2)格式条款使用人通过合理的方法将变更格式条款的意思以及变更后的格式条款的内容广泛告知于相对人时,格式条款的变更发生效力。	①定型格式条款的变更,符合相对人的一般性利益时。 ②定型格式条款的变更,没有违反合同目的,且参照变更的必要性、变更后的内容的妥当性、有无根据本条的规定有变更定型格式条款之意的规定以及其内容和其他与变更有关的事情,属于合理的变更时。 (2)定型格式条款准备人变更定型格式条款时,应规定其发生效力的时期且必须通过适当的方法对变更进行广泛告知。 (3)没有对属于(1)②的句型格式条款的变更对定型格式条款的变更进行广泛告知时,不发生变更的效力(《新民法》第548条之4)。

从以上表格可以看出,《中间试案》与《新民法》主要在以下几个方面有所不同。其一,《中间试案》规范的对象是一般理解的格式条款,而《新民法》所规范的对象是"定型格式条款"。"定型格式条款"是这次日本民法修改中提出的一个新概念,和常用的"格式条款"概念有很大不同,这就意味着日本《新民法》上的有关条文不规范"格式条款",而只适用于新的"定型格式条款"。其二,《中间试案》把当事人之间的合意和事前提示作为格式条款订入合同的要件,而《新民法》不仅将当事人间的合意和提示义务分开放入两个条文进行规定,而且没有把提示义务作为订入合同的要件,这放宽了对制定定型格式条款的企业的要求。其三,《中间试案》把突袭条款作为订入合同的消极要件,把不当条款的规制作为效力规则,而《新民法》则把两者均作为效力规则合在一个条文里,这不只是形式上的变动,在实质意义上也发生了变化。在留意这几点的基础上,下文将详述日本《新民法》所规定的定型格式条款的条文内容及其问题点。

三、《新民法》上的定型格式条款的规定内容及问题点[7]

(一)"定型格式条款"的定义

与其他国家和地区相一致,迄今为止在日本所讨论的"格式条款"一般被理解为是为了对多数合同进行统一处理所制定的格式化合同条款群。[8]《中间试案》依照国内理论和国际上的理解对"格式条款"进行了定义,但是,由于经济界先是反对在民法典里对格式条款进行规制,后又竭力主张即使在民法典内进行规制,也要把企业间所用的合同格式条款排除在外。因此,在第85次法制审议会(2014年月4日)上所讨论的《部会资料75B》[9]里,格式条款的名称被改为"定型条款"。之后在第96次法制审议会上所讨论的《纲要暂定案》(《部会资料83-1》)里,"定型条款"又被改为"定型格式条款"。最后日本《新民法》没有对"格式条款"进行规定,而是对"定型格式条款"作出了规定。这不单是用语上的变化,更重要的是对所规范对象的范围进行了很大的限定。

《新民法》第548条之2第1款以"定型交易"这一概念为前提对"定型格式条款"作出了定义。即,该条文首先对"定型交易"作出定义,并在此之上将"定型格式条款"规定为"在定型交易上,以作为合同的内容为目的由该特定人所准备的条款的总体"。也就是说,《新民法》所规定的"定型格式条款"仅限于使用在"定型交易"上的格式条款。该"定型交易"被定义为"特定人以不特定多数人为相对人所进行的交易,其内容的全部或一部分是格式化的,这对双方而言都是合理的交易"。从这一定义可以看出,所谓的"定型交易"需要两个要件,一个是"以不特定多数人"为相对人进行交易("相对人的不特定多数性"要件),另一个是交易内容的全部或一部分是格式化的,对于双方当事人而言都是合理的("内容的格式化对双方都具有合理性"要件)。根据定型格式条款的定义构造,定型交易的这两个要件同时也成为定型格式条款的要件。今后,企业所利用的定型化合同条款是否属于"定型格式条

---

[7] 关于规定定型格式条款的审议过程的详情,请参见[日]山本敬三「改正民法における『定型約款』の規制とその問題点」河上正二編『消費者法研究』3号第31页(2017年)。对定型格式条款的条文的形成过程以及问题点的分析尤其透彻的是[日]森田修「第四講 約款規制:制度の基本構造を中心に(その1-4)」『法学教室』432号第92页以下、433号第88页以下、434号第85页以下、435号第88页以下(2016年)。

[8] 参见[日]河上正二『約款規制の法理』(有斐閣・1988年)第132页。

[9] 关于法制审议会上的部会资料和会议记录,日本商务出版社已将其结集出版,也可以从日本法务省网页(http://www.moj.go.jp/shingi1/shingikai_saiken.html)上阅览到,以下对该网页的引用予以省略。

款",需要判断其是否满足上述两个要件。

关于为何要限定这两个要件以及这两个要件究竟对定型格式条款的定义范围起到怎样的限制作用,法制审议会作出如下说明,即"相对人的不特定多数性"要件是要求交易不注重相对人的个性,类似于劳动合同这样注重相对人个性的交易没有满足该要件,所以劳动合同所使用的格式化合同书不属于"定型格式条款"(《部会资料86-2》第1页);"内容的格式化对双方都具有合理性"要件是要求不仅是没有谈判的余地,而且合同内容的格式化对相对人而言也是合理的,像企业之间所缔结的提供产品原材料的合同就没有满足该要件,其所利用的合同书亦不属于"定型格式条款"(《部会资料83-2》第38页)。在这两个要件之下,以特定多数人为相对人的交易和企业之间的交易所使用的定型化合同条款,虽然不是全部,但至少注重相对人个性的交易以及一部分企业间的交易所利用的定型化合同条款被排除在"定型格式条款"之外。

如上所述,日本《新民法》所规定的"定型格式条款",限定于使用在"定型交易"上的合同条款,因而其范围十分狭窄,而且根据《新民法》的规定,在判断是否属于"定型格式条款"时还存在许多不确定因素。[10] 不仅如此,作为《新民法》规制对象的"定型格式条款"只限于目前所讨论的格式条款的一部分,除此之外的其他格式条款应如何进行规范将成为问题。对此,在审议过程中,学者委员和干事们提出的利用目前学说和判例所积累的有关格式条款的一般法理进行处理的建议得到了认可。[11] 今后在日本,关于格式条款的法律规制将分为两个层次,对于属于定型格式条款的,适用《新民法》的规定来处理;对于不属于定型格式条款的,适用已被认可的格式条款的一般法理来处理。如此一来,对于企业所使用的定型化合同条款,无法立即决定适用民法上的规定,而是要首先确定是否属于定型格式条款,这不仅会增加判断成本,还会给法律操作带来很多不便。

(二)"定型格式条款"中订入合同的要件与提示义务的分离

一般来讲,大体从两个方面来设定格式条款的规则。一个是订入合同的规则,即格式条款需要满足何种要件才能纳入合同内容;另一个是效力规则,即已订入合同的格式条款中的个别条款,其内容如有不当,则成为无效条款(也称之

---

〔10〕 参见〔日〕河上正二「改正民法における『定型約款』規定における若干の問題点」松久三四彦・他編『社会の変容と民法の課題(上)—瀬川信久先生・吉田克己先生古稀記念論文集』(成文堂・2018年)第473页以下。

〔11〕 请参见法制审议会民法(债权关系)部会第85次会议记录第32页以下(中田裕康委员发言部分),第89次会议记录第29页以下(山下友信委员发言部分、村松秀树关联官员发言部分),第93次会议记录第32页以下(山本敬三干事发言部分),第98次会议记录第18页(沖野眞已干事发言部分),第28页(中田裕康委员发言部分)。

为"不当条款规则")。[12] 关于订入合同的规则,国际上的一般做法是,首先参照格式条款具有约束力的根据,把格式条款的事前提示和概括性同意(或具体的同意)的存在作为订入合同的要件,而且即使存在概括性同意,对于相对人而言无法合理预测到的条款,无论其内容是否存有不当性,均作为"突袭条款"而不被纳入合同内容。易言之,概括性同意和提示属于积极的订入要件,"突袭条款"属于消极的订入要件。

在日本,对于格式条款约束力的根据有许多见解,但多数学说认为格式条款约束力的根据还是来自于合同(合同说),判例也持同样的见解。[13] 根据合同说,为了把格式条款纳入合同,相对人的同意订入和来自于格式条款使用人的事前提示是必要条件,"突袭条款"不能纳入合同内容。

与多数学说一样,《中间试案》提出把"同意订入合同"和"事前的提示"作为订入要件,把"突袭条款"作为对订入规则的补充,但是在之后的审议过程中,由于经济界的反对,对"事前提示"要件的讨论逐渐放宽。最终,《新民法》没有把"事前提示"定位为订入要件,而是另外设立条文对提示义务作出规定。对于"突袭条款",《新民法》则将其与不当条款规制融为一体,也就是说,《新民法》把定型格式条款的订入要件和提示义务分开规定,没有把"事前的提示"作为定型格式条款订入合同的必要要件,并且将"突袭条款"放到了效力规则中,而未将其作为是否可以成为合同内容的问题来处理。

1.订入要件

根据《新民法》第548条之2第1款的规定,在以作出"定型交易合意"为前提的基础上,定型格式条款的订入要件,除了把"定型格式条款"作为合同内容的合意(订入合意型)之外,还包括定型格式条款使用人预先把该定型格式条款作为合同内容之意表示给相对人(订入表示型)。

把相对人使用定型格式条款的合意作为订入条件的"订入合意型"要件,与学说上观点相同,均把当事人的合意作为定型格式条款约束力的根据。

存在问题的是"订入表示型"要件。首先,该要件中的"表示"是指只要定型格式条款使用人把以定型格式条款为合同内容的意思预先表示给相对人即可,并不要求将定型格式条款的内容表示给相对人。根据该要件,只要有定型格式条款使用人单方面的表示,即使相对人没有对定型格式条款的订入作出概括性同意,该定型格式条款也可以成为合同内容。易言之,这意味着无须相对人的订入合意就可以发生将定型格式条款作为合同内容的效力。此处的定型

---

[12] 参见[日]鹿野菜穗子「『定型約款』規定の諸課題に関する覚書」河上正二編『消費者法研究』3号第74-75页(2017年)。

[13] 参见[日]河上正二『民法総則講義』(日本評論社・2007年)第283-289页。

格式条款约束力的根据已不是合同说,而更像是规范说或制度说。[14] 同一条文之中规定两个完全不同的订入要件不仅会导致理论上的整合性问题,还会引发根本性的问题,即定型格式条款究竟根据什么发生约束力？而且,这样的条文规定很可能给定型格式条款使用人一种错误的信息,即完全没有必要事前就将定型格式条款提示给相对人。只要企业一方宣布把自己制作的定型格式条款作为合同内容,相对人就无争论余地,这样的状态绝不正常。[15] 虽然有观点提出"订入合意型"要件是积极的同意,"订入表示型"要件是消极的同意,但是应如何理解这两个不同的订入要件之间的关系这已成为解释该条文的争论点之一。[16]

2.提示义务

一般来讲,即使相对人在缔结合同前实际上并不知晓格式条款的内容,也可以对将格式条款纳入合同内容做出概括性同意,但是如果相对人想确认格式条款的内容,格式条款使用人需要以合理的方法公开自己所制定格式条款的内容。正因为如此,各国均要求把事前提示或交付义务作为格式条款订入的积极要件。

与此相比,关于定型格式条款内容的提示,日本《新民法》只规定如果相对人请求的话,定型格式条款使用人应该无拖延地以一定的方法进行提示,而没有要求定型格式条款使用人主动履行事前提示义务,并且相对人的请求不仅包括缔结合同前的请求,还包括事后的请求(《新民法》第548条之3第1款)。关于违反该规定的后果,如果相对人事前提出请求,而定型格式条款使用人拒绝提示时,不适用"视为合意"的规定(《新民法》第548条之3第2款),也就是说不发生订入效力,该定型格式条款不能纳入合同内容。对于拒绝事后请求的法律后果,《新民法》没有作出任何规定,部会资料指出可以追究基于债务不履行的损害赔偿责任,但也有见解认为较难证明损害的发生,没有正当理由拒绝提示时应该否定该定型格式条款的使用。[17]

如上所述,关于定型格式条款的提示问题,日本《新民法》对于事前提示义务,即相对人作出同意的理所当然的前提,没有进行规定,而是规定在相对人请求时才需提示。与《新民法》第548条之2第1款第2项的规定合在一起来看

---

〔14〕 参见〔日〕森田修「第四講 約款規制:制度の基本構造を中心に(その2)」『法学教室』433号第99页(2016年)。

〔15〕 参见〔日〕河上正二「『約款による契約』と『定型約款』」河上正二編『消費者法研究』3号第21页(2017年)。

〔16〕 参见〔日〕沖野眞已「『定型約款』のいわゆる採用要件について」河上正二編『消費者法研究』3号第123页(2017年)。

〔17〕 参见〔日〕沖野前注〔16〕第150页。

的话,即使没有事前的提示,只通过定型格式条款使用人单方面的表示,定型格式条款也可以纳入合同内容。也就是说,即使相对人连了解定型格式条款内容的机会都没有得到确保,也可以认可定型格式条款纳入合同的内容。这样的规定完全无视合同当事人的意思,与合同法的根本理论也是背道而驰的。对《新民法》第548条之2第1款第2项的规定,已有观点提出限定性解释,即只有在其他法律对日常生活所必需的合同上使用的定型格式条款规定了进行公示义务的情形下,才适用该规定。[18]

3. "突袭条款"

一般来说,突袭条款并不考虑条款内容是否妥当,而是指只要是相对人无法合理预测到的条款,就不能认为存在概括性同意,所以该条款不能纳入合同内容。

在从《中间试案》到第93次法制审议会(2014年7月8日)之间的审议中,有意见提出把突袭条款作为独立的订入要件的特别规则进行规定,但是有意见指出如果突袭条款在内容上没有不当性,则没有问题;如果在内容上存在不当性,则属于效力规制的问题。结果,法制审议会以"设定了相对人难以预测的条款时,如果没有采取使相对人可以容易得知其内容的措施,则违反诚实信用原则的概率性很高(在此限度之下,突袭条款欲达到的作用依旧可以得以维持)"为由,把突袭条款融入效力规制之中,使之与效力规则一体化(《部会资料3-2》第39、40页)。最终,在日本《新民法》上,不存在关于突袭条款的独立规定,突袭条款被作为效力规制的问题来处理。但是,突袭条款与以不当性为由否定格式条款中个别条款效力的效力规则属于不同层次的问题,将其与效力规则一体化只需考虑其内容妥当与否,与条款内容妥当与否无关的原本意义上的"突袭条款"的问题有可能无法解决。[19]

(三)"定型格式条款"的效力规则——不当条款规制

格式条款纳入合同内容之后,如其中的个别条款具有不当性,有必要否定该条款的效力(效力规制或不当条款规制)。根据日本学说上的一般理解,订入规则和效力规则属于性质上不同的问题,前者处理是否纳入合同内容的问题,后者处理格式条款中的个别条款有无效力的问题,对两者应当进行二元式掌握。在订入规则和效力规则的二元式构成之下,不当条款被宣布为无效。各国也基本上是把不当性条款规定为无效。

与此相比,根据日本《新民法》的规定,满足订入要件的法律效果是对定型格式条款中的个别条款也视为作出了合意(视为合意规定),即使内容上不当的

---

[18] 参见[日]河上前注[15]第23页。
[19] 参见[日]河上前注[2]第98-99页。

条款也不是无效,而是对该个别条款"视为没有做出合意"(没有合意的虚拟)(《新民法》第548条之2第2款)。易言之,日本《新民法》在同一条文之中(第548条之2),通过个别条款能否视为做出合意的问题来实现一元化地规定订入规则和效力规则。在这样的一元化构成之下,不当条款不是无效,而是被"视为没有对其做出合意"。

日本《新民法》没有把不当条款定为无效,而是"视为没有做出合意"的理由是,定型格式条款约束力的根据不是概括性同意,而是对个别条款内容的合意。也就是说,在把虚拟存在的对个别条款的合意的要件——即所谓的"视为合意"作为订入要件的前提下,为排除不当条款,尽管实质上是在进行效力规制,但在名目上将其定位为"视为合意"规定的例外,因此无法将不当条款定为无效,只能视为没有合意。

另外,关于不当条款的构成要件,《新民法》第548条之2第2款把"限制相对人的权利,或者加重相对人的义务的条款"作为前段要件,把"……单方面地损害相对人的利益"作为后段要件。这样的规定方式十分类似于规制不当条款的《消费者合同法》第10条的格式。并且考虑到作为不当性的考虑要素所列举的"该定型交易的形态""其实情""交易上的社会常识"等也早已在最高裁判所适用《消费者合同法》第10条的判例上得以认定,新民法上的不当条款规制与《消费者合同法》上的不当条款规制的区别显得很不明了。并且就多数格式条款(消费者合同上的格式条款)而言,也没有形成超出现在的效力规制的内容。

如上所述,把本属于两个问题的订入规则和效力规则作为同一问题来处理,采取一元化的格式条款规制,不仅会产生理论上的问题,还有可能引起法律适用的混乱。尤其是,在《消费者合同法》等特别法把不当条款规定为无效的现状下,如果民法也将不当条款规定为无效,那么作为二重效的问题进行解释即可;但是法律效果不同的情况下,依据特别法不当条款为无效,而依据作为一般法的民法却产生不构成合同内容的效果,这难以作为二重效的问题进行解释。今后,关于不当条款的法律规定之间的整合性将成为争议点。

(四)"定型格式条款"的变更

格式条款的变更是指,在合同持续有效期间,格式条款使用人通过单方面变更格式条款而对持续中的合同内容进行变更。既然格式条款使用人变更了合同的内容,就需要有一定的法律依据以及要件。但是到目前为止,日本的学说上对格式条款的变更几乎没有进行过讨论,可以参考的国外的法律规定也很少。在这样的情况之下,起初并没有预定要对格式条款的变更作出规定,在第11次审议会(2010年6月29日)上,来自经济界的审议会委员提出该问题之后,格式合同的变更才作为论点开始被讨论。[20]

日本《新民法》所规定的定型格式条款的变更包括实质性要件和手续上的要件。实质性要件包括:①变更符合相对人的一般性利益(《新民法》第548条之4第1款第1项),②变更不违反合同的目的,且是合理的(《新民法》第548条之4第1款第2项)。而且,在对实质性要件中的②的"变更的合理性"的有无进行判断时,"变更的必要性、变更后的内容的妥当性、有无变更条款以及其内容"等作为考虑要素被列举出来。虽然在定型格式条款里设定变更条款不是必要条件,但是设定了变更条款且其内容具体的情况下,变更的合理性较容易得到认可(《部会资料88-2》第6页)。满足上述实质性要件时,即使没有个别地得到相对人的合意,也可以变更合同内容。

手续上的要件则要求,定型格式条款使用人通过网络以及其他适当的方法将变更之意以及变更后的定型格式条款内容和发生效力的时期进行广泛告知(《新民法》第548条之4第2款)。即使变更具有合理性,但在变更后的定型格式条款的效力发生时期到来后,定型格式条款使用人仍未进行广泛告知的,不发生变更的效力(《新民法》第548条之4第3款)。

对于格式条款的变更,各国一般都采取比较谨慎的态度,有的国家还把规定了单方变更权的格式条款作为不当条款进行法律规制,像日本《新民法》这样明文赋予定型格式条款使用人以变更权的立法例则很少见。[21] 确实,在交易实务上,存在有必要单方变更定型格式条款内容的情形。但是,定型格式条款一旦成为合同的内容,按照合同法的一般原则,变更当初的合同条件还需要双方当事人的同意。有观点指出,即使作为例外承认定型格式条款使用人可以进行变更,仅以定型格式条款的特殊性为理由尚不足够,还需要对适用对象进行一定限制。[22] 另外,即使对于多数相对人来说变更后会有利,但不一定对该具体的相对人来说就一定有利,所以有观点提出要对条文中的"符合相对人的一般性利益"进行慎重的判断。[23] 尤其重要的是,既然法律赋予定型格式条款使用人以变更定型格式条款的权限,至少相对人也应该享有是否接受变更后的定型格式条款的选择权,如不接受变更后的定型格式条款,则有权解除合同。如不允许相对人有脱离合同的权利,那么将违反合同法的基本原则,所以在解释适用《新民法》上的定型格式条款的变更规定时,有必要尊重少数相对人脱离

---

[20] 关于审议"定型格式条款变更"的详细内容,请参见〔日〕吉川吉衛「民法(債権関係)改正と約款に関する考察——約款の変更を焦点として」国士館『法学』47号第1页以下(2014年)。

[21] 参见〔日〕河上前注〔15〕第25页。

[22] 参见〔日〕山本敬三前注〔7〕第71页。

[23] 参见〔日〕三枝健治「約款の変更」『法律時報』89卷3号第72-73页(2017年)。

合同的权利以及考虑这样的变更权有可能被企业恶意滥用的危险性。[24]

四、结语

虽然日本《新民法》对"定型格式条款"进行了明文规定,但几乎每一个条文都隐含着种种问题,不得不说该立法存有诸多缺陷。纵观格式条款相关规定的审议过程,中间试案阶段所提出的方案基本上体现了格式条款的一般理论,可是经过一次又一次的审议,逐渐朝着背离一般理论的方向发展。这种现象出现的原因在于,来自经济界的立法委员唯恐制定的条文会束缚自己所属利益团体的行为而一再反对。为了取得最终的一致意见推进立法,学者立法委员不得不一再让步妥协,最终导致制定出来的条文脱离了格式条款的理论基础。[25] 这次的日本民法修改的法制审议委员会的成员不仅有法律专家,还有来自各个团体(如银行、煤气公司、商场等经济界的团体,还有劳动组合、国民生活中心等代表劳动者和消费者的团体)的代表,尤其是来自经济界的委员,基本是作为自己的利益团体的代言人参与立法活动,而没有通过讨论来制定更好的法律的愿望,所以对那些他们认为不符合自己的团体利益的立法,就一律予以反对。而日本的法制审议委员会不是采取多数表决,而是采用全体一致的原则来制定条文,所以只要有一个委员反对,就无法形成条文。这也是学者委员一而再、再而三让步的原因。不管出于何种理由,日本《新民法》所规定的"定型格式条款"存在的问题不容忽视,已无须赘言。面对这样的立法,当然只指出其问题点并不能解决问题,正像称学者们在这次立法活动中"连战连败"的大村敦志教授所言,立法的结果不尽如人意也是民主主义的代价,我们必须接受,之后只能通过解释来克服立法上的问题。[26] 当然,这绝不是轻而易举的事情,今后日本的民法学者将面临很大的挑战。

附:日本《新民法》有关定型格式条款的条文
(定型格式条款的合意)

第548条之2 (一)在下列情形下,视为做出进行定型交易(是指特定人以不特定多数人为相对人所进行的交易,其内容的全部或一部分是格式化,这

---

[24] 参见[日]河上正二「民法改正法案の『定型約款』規定と消費者保護」『法学教室』441号第32页(2017年)。

[25] 有学者在承认日本《新民法》所规定的定型格式条款的内容偏离了几十年的学术理论之上,认为《新民法》的规定本身在逻辑上具有一贯性(参见[日]吉川吉衛「定型約款の規定に関する解釈」国士館『法学』49号第146-148页)。

[26] 参见[日]大村敦志:《"未建成"(Unbuilt)的民法学——在债权法修改"连战连败"之后》,渠遥译,载渠涛主编:《中日商法研究》第14卷,法律出版社2015年版,第14页以下。

对双方而言都是合理的交易。以下相同。)的合意(在下一条称之为"定型交易合意")之人对于定型格式条款(是指在定型交易上,以作为合同的内容为目的的、由该特定人所准备的条款的总体。以下相同。)的个别条款也做出了合意。

①对把定型格式条款作为合同内容做出合意时。

②准备了定型格式条款者(以下称为"定型格式条款准备人")预先把将定型格式条款作为合同内容之意表示给相对人时。

(二)虽然有前款的规定,但是在该款的条款之中,对于被认为是限制相对人的权利或者加重相对人的义务的条款,参照该定型交易的形态以及其实情和交易上的社会常识,其违反了第1条第2款所规定的基本原则,单方面地损害相对人的利益时,视为没有做出合意。

(定型格式条款的内容的表示)

第548条之3 (一)进行定型交易或欲进行定型交易的定型格式条款准备人,在定型交易合意之前或者在定型交易合意之后一定期间内,于相对人提出请求时,必须无拖延地以相应的方法提示该定型格式条款的内容。但是,定型格式条款准备人已经把记载定型格式条款的文件交付给相对人或者提供了记录该定型格式条款的电子记录时除外。

(二)定型格式条款准备人在定型交易合意之前拒绝了前款的请求时,不适用前条的规定。但是,发生一时性的通讯障碍及有其他正当理由的情形除外。

(定型格式条款的变更)

第548条之4 (一)定型格式条款准备人在下列情形下,通过变更定型格式条款,对于变更后的定型格式条款的条款视为存在合意,无须个别地与相对人进行合意可以变更合同的内容。

①定型格式条款的变更,符合相对人的一般性利益时。

②定型格式条款的变更,没有违反合同目的,且参照变更的必要性、变更后的内容的妥当性,有无根据本条的规定有变更定型格式条款之意的规定以及其内容和其他与变更有关的事情,属于合理的变更时。

(二)定型格式条款准备人根据前款的规定变更定型格式条款时规定其发生效力的时期,且必须通过网络及其他适当的方法对变更定型格式条款之意以及变更后的定型格式条款的内容和其发生效力的时期进行广泛告知。

(三)根据第1款第2项的规定所做的定型格式条款的变更,在前款的发生效力的时期到来之前,如果没有根据该款的规定进行广泛告知,该变更不发生效力。

(四)第548条之2第2款的规定不适用于根据第1款的规定所做的定型格式条款的变更。

日本新民法上有关保护个人保证人的规定[*]

〔日〕王冷然[**]

一、导言

日本从 2009 年 11 月开始的修改民法活动,主要对债权总论和合同法以及民法总则里有关意思表示和诉讼时效的部分进行了大幅修改。虽然在 2015 年 3 月 31 日,修改草案已被提交到第 189 次国会上,但因政治日程上的种种理由,直到 2017 年 5 月 26 日才在第 193 次国会上得以通过,将于 2020 年 4 月 1 日起开始实施。这次时隔 120 年后的民法大修改的大部分内容是把判例理论和学说整理成条文,并没有增设多少新规定。有关保护个人保证人的一些规定不仅是为数不多的新规定之一,也是整个民法修改中的一个亮点。

本文针对修改后的《日本民法》(以下简称《新民法》)中有关保护个人保证人的规定展开,除介绍其内容之外,还对这些条文形成过程中的审议情形进行细查,以求使读者加深对这些新条文的理解,同时也论及这些规定的意义及问题点,供大家参考。

---

[*] 笔者在第 14 届中日民商法研究会(2015 年)上就日本民法修改草案阶段的有关保护个人保证人的规定作了报告,之后报告内容刊登在《中日民商法研究》第 15 卷(2017 年)上。此次的介绍有一部分内容与《中日民商法研究》第 15 卷上所刊登的文章有所重复,敬请理解。

[**] 〔日〕王冷然,日本南山大学法学部教授。

二、日本《新民法》上保护个人保证人的条文内容

（一）为何保护个人保证人成为修改民法中的一个大问题[1]

在日本，有关保护个人保证人的问题早在20年前就已受瞩目，其原因在于，很多人因做了他人的保证人最终负债累累，不仅自己的生活受到破坏，甚至为了不拖累家人而自杀的情形也时有发生，这已成为日本的一个社会问题。[2]

保证合同作为人的担保，经常是在债务人无法提供物的担保却又需要贷款时，作为加强自己信用的手段而被使用，在实际经济活动中有着十分重要的意义，这已无须多言。但是，个人做保证人时，大多数是由于与主债务人有着个人情谊关系，而且因为保证债务的附属性所带来的保证债务的未必性而草率地成为保证人，并且很多情况下做保证人是无偿的。正因个人保证具有这样的情谊性、未必性、无偿性、轻率性等特性[3]，所以个人保证人最终被要求履行保证债务时，才发现所负债务远远超出当初预料的数额，已成为自己无法承担的巨大数额。另一方面，《日本民法》在2004年修改时虽然新设了关于保证合同的书面要件和贷款等最高额保证合同应规定的事项等规定，但除此之外没有对个人保证人设立特别的保护规定。

这次修改活动从一开始就把保护个人保证人的规定列入讨论事项中，2013年2月26日公布的《有关民法（债权关系）修改的中间试案》（以下简称《中间试案》）中提出了四项保护个人保证人的方案，对此又进行了审议。2014年8月26日决定了《有关民法（债权关系）修改的纲要暂定案》（以下简称《纲要暂定案》）。以此为基准，2015年2月10日决定了《有关民法（债权关系）修改的纲要案》（以下简称《纲要案》），在同年2月24日举行的法制审议会第174次会议上，表决通过了以《纲要案》原案为内容的《民法（债权关系）修改纲要》，报告给法务大臣后，同年3月31日作为《修改草案》被提交到第189次国会上。对于修改草案的一些规定，在法制审议会民法（债权关系）部会（以下简称"法制审议会"）就已经有很多批评意见，之后在国会审议时，国会议员们也提出许多尖锐的批评，但是新民法依旧维持了《修改草案》的规定内容，没有作出任何改动。

---

[1] 关于个人保证人的问题性以及应受保护的必要性，请参见〔日〕山野目章夫「個人保証における保証人保護の課題と展望」，『現代消費者法』第19号第4页（2013年），〔日〕山本敬三「保証契約の適正化と契約規制の法理」新井誠＝山本敬三編『ドイツ法の継受と現代日本法—ゲルハルド・リース教授退官記念論文集』（日本評論社·2009年）第423页以下。

[2] 参见日本弁護士連合会消費者問題対策委員会編『保証被害救済の実践と裁判例』（民事法研究会·2013年）。

[3] 关于保证所具有的这些特殊性，很早就被指出［请参见〔日〕西村信雄『継続的保証の研究』（有斐閣·1952年）第15页以下，〔日〕西村信雄編《注释民法（11）》（有斐閣·1965年）第150页以下］。

(二)《新民法》上保护个人保证人的条文内容[4]

关于如何保护个人保证人,日本《新民法》主要从以下三个方面作出了新规定。

1.制作公证书成为个人保证合同的生效要件

《新民法》规定个人做保证人在缔结保证合同之前必须制作表明自己有履行保证债务的意思的公证书,若没有该公证书,则保证合同无效(《新民法》第465条之6第1款)。该作为生效要件的公证书所起到的作用就是确认个人保证人有做保证人的意思。但需注意的是,并不是所有个人保证合同都适用该生效要件。《新民法》对该生效要件的适用设定了两个限定条件,其一是对所适用的保证合同类型的限制,即只有以经营者的贷款等债务为主债务的个人保证合同和主债务的范围包括经营者的贷款等债务的个人最高额保证合同才要求制作公证书(《新民法》第465条之6第1款);其二是对所适用的个人保证人的限制,即个人若属于所谓的"经营者",那么在做保证人时无须制作公证书(《新民法》第465条之9)。第一个限制条件在审议过程中没有引起很大争议,但第二个限制条件,尤其是关于是否应将主债务人的配偶归入"经营者"的范围,直到国会审议时还是争议的热点。

另外,《新民法》也对制作公证书的期限、程序以及方法等作出了规定。公证书需要在缔结保证合同前的1个月之内作出(《新民法》第465条之6第1款);在制作公证书时,个人保证人需要向公证人口述主债务的范围(包括本金、利息、违约金等)、是否是连带保证、如是连带保证具有怎样的法律效果等事项(《新民法》第465条之6第2款第1项),公证人把个人保证人的口述内容记录下来后,通过读给个人保证人或让其阅读来确认内容的准确性,个人保证人承认内容正确后在公证书上署名盖章(《新民法》第465条之6第2款第2、3项)。如果只是在形式上制作了公证书,实际上个人保证人并没有做保证人的意思时,保证合同将无效。[5]

2.缔结保证合同时,主债务人负有向个人保证人提供信息的义务

在缔结合同时负有提供信息义务的一般应是合同对方当事人,但《新民法》却规定在缔结以经营者的贷款等债务为主债务的个人保证合同和主债务的范

---

[4]《新民法》于2017年5月26日在国会上通过后,出版了许多解说《新民法》的著作,其中较有代表性的有:潮見佳男『民法(債権関係)修改案の概要』(きんざい・2017年)、大村敦志=道垣内弘人編《解説 民法(債権法)改正のポイント》(有斐閣・2017年)、中田裕康=大村敦志道垣内弘人=沖野眞已『講義 債権法改正』(商事法務・2017年),松尾弘『債権法改正を読む』(慶應大学出版会・2017年),日本弁護士連合会編『実務解説 改正債権法』(弘文堂・2017年),債権法研究会編《詳説 改正債権法》(きんざい・2017年),筒井健夫=村松秀樹編著『一問一答 民法(債権関係)改正』(商事法務・2018年)。

[5] 参见[日]筒井=村松前注[4]第146页。

围包括经营者的贷款等债务的个人最高额保证合同时,主债务人负有向接受委托做保证人的个人保证人提供信息的义务(《新民法》第465条之10)。信息提供义务人为何不是缔结保证合同的债权人而是主债务人？这在审议过程中也是一个争论点,简言之,因为需要提供的是有关主债务人的信息,当然是主债务人要比债权人更了解自己的情况,所以由主债务人提供为妥。

应提供信息的范围包括主债务人的财产、收支状况、是否有其他债务以及其数额、履行情况、主债务有无其他担保及其内容(《新民法》第465条之10第1款)。个人保证人可以通过这些信息来判断主债务人履行主债务的可能性以及自己被追究保证责任的可能性,所以这些信息在个人保证人缔结保证合同时有着重要作用。

因主债务人没有提供所应提供的信息或提供了虚假信息,个人保证人产生误解而作出缔结保证合同的意思表示时,个人保证人可以撤销保证合同,但必须是在债权人得知或应得知主债务人没有提供信息或提供了虚假信息的情况下,个人保证人才可以撤销保证合同(《新民法》第465条之10第2款)。虽然条文上规定个人保证人享有撤销权,但若想撤销已缔结的保证合同,个人保证人需要举证证明债权人得知或应得知主债务人没有提供信息或提供了虚假信息,这绝非易事。

另外,没有接受主债务人的委托而自愿做保证人的个人保证人以及法人做保证人的,不适用该条规定,也就是说,主债务人对这样的保证人不负有提供信息的义务(《新民法》第465条之10第3款)。

3.保证合同缔结后,债权人负有向保证人提供信息的义务

《新民法》规定,保证合同缔结后,债权人有义务向保证人提供以下两种信息:

一种是就主债务人的债务履行情况,债权人有向保证人提供信息的义务。此处的保证人不仅包括接受了委托成为保证人的个人保证人,还包括法人保证人。债权人无须主动履行该义务,而是仅在保证人提出请求时,向保证人提供所需信息即可。所应提供信息的范围包括主债务的本金、利息、违约金、损害赔偿等是否存在不履行的情况、其余额是多少、已到清偿期限的债务数额等(《新民法》第458条之2)。对于保证人提出请求但债权人没有提供所应提供的信息或提供了虚假的信息时,债权人应承担怎样的法律责任,《新民法》没有作出任何规定。按照民法的一般原理,债权人应向保证人承担债务不履行责任,该债务不履行责任当然也包括解除保证合同,但多数意见还是倾向于只承担损害赔偿责任。[6]

---

[6] 参见[日]中田裕康ほか前注[4]第202-203页。

另一种是就主债务人丧失期限利益时,债权人应将该信息提供给个人保证人,而且只要保证人是个人时,不论主债务的种类,债权人都需将主债务人丧失期限利益的信息通知给个人保证人(《新民法》第458条之3第1款)。所谓的丧失期限利益,是指当债务人在履行期限之前出现了难以履行债务的情形时,债权人可以提前要求债务人履行债务。该义务的履行无须等待个人保证人的请求,债权人在得知主债务人丧失了期限利益的2个月之内必须通知个人保证人,若没有如期通知,则债权人不得向个人保证人请求从债务人丧失期限利益时起到作出通知时止的迟延损害赔偿金(《新民法》第458条之3第2款)。需要注意的是,即使债权人违反了该义务,也不能以此为由来否定丧失期限利益的法律后果,个人保证人对没有得到履行的主债务仍负有履行义务,只是可以不支付一定期间的迟延损害赔偿金而已。

三、《新民法》上保护个人保证人的条文的形成过程

《中间试案》提出了以下四项保护个人保证人的方案[7],即①限制个人保证,②缔结保证合同时的信息提供义务,③关于主债务履行情况的信息提供义务,④限制保证人的责任。[8] 前三项方案虽在内容上有很大变动,但最终还是作为《新民法》的条文得以面世,第四项方案却因在审议过程中没有达成一致意见而没有写入《新民法》之中。

下文将以《中间试案》为起点,通过法制审议会对各个方案的审议经过,介绍新条文是如何形成的,以便更好地理解《新民法》上关于保护个人保证人的规定内容。

(一)关于"限制个人保证"的审议

《中间试案》提出的方案是,除经营者做保证人之外,其他个人保证合同原则上均为无效,但对"经营者"的范围没有提出具体意见。其后,在对《中间试案》征求意见的过程中(以下简称"征求意见"),有意见提出不应该禁止第三人出于自发意思做保证人。在之后的审议中,主要围绕着应如何处理"出于自发意思的个人保证"以及应如何确定"所谓的经营者"的范围这两个问题进行审议。最终,关于"限制个人保证",《新民法》的规定与《中间试案》相比作出了原则上的改变。先来看一下这两个问题的审议过程。

---

[7] 关于中间试案阶段的讨论经过与概要以及问题点,参见〔日〕齋藤由起「法制審議会における保証をめぐる議論の展開―個人保証人の保護に関する事項を中心に」『現代消費者法』19号第17页以下(2013年)。

[8] 《中间试案》的内容以及对此的补充说明的内容,参见日本法务省官网(http://www.moj.go.jp/shingi1/shingikai_saiken.html),以下对于网页的引用予以省略。

1.制作公证书成为生效要件的由来——对"出于自发意思的个人保证"的审议

《中间试案》没有讨论经营者之外的第三人出于自发意思成为保证人的情况,在法制审议会第80次会议(2013年11月19日)上提供的《部会资料[9]70A》采纳了如下方针,即根据适当手段可以认定是出于自发意思的保证的,可作为例外承认第三人保证(《部会资料70A》第5页)。但是对于如何认定出于"自发的意思"又产生分歧。根据《部会资料70A》的说明,确认的方法有两个:一个是让公证人参与保证合同的订立,并制作公证书;另一个是在保证合同缔结后的一定期限内,保证人仍可以解除保证合同(一种撤回权)。还有,关于公证书的制作,有意见提出了加重要件,即让欲成为保证人的人在公证人的面前陈述自己已理解保证合同和连带保证合同的意思、主债务的内容等,然后公证人将其记录到公证书中(《部会资料70A》第10-11页)。

不过,在该会议上,有意见反对认可"出于自发意思的个人保证";还有意见担心承认"出于自发意思的个人保证"会使对个人保证的限制受到轻视;还有意见对使用公证书来确保"自发的意思"提出疑问(《法制审议会第80次会议会议记录》第11-14页)。

之后在法制审议会第86次会议(2014年3月18日)上提供的《部会资料76A》作为关于"限制个人保证"的纲要案的讨论原案再一次提出,原则上"所谓的经营者"之外的个人保证不发生效力,作为例外可以认可个人保证的效力。作为可以例外认可的条件,没有使用"出于自发的意思"这一用语,而是要求在缔结保证合同之前,依前面介绍的加重要件的方式来制作公证书(《部会资料76A》第6-9页)。该案在法制审议会第88次会议(2014年5月20日)上提供的《部会资料78A》里也得到了认可。也就是说,在此阶段,是按照个人保证(经营者除外)原则上无效,通过制作公证书确认了保证意思的情况下作为例外使个人保证有效的方针来进行审议的。

可是,在法制审议会第92次会议(2014年6月24日)上提出的纲要暂定案的讨论原案里,该例外转变为原则。在该讨论原案里,个人保证(经营者除外)不是无效,而是以满足制作公证书的生效要件下有效为原则(《部会资料80-1》第9-10页)。根据该讨论原案的补充说明,转变的理由是,在规定个人保证合同不生效这一原则后,再并列地将经营者保证和制作公证书的情况作为例外进行规定的方法被认为"不是很简明,也与制定容易理解的规定的观点不符合"。因此"为了明确制作公证书和保证合同的效力的关系,原则上只要欲成

---

[9] 部会资料和各次审议会的会议记录的内容,参见日本法务省官网(http://www.moj.go.jp/shingi1/shingikai_saiken.html),以下对于该网页的引用予以省略。

为保证人的人使用公证书表示了有履行保证债务的意思,该保证合同即产生效力"(《部会资料80-3》第17页)。

之后,原则上制作公证书是个人保证(经营者除外)合同生效要件的方案被纲要暂定案和纲要案所采纳,修改草案将其写入条文。在国会审议时,虽有许多国会议员质疑为何不规定个人保证为无效[10],但最终没有改变大局,《新民法》还是把制作公证书规定为个人保证合同的生效要件。

另外,在国会审议时,有国会议员对制作公证书时,公证人应如何确认个人是否有做保证人的意思提出疑问,法务省负责人对此作出详细回答,该回答内容被写入以法务省主持这次民法修改的负责人为中心所出版的有关解说新民法的书里。根据该解说,公证人在制作公证书时,需验证欲做保证人的人是否理解主债务的具体内容、一旦缔结了保证合同自己要承担保证债务、主债务人不履行时自己要履行保证债务等内容,还要辨别欲做保证人的人是否是在理解了保证合同风险的基础上,经过深思熟虑决定缔结保证合同的。[11]

2.不适用生效要件的个人保证人的范围——对"所谓的经营者的范围"的审议

在《中间试案》阶段,应如何确定作为个人保证不受限制的"经营者"的范围就已成为讨论课题,其中主债务人的配偶是否应被包括在"经营者的范围"内成了一个备受瞩目的论点。

在法制审议会第73次会议(2013年6月18日)上提供的《部会资料62》中,对于作为属于经营者的人按照形式上的判断标准列举出法人的代表、理事、董事、执行干部或相当于此者、合伙人、无限责任成员;按照实质性判断标准列举出全体成员或者持有全体股东的表决权的过半数的人、实质上支配主债务人的业务的人。除此之外还列举出以前的经营者、控股公司和关联公司的经营者、主债务人的配偶及其他近亲属,这些人虽然对主债务人没有支配力,但作为保证人被认为是妥当的(《部会资料62》第1-3页)。以此案为原型,经过之后的审议,不受"限制个人保证"束缚的"经营者"的范围发生了很大变化。下文将分别介绍有关主债务人配偶和其他人的审议过程。

---

[10] 例如,第192次国会众议院法务委员会会议记录第9号(菅家委员、藤野委员发言部分),第12号(宫路委员发言部分),第13号(逢坂委员发言部分),第16号(井出委员发言部分),第193次国会众议院法务委员会会议记录第9号(阶委员发言部分),第193届国会参议院法务委员会会议记录第9号(东委员、山口委员发言部分),第12号(真山委员发言部分),第14号(仁平委员发言部分)等。这些国会审议会议记录参见日本众议院官网(http://www.shugiin.go.jp/internet/itdb_kaigiroku.nsf/html/kaigiroku/),以下对于该网页的引用予以省略。

[11] 参见[日]筒井=村松前注[4]第145页。

(1)关于主债务人配偶之外的人的审议

主债务人是法人时,法人的代表属于经营者没有异议,但应以什么样的标准来判断公司的其他董事和相关人员是否属于"经营者"?

在法制审议会第 80 次会议上讨论的纲要案的讨论原案里,按照实质性判断标准把"所谓的经营者"的范围限定在以下人员,即①代表,②有执行业务权的人,③无限责任成员,④被认为与有执行业务权的人有同等及以上的支配力的人(《部会资料 70A》第 5 页)。

之后,在法制审议会第 86 次会议上提供的《部会资料 76A》里,"经营者"的范围被进一步限定为①理事、董事、执行干部或者相当于此者,②全体成员或者持有全体股东的表决权的过半数的人。至于在《纲要案讨论原案》里提出的"无限责任成员",因无法说无限责任成员的负责方法和保证人的负责方法相同,所以将其从经营者的范围中删去。同样,"被认为与有执行业务权的人有同等及以上的支配力的人",也以内容不明确,应该尽量排除不明确的概念为由,被从经营者的范围中删去。与此相反,考虑到没有执行业务权的董事也会参与业务执行的决定,因此不仅是有执行业务权的人,参与业务执行决定的人也应该被包含在内,所以《纲要案讨论原案》里提出的"有执行业务权的人"被改写为"理事、董事、执行干部或者相当于此者"(《部会资料 76A》第 6-9 页)。

关于主债务人的配偶之外的属于"所谓的经营者"的公司干部和相关人员的范围,《部会资料 76A》所提出的方案经过法制审议会第 88 次会议、第 92 次会议、第 96 次会议的审议后被写入了《纲要暂定案》。

在法制审议会第 97 次会议(2014 年 12 月 16 日)上提出的《纲要案原案》里,"①理事、董事、执行干部或者相当于此者"得以保留,最后成为《新民法》第 465 条之 9 第 1 项的内容。"②全体成员或者持有全体股东的表决权的过半数的人"的范围被进一步具体化,最后成为《新民法》第 465 条之 9 第 2 项所规定的内容。根据《纲要案原案》的补充说明,由于股份也有不同种类,所以应该明确"全体股东的表决权"的范围,"不能对股东大会上可表决的全部事项均行使表决权的股份的表决权"不包括在"全体股东的表决权"中。还有,不仅是直接持有过半数的表决权的人,间接持有过半数的表决权的人实质上可以认为与主债务人是一样的,所以对"持有过半数的表决权的人"又作了更具体的规定(《部会资料 84-3》第 3-4 页)。

(2)关于主债务人的配偶的审议

法制审议会第 80 次会议上讨论的纲要案的讨论原案没有把主债务人的配偶及其他近亲属列入"经营者"的范围。不过,当配偶可以被评价为"与有执行业务权的人具有同等及以上的支配力"时,可以认可其作为保证人。在法制审议会第 88 次会议上提供的《部会资料 76A》同样也没有把主债务人的配偶列入

"经营者"的范围。其理由是,不应该只因为其配偶身份就把主债务人的配偶当成经营者来看待,而应该通过其是否参与主债务人业务的执行的实质性标准判断。

但是,在法制审议会第86次会议上,以代表经济界的部会委员和干事为主的人提出意见,主张若主债务人是个体经营者时,应该在一定条件下作为例外认可主债务人的配偶和共同经营者作为保证人。[12] 在法制审议会第88次会议上提供的《部会资料78A》接受了此种意见,在《部会资料76A》提出的人员之上把"主债务人是个人时与主债务人共同经营的人或者主债务人的配偶(仅限于从事于主债务人的事业的配偶)"追加到"经营者"的范围里(《部会资料8A》第18页及第20-21页)。在法制审议会第88次会议上,对于该追加部分,以民法学者的部会干事为中心的人提出了强烈的反对意见。[13]

尽管有反对意见,法制审议会第92次会议上提出的纲要暂定案的原案关于"经营者"的范围照原样使用了《部会资料78A》的写法,规定主债务人的配偶(仅限于从事于主债务人的事业的配偶)做保证人时不受有关限制个人保证规定的制约(《部会资料80-1》第9-10页)。根据《纲要暂定案》的原案的补充说明,其理由有两个:一个是"限定在配偶是从事于主债务人的事业时,自己或者通过另一方配偶,即主债务人,可以了解事业的情况,即便如此还是有做保证人的意思的话,尊重其决定是恰当的";另一个是"主债务人是个体经营者时,公司经营和家庭开支没有分开的情况很多……在法律上夫妻双方在经济上有很强的关联性,把一方配偶的财产和另一方配偶的财产区分开来是不妥的,所以有必要定型性地认可主债务人的配偶成为保证人"(《部会资料80-3》第19页)。对于这样的说明,民法学者的部会委员和干事提出异议,再次表明反对把配偶列入经营者的范围。[14] 之后在国会审议时,很多国会议员对把主债务人的配偶列入经营者的范围也提出质疑,对此法务省负责人也主要以上述两个理由进行解释。

---

[12] 支持把主债务人的配偶列入"经营者的范围"的理由是,经营者是个人时公司经营和家庭开支放在一起没有分开,在实务上有必要让配偶做保证人(《法制审议会第86次会议会议记录》第15-18页)。

[13] 反对把配偶列入"经营者的范围"的主要理由是,配偶之所以做保证人是情谊性最强的一种情况,而且从世界范围来看,配偶做个人保证人是个人保证里问题比较多的类型(《法制审议会第88次会议会议记录》第54-56页)。

[14] 《法制审议会第92次会议会议记录》第34-41页。并且,在该次会议上,有人提出了以下意见,即"即使这次的方案内容写入纲要暂定案,最后成为法律条文,也要期待判例会对配偶做保证人采取严厉的态度,学说也应该做其后盾。今后,努力使这项规定无法执行"[该次会议会议记录第35页(道垣内干事发言部分)]。

如上所述,关于主债务人是个人时,主债务人的配偶是否应被纳入"所谓的经营者"的范围,来自经济界的立法参与人和民法学界的立法参与人之间存有激烈的意见对立。但是,在法制审议会第96次会议(2014年8月26日)上提出的《纲要暂定案》,为了明确"仅限于从事于主债务人的事业"这一限定,不是用括弧把其放在"主债务人的配偶"的后面,而是去掉括弧把这一限制条件放到"主债务人的配偶"的前面。通过此种表述上的变动,认可了主债务人的配偶作为经营者保证不受有关限制个人保证的束缚(《部会资料83-2》第22页)。这个方案被《纲要暂定案》、《纲要案》和《修改草案》所采纳,虽然在国会审议时受到许多国会议员的强烈质疑[15],但最终《新民法》还是将其规定为条文。

(二)关于"保证合同缔结时主债务人负有的信息提供义务"的审议

《中间试案》最初提出由债权人就①保证债务的性质,②连带保证的效果,③主债务的内容,④受主债务人的委托而成为保证人时主债务人的信用状况等信息向个人保证人进行说明,若债权人没有说明,保证人则可以撤销该保证合同的方案。对此,征求意见中,有反对意见指出,由债权人负担有关主债务人信息的提供义务没有合理性,债权人要充分掌握主债务人的财产情况很困难等(《部会资料74-1》第63-64页及第69-70页)。经过之后的审议,《新民法》上关于缔结保证合同时信息提供义务的主体、内容以及违反义务的效果的条文都发生了变动。

1.关于提供信息义务的主体和内容

因为有意见反对中间试案所提出的方案,在法制审议会第80次会议上提出的《纲要案》的讨论原案将保证合同缔结时的信息提供义务的主体从债权人改为主债务人,信息提供义务的内容也从保证和连带保证的意义、主债务的内容改为主债务人的:①收入以及现在的资产;②主债务之外有无其他债务、其数额以及履行情况;③该事业的具体内容以及现在的收益情况;④主债务有无其他担保及其内容(《部会资料70A》第11页)。不把保证和连带保证的意义以及主债务的内容作为信息提供义务的内容的理由是,对这些事项如果有误解,可以按照错误等意思表示的规定来否定合同效力,所以没有必要把其列为信息提供的对象(《部会资料70A》第14页)。

另外,"该事业的具体内容以及现在的收益情况"在《部会资料70A》里被列为主债务人信息提供义务的内容,但在法制审议会第86次会议上提供的《部会

---

[15] 例如,第192次国会众议院法务委员会会议记录第11号(山尾委员发言部分),第12号(阶委员、宫路委员发言部分),第15号(山尾委员发言部分),第193次国会参议院法务委员会会议记录第9号(山口委员发言部分),第11号(真山委员发言部分),第12号(真山委员发言部分),第14号(仁平委员发言部分)等。

资料 76A》里被删掉。其理由是,主债务人在很多情况下是为了整个事业而贷款的,有时可能无法确定与该贷款相对应的"事业",保证人想得到信息是为了判断主债务人还债的可能性,而确定事业的内容以及收益情况的信息对判断主债务人的还债可能性并非不可或缺(《部会资料 76A》第 9-10 页)。

虽然有意见反对把信息提供义务的主体定为不是保证合同当事人的主债务人,但《修改草案》还是采纳了部会资料所提出的修改意见,《新民法》最终也将主债务人规定为信息提供义务的主体。

2.关于违反信息提供义务的效果

关于违反保证合同缔结时的信息提供义务的效果,《中间试案》提出,只要债权人违反了该义务,个人保证人就可以撤销保证合同。但是法制审议会第 80 次会议提供的《部会资料 70A》提出的方案认为,为了让债权人承担由非属于保证合同的当事人的主债务人违反信息提供义务而产生的撤销保证合同的效果,应该参照第三人欺诈的规定,即只有在债权人知道或者能够知道主债务人没有履行信息提供义务或提供了虚假信息的情况下,才可以撤销保证合同(《部会资料 76A》第 13 页)。《修改草案》采纳了该撤销保证合同的条件。

在国会审议时,国会议员主要就如何举证证明债权人知道或者能够知道主债务人没有履行信息提供义务或提供了虚假信息提出质疑,虽然最终没能改变条文的内容,《新民法》依旧维持了《修改草案》的条文,但国会议员的质疑和法务省负责人的回答给出了减轻保证人举证责任的解释方法,即作为债权人,尤其是金融机构,在缔结保证合同时如不对主债务人的信息提供义务的履行情况进行调查和确认,则会被推定为"能够知道主债务人没有履行信息提供义务或提供了虚假信息",从而可撤销保证合同。[16]

(三)关于"保证合同缔结后债权人负有的信息提供义务"的审议

保证合同缔结后,保证人为了掌握自己的责任范围有必要了解主债务的履行情况,所以《中间试案》提出了如下方案:债权人就①在保证人提出询问时就主债务的履行情况,②主债务的履行发生迟延时其事实,必须通知保证人。债权人没有通知的,不能向保证人请求履行涉及迟延损害赔偿金的保证债务。对此,征求意见中,有意见提出,如果没有保证人的询问就不产生通知义务的话,保证人的期限利益不能受到充分保护;也有意见提出,主债务一有履行迟延就得通知保证人对债权人来说负担过大(《部会资料 74-1》第 74 页)。所以在审议过程中就这两个问题进行了审议,从《新民法》的条文来看,在内容上发生了一定变化。

---

[16] 第 192 次国会众议院法务委员会会议记录第 11 号(山尾委员发言、小川政府参考人发言部分)。

1.关于主债务履行情况的信息提供义务

关于债权人对主债务的履行情况所负有的信息提供义务,在法制审议会第86次会议上提供的《部会资料76A》提出,保证人询问时,债权人的信息提供义务范围是①主债务是否存在不履行的情况,②已到履行期的本金、利息以及迟延损害赔偿金的数额(已支付的数额除外)。在法制审议会第92次会议上提供的《部会资料80-1》把信息提供义务的对象扩大到"关于主债务的本金以及与主债务有关的利息、违约金、损害赔偿金以及其他附属于主债务的所有事项是否存在不履行的情况、其余额和履行期即将到来的事项的数额的信息"(《部会资料80-1》第11页)。其理由是,成为信息提供义务对象的是否存在不履行不仅是指主债务本身,还包括成为保证债务的对象的附属于主债务的所有事项。还有,第86次会议上有意见指出,除履行期限已到来的债务的数额外,也有必要提供余额的信息(《部会资料80-3》第20-21页)。针对该部分提出的方案被写入《纲要暂定案》和《纲要案》里,《修改草案》将其写进条文,国会审议时对此也没有任何质疑,《新民法》维持了《修改草案》的条文内容。

2.关于"对丧失期限的利益债权人负有提供信息的义务"

在主债务人丧失期限利益时,债权人应承担向保证人提供该信息的义务,法制审议会第80次会议上提供的《部会资料70A》重新提出了方案,即只有在主债务人拥有分期偿还的期限利益时,主债务人丧失期限利益后债权人才对保证人负有通知义务,但对债权人的通知期限没有提出具体方案。在法制审议会第86次会议上提供的《部会资料76B》提出,在主债务人丧失期限利益时,债权人负有在2周内通知保证人的义务。但是,在该会议上,有意见要求对2周的通知期间重新考虑,还有意见指出,债权人不会立即得知债务人丧失了期限利益。[17] 因此,在法制审议会第88次会议上提供的《部会资料78A》把通知期间改为2个月,通知期间的起算点为"知道主债务人丧失了期限利益时",并且提出,债权人的提供信息义务不限于分期偿还的场合,而是适用于主债务人丧失期限利益的所有情况。该部会资料提出的议案照原样被写入《纲要暂定案》、《纲要案》和《修改草案》里,最后也被《新民法》所采纳。

还有,作为违反该义务的法律后果之一,《部会资料70A》提出,保证人可以通过履行未履行的部分来恢复期限利益。《部会资料76B》维持了在与保证人的关系上恢复期限利益的效果,但同时也指出如何考虑在维持与保证人的关系上再次使其丧失期限利益的方法和分别管理与主债务人和保证人的债权债务关系会加重债权人负担等问题,而且提示了删除该部分的代替案(《部会资料76B》第2-3页)。之后在部会《资料78A》里提出,债权人违反该义务的法律后

---

[17]《法制审议会第86次会议会议记录》第33页(佐成委员发言部分)。

果是,债权人不得向保证人请求履行从主债务人丧失期限利益时起到通知了该事实时止的关于迟延损害赔偿金的保证债务,而不再是恢复期限利益。该部分的议案照原样被写入《纲要暂定案》和《纲要案》里,《修改草案》将其写入条文,在国会审议时也没有被提出质疑,《新民法》采纳了《修改草案》的条文内容。

(四)关于"限制保证人的责任"的审议

个人保证的纠纷产生有很多是因为最终的保证债务金额远远超过个人保证人的偿还能力,但修改前的日本《民法》并无直接规定个人保证人责任范围的条文。为了限制个人保证人的责任范围,《中间试案》提出如下方案:①由裁判所减免保证债务,②否定依照保证人的经济实力被认为是过重的保证的效力(比例原则)。

对此,征求意见中,有意见提出如下疑问:限制保证人的责任范围的正当根据是什么?即使限制保证人的责任范围是正当的,考虑哪些要素以及进行多大程度的减免是妥当的?以什么样的标准来判断过重的保证?(《部会资料74-1》第77-78页及第80-81页)。

在法制审议会第 73 次会议上提供的《部会资料 62》提出,把由裁判所对保证债务进行减免和限制过重的保证的效力的正当化根据、要件以及效果等作为课题来讨论。首先,由裁判所对保证债务进行减免是参照了有关《身份保证法》第 5 条的规定,所以通过和该条文同样的根据可以得到正当性。但是有意见指出,身份保证的主债务是否发生还不确定,与此相比,保证的主债务的存在是确定的,所以《身份保证法》第 5 条的宗旨对一般的保证来说不一定适当。还有,即使由裁判所减免保证债务能够正当化,在怎样的要件下减免保证债务、以什么样的标准判断减免金额、通过什么手续进行减免等讨论课题也被同时提出(《部会资料 62》第 8 页)。

其次,关于限制过重的保证的效力,这是以合同缔结时的合同内容的不当性为依据来否定保证合同的全部或部分效力,但仅以债务过重为由一般不能限制合同效力,如果只是对保证债务可以过重为由来限制合同效力,则需要依保证的无偿性和轻率性等特殊性来进行说明。但是仅以这些特殊性为理由来限制合同效力是否充分还是个问题。同时,以下的讨论课题也被提出,即如果该制度适用于经营者保证的话,是否会消减经营者保证的功效?以什么样的标准判断"过重"?是全部无效还是部分无效?如何考虑与破产手续的关系?(《部会资料 62》第 8-10 页)。

对于以上讨论课题,法制审议会第 80 次会议上提供的《部会资料 70B》提出了以下方案,实现把保证人的负担限定在合理范围之内这一中间试案的目的的方法,不是对保证债务进行减额,而是限定保证人应该用来偿还保证债务的责任财产的范围。该资料还提出了采用限定偿还保证债务的责任财产范围的方案需要解决的问题,即①用什么手续来明确保证人总资产的内容,②在保证人对多数债权人负有保证债务时,各个责任财产如何认定,③若保证人除保证债务以外还负有其他债务,对每个债务应如何分配责任财产。此外,如下讨论课题也被提出:如果想要通过公证来明确保证人的总资产和总债务的内容,该手续就会很接近破产手续,那么在破产手续之外设定这样的方案是否有意义,或者把这样的方案限定在保证人只对一个债权人负有保证债务,并且除此之外没有其他债务,不利用破产手续也能够达到经济上的再生的场合是否有意义(《部会资料70B》第2-3页)。

在从《中间试案》起的第3次审议会的第86次审议会上提供的《部会资料76B》提出,如果设立限制保证人责任的规定,以下问题将成为讨论课题,即①接受责任财产限制的保证合同的范围,②判断责任财产限度的标准时点,③具体的责任财产的限度(特别是与破产手续开始时应该用来偿还债务的财产的关系),④如何确保掌握保证人所有财产的正确性,⑤保证人负有多数保证债务时的处理办法,⑥破产手续开始后的处理方法等。会议对这些问题虽然提出了一些看法,但没有形成一个具体方案。其后,在法制审议会第88次会议上提供的《部会资料78B》针对问题②提出如下方案,即"保证人的责任限定在保证人请求缩减责任时保证人所持有的财产(自由财产以及禁止扣押的财产除外)数额范围内"。但是,即使这样具体判断保证人责任财产限度的标准时点,还必须解决《部会资料76B》所提出的问题,并且解决作为缩减责任在诉讼时以何种形式争辩的问题,关于这些问题的审议最终没有形成具体的方案。法制审议会第89次会议(2004年5月27日)决定不再继续审议这个问题[18],放弃将其写入《新民法》。

如上所述,关于"限制保证人的责任",《中间试案》之后共进行了5次审议,但没有达成一个具体方案,中途受挫,最终《新民法》没有对此作出规定。[19]

四、结语——日本《新民法》规定保护个人保证人的意义及问题点

(一)意义

如前所述,《中间试案》最初提出的4个修改方案,除"限制保证人的责任"这一方案中途受挫、没有被写入《新民法》外,其他3个方案虽在内容上有一定变化,但最终均被规定为《新民法》上的条文(参照下表),为今后个人保证人的保护提供了强有力的法律依据。

---

〔18〕《法制审议会第89次会议会议记录》第8-9页(筒井干事发言部分)。

〔19〕有意见从理论的观点和立法技术的观点对日本新民法没有就限制保证人的责任作出规定表示赞同[参见〔日〕潮见佳男『新債権総論Ⅱ』(信山社·2017年)第786-787页]。

《保护个人保证人的方案》	《中间试案》	《新民法》
限制个人保证	原则:个人保证无效 例外:"所谓的经营者"保证有效	原则:公证书的制订是个人保证的生效条件 例外:"所谓的经营者"保证不适用这个条件
合同缔结时的信息提供义务	主体:债权人 内容:保证和连带保证的意思,主债务的内容等 违反的效果:撤销保证合同	主体:主债务人 内容:主债务人的财产,收支负债的情况等 违反的效果:债权人是恶意或者有过失,且保证人的误解和意思表示之间有因果关系时,可以撤销保证合同
合同缔结后的信息提供义务	主体:债权人 内容:①个人保证人有请求时,主债务的余额,②不管个人保证人是否有请求,主债务迟延的事实 违反的效果:对与在义务没履行期间产生的迟延损害赔偿金有关的保证债务,不得请求履行	主体:债权人 内容:①保证人(包括法人)有请求时,主债务是否履行及其余额,②不管个人保证人是否有请求,在主债务丧失期限利益后2个月内,主债务丧失期限利益的事实 违反的效果:关于②,不得请求履行与到通知为止的迟延损害赔偿金相关的保证债务
限制个人保证人的责任	①通过裁判所来对保证债务进行减额 ②否定过大的保证债务的效力	没有规定

日本《新民法》分别从个人保证合同的生效要件、缔结保证合同时的信息提供义务、缔结保证合同后的信息提供义务三个方面对保护个人保证人进行了具体规定。首先在入口处,在现行民法的书面要件之上,要求在缔结个人保证合同时提前制作公证书来作为个人保证合同的生效要件,以此来确认个人保证人自愿做保证人的意思的存在,同时也促使保证人明确认识和理解保证人责任的重大。值得期待的是制作公证书可在一定程度上预防个人保证人出于情谊而轻率地缔结保证合同。其次,在缔结保证合同时,要求主债务人把有关其偿还

能力的信息提供给个人保证人，以确保个人保证人可以认识到自己承担责任的可能性，期待能够以此防止个人保证人轻易缔结保证合同，保证合同可撤销这一法律后果也可促使债权人监督主债务人向个人保证人提供准确信息。最后，在缔结保证合同后，要求债权人把有关主债务的履行情况以及丧失期限利益的信息提供给个人保证人，通过这样的信息提供，个人保证人可以把握自己有可能负担的债务范围，及时考虑对策，以免承担更多债务。

针对日本社会上长期存在的围绕个人保证所发生的一系列问题，在现行民法没有规定，也没有形成判例法理的情况下，这次民法修改对此特意作出新规定，可以说是及时地回应了社会的要求。同时，从国际范围来看，在民法典里制定保护个人保证人的规定的国家还很少[20]，日本《新民法》所设立的新规定具有一定的国际先进性。虽然在条文内容的设计上存有一定问题，但不可否认，日本《新民法》中规定的保护个人保证人的新条文不仅对日本本国有着重要意义，对其他国家也具有重要的参考价值。

(二) 问题点

日本《新民法》上有关保护个人保证人的条文规定具有重要意义，但同时也存在一些问题。《新民法》没有采纳中间试案所提出的原则上经营者之外的个人保证无效的方针，而是在制定公证书的条件下承认经营者之外的个人保证的效力。但是，附加公证书这一手续上的加重条件会有多大的实际效果未经实践检验很难得知，不过从2004年日本修改民法时引进了保证合同成立的书面条件，但有关个人保证的问题并没有减少的事实来看，只通过手续上的要件，很难确保个人在做保证人时会变得比较慎重。并且，如同在国会审议时被指出的那样，在制作公证书上还存有一些实际问题需要解决，并不能说有了公证书这一生效要件就能真正起到保护个人保证人的作用。

虽说公证书能有多大功效还是个未知数，但至少这一生效要件的制定对保护个人保证人来说是一种进步，但把主债务人的配偶（虽附加了一定限制条件）排除在适用该生效要件的主体之外，不得不说是在个人保证人保护上的一种倒退。虽然可以通过对"从事主债务人的事业"的解释来限定条文里的配

---

[20] 关于外国法上保护保证人的情况，参见〔日〕藤澤治奈「諸外国における保証人保護法制」現代消費者法16号第94页以下（2012年），以及在法制审议会第43次会议上提供的「諸外国における保証法制及び実務運用についての調査研究業務報告書」〔参见日本法务省官网（http://www.moj.go.jp/MINJI/minji07_00118.html）〕。

偶的范围[21],但在世界上很多国家为解决配偶做保证人所产生的问题正在进行各种各样的尝试之际,日本《新民法》却明文规定主债务人的配偶不仅可以做保证人,而且还不享有对一般个人保证人的保护,这不仅会给今后的法律适用带来问题,而且也不是具有国际先进性的做法。

更大的问题是,《新民法》在入口处没有禁止个人保证,在出口处也没有针对保证人的责任设定任何救济措施,不得不说这在对个人保证人的保护上留有很大漏洞。个人保证人的多重债务或自杀等问题大多数是因为最终负担不起保证债务而造成的,如果没有任何法律规定来对过大的保证债务予以限制,保护个人保证人最终只会成为一句空话。[22] 确实,从法制审议会的审议过程可以知道,想把"限制保证人的责任"以条文的方式规定出来需要解决各种问题,其难度很大。但是,"限制保证人的责任"不仅关系到保护一般个人保证人,而且关系到包括"经营者"在内的所有个人保证人的保护问题,有必要对此进行法律规制。[23] 所以民法学者们期盼着这次民法大修改能够克服种种困难,站在世界的前列,实现对"过大的保证"[24]的立法。但可惜新民法没有对此进行任何规定,不得不说这是本次日本民法修改上的一大遗憾。

在日本的社会生活中,可以说处处离不开保证,保证制度在人们的日常生活中被广泛利用,由此产生的有关保护个人保证人的问题自然受到了社会的关

---

[21] 立法参与人之一的潮见佳男教授指出:"认可配偶保证是限定在'从事主债务人的事业的人',在此之上,根据对于个人保证的《民法》465条之6的制约(制作公证书的要件)是考虑到个人保证(尤其是近亲者保证)的情谊性而作出的这一点,符合3项后段(指有关主债务人的配偶的《新民法》第465条9第3项后段——笔者注)的人可以限定在实质上应该和符合该条第1项·第2项·第3项前段的人同等看待的人上(只要有了第3项前段的规定,后段的关于配偶保证的部分成为空文)"(参见〔日〕潮见前注〔4〕第144页)。

[22] 有意见指出,即使规定各种信息提供和说明义务,但因为和保证人受害没有直接针对关系,应该设立避免使保证人的状况变得过于残酷的规定(参见〔日〕山野目前注〔2〕第12页)。

[23] 参见〔日〕斎藤由起「過大な責任からの保証人の保護」ジュリスト1417号第79页以下(2011年)。

[24] 现在,关于"过大的保证",法国利用特别法禁止,参见〔日〕能踏真規子「保証人の『過大な責任』-フランス保証法における比例原則」『名古屋大学法制論集』227号第371页以下(2008年),〔日〕大澤慎太郎「フランスにおける保証人の保護に関する法律の生成と展開(1)(2·完)」『比較法学』42卷2号第4页以下、3号第25页以下(2009年)等;德国是作为违反公序良俗来处理[参见〔日〕原田昌和「極端に巨額な保証債務の反良俗性(一)(二·完)」『法学論叢』148卷2号第18页以下、149卷5号第46页以下(2000-2001年),〔日〕斎藤由起「近親者保証の実質的機能と保証人の保護-ドイツ法の分析を中心に(一)、(二)、(三·完)」『北大法学論集』55卷1号第113页以下、2号第657页以下、3号第119页以下(2004年)等]。

注。日本《新民法》为解决这一社会问题,设定了有关个人保证人保护的条文,虽然对关键的"过大的保证"没有作出规定,制定的条文也有不足之处,但是填补了空白,先于其他国家在民法典里制定保护个人保证人的条文,作为立法活动所具有的先进性和重要意义是不可否认的。但有了法律规定并不等于所有社会问题都能够得到解决,如何来运用这些法律规定是更为重要的命题。今后,在适用《新民法》上的保护个人保证人的规定时,应当充分意识到条文上的问题,通过法律解释工作来弥补条文的不足,更好地解决问题将成为日本学者义不容辞的责任。同时期待其他国家借鉴日本这次立法的经验,取其长去之短,针对各自国家的实际情况,在保护个人保证人的问题上取得更大的立法突破。

民法债权人撤销权的应有之义

——以《日本民法》债权编修订为契机兼论我国债权人撤销权制度的完善

张子弦[*]

一、引言

日本民法中的诈害行为撤销权,亦称债权人撤销权。简言之,即债权人基于保全自己债权的目的,申请法院撤销债务人与交易相对方实施的危害自身利益的行为。

纵观世界各国立法,"撤销权制度"一般分为民法上的撤销权和破产法上的撤销权。日本法也不例外,除《日本民法》[1]第424条规定了"诈害行为撤销权",《日本破产法》还规定了破产管理人基于管理破产债务人财产的身份可以主张撤销权,即"否认权"(以下为便于理解,日本法均称为"诈害行为撤销权"和"否认权",中国法称为"债权人撤销权"和"破产撤销权")。我国民法理论界不乏对"债权人撤销权"的研究[2],但我国《民法通则》中尚未设置"债权人撤销权"的条款,我国《企业破产法》中规定了破产管理人撤销权。恰逢日本民法时隔120年首次大规模修订,本文以日本民法(债权编)中极具代表性的"诈害行为撤销权"的修订为对象,深入剖析相关理论与实务,以期为将来完善我国民法"债权人撤销权"制度提供有价值的参考。

---

[*] 张子弦,日本北海道大学法学博士,日本琉球大学法务研究科讲师。

[1] 以下本文所论现行《日本民法》均为明治29年(1896年)法律第89号公布并施行至今的《日本民法》。

[2] 参见杨立新:《论债权人撤销权及其适用》,载《法学研究》1992年第3期。韩世远:《债权人撤销权研究》,载《比较法研究》2004年第3期。杨立新、王伟国:《论统一撤销权概念》,载《兰州大学学报(社会科学版)》2007年第1期。

二、我国的债权人撤销权的所在

(一) 我国《民法通则》中的撤销权

所谓"债权人撤销权"指的是,当债务人意图通过无偿转让或以明显不合理低价转卖财产等行为危害债权人利益时,债权人为保全自身利益申请法院对该加害行为予以撤销的权利。因此,债权人撤销权调整的是债权人、债务人与受益人/转得人三者之间的权利义务关系,严格来说,我国《民法通则》中并未明文规定债权人撤销权。[3] 但 1988 年 4 月最高人民法院颁布的《关于贯彻执行〈中华人民共和国民法通则〉若干问题的意见(试行)》(部分废止)第 130 条规定:"赠与人为了逃避应履行的法定义务,将自己的财产赠与他人,如果利害关系人主张权利的,应当认定赠与无效。"该解释调整债权人、债务人与受益人/转得人三方的权利义务关系,也明确规定了"赠与人为逃避法定义务"这一主观要件。若本条所述"赠与行为"可评价为无偿转让财产的行为[4],则可以说该司法解释体现了我国民法中的"债权人撤销权"制度。

(二) 其他法律中的撤销权

《中华人民共和国合同法》(以下简称《合同法》)第 74 条规定,因债务人放弃未到期债权,无偿转让财产,或以明显不合理的低价转让财产对债权人造成损害的,且受益人知道该情形的,债权人可以请求人民法院撤销债务人的行为。该条文与本文所要讨论的日本民法上的"诈害行为撤销权"的规定十分相近,是我国民事立法中最能体现"债权人撤销权"制度的规定。最高人民法院颁布的《关于适用〈中华人民共和国合同法〉若干问题的解释(二)》第 19 条进一步解释了如何认定《合同法》第 74 条第 1 款规定的以"明显不合理的"价格转让财产。首先,人民法院应当以交易当地一般经营者的判断,并参考交易当时交易

---

[3] 我国《民法通则》第 59 条规定了可变更或可撤销的民事法律行为,即对于重大误解或显失公平的民事法律行为,一方当事人可以请求人民法院或仲裁机构变更或撤销。2016 年 6 月公布的《民法总则(草案)》(以下简称《草案》)第 125 至 129 条也规定了几种可撤销的民事法律行为,虽说本次《草案》丰富了可撤销民事法律行为的类型,即除了现行法规定的"重大误解、显失公平的民事法律行为",还包括属于无效民事行为的,因欺诈、胁迫或乘人之危而实施的法律行为。但可以根据该条主张撤销的主体仅限于双方当事人,因此,我国《民法通则》中规定的"可撤销的民事行为"与本文"债权人撤销权"制度存在本质上的差异。关于该问题,王利明在《民法总则研究》(中国人民大学出版社 2003 年版,第 160-161 页)中也持同样观点。

[4] 最高人民法院《关于贯彻执行〈中华人民共和国民法通则〉若干问题的意见(试行)》第 130 条与债权人撤销权的关系,参见杨立新:《论债权人撤销权及其适用》,载《法学研究》1992 年第 3 期。

地的物价部门指导价或者市场交易价,结合其他相关因素综合考虑予以确认。其次,转让价格达不到交易时交易地的指导价或者市场交易价 70% 的,可视为明显不合理的低价。此外,所谓"明显不合理的"价格并不局限于低价,债务人以明显不合理的高价收购他人财产的,人民法院也可以根据债权人的申请,参照《合同法》第 74 条规定予以撤销。一般而言,转让价格高于当地指导价或者市场交易价 30% 的,可视为明显不合理的高价。

此外,我国《企业破产法》第 31 条规定了 5 种破产管理人有权请求人民法院予以撤销的财产处分行为:①无偿转让财产的;②以明显不合理的价格进行交易的;③对没有财产担保的债务提供财产担保的;④对未到期的债务提前清偿的;⑤放弃债权的。同法第 32 条规定,企业破产程序中,破产管理人可以主张撤销破产债务人对特定债权人单独清偿的行为。然而,我国《企业破产法》中以列举方式规定了破产撤销权,但并未对破产管理人可以主张撤销的行为作出明确分类,也未明确规定权利行使后的法律效果等[5],其与《合同法》中规定的债权人撤销权的关系也尚未明确。为此,本文想以 2017 年 6 月日本公布的《民法债权编修正案》为契机,详细探讨本次日本民法中有关"诈害行为撤销权"的概况、修订过程及理论争议,以期为我国民法中"债权人撤销权"制度的构建提供参考资料。

三、现行日本法中的诈害行为撤销权概况

(一)诈害行为撤销权的概念与功能

《日本民法》第 424 条规定了诈害行为撤销权,即债务人明知某一法律行为会危害债权人利益仍实施的,债权人得请求法院撤销该行为。但因该行为的受益人于行为时不知有害于债权人的,不在此限。

日本民法学理论认为,设置诈害行为撤销权的目的在于,追回因债务人及受益人的财产处分行为而流失的债务人财产,确保后续强制执行程序或破产程序中有财产可供执行,以维护债权人的共同利益。因此,本质上,债权人撤销权与债权人代位权都是在债务人资产明显不足的情形下,为防止因债务人财产(日本法上称"责任财产")流失而赋予债权人的民事权利,对债权人的债权具

---

[5] 关于我国《企业破产法》中规定的"破产撤销权"的相关论述,参见王欣新:《破产撤销权研究》,载《中国法学》2007 年第 5 期。

有保全功能。[6] 不同的是,债权人撤销权的行使条件是债务人积极地转移或减少财产,而债权人代位权的行使条件是债务人不积极地行使自己的债权,导致丧失胜诉利益或放任财产流失。

通常情况下,只有破产程序宣告开始后,破产管理人才可以作为债务人与债权人双方利益的代表,为充实破产财团(即破产债务人财产)而行使破产撤销权。相反,破产程序开始前,债务人可以自由支配其财产,债权人对债务人财产并不享有直接支配权,只能向债务人请求给付,实质上债权人的利益受到侵害的危险更大。因而法律在破产程序之外也赋予债权人以撤销权,旨在通过撤销债务人与受益人/转得人间已生效的法律关系,恢复债务人财产,确保债权回归到能够受偿的状态。因此,简言之,诈害行为撤销权的功能在于保全债务人的责任财产,保障强制执行程序的顺利进行。[7]

(二)诈害行为撤销权的性质

日本法上,关于诈害行为撤销权及诈害行为撤销之诉的性质历来备受争议,分为形成权说、请求权说、折中说与责任说。[8] 通说(折中说)认为,诈害行为撤销之诉由两部分构成,一方面请求撤销债务人等实施的诈害行为的属于形成之诉,另一方面基于上诉撤销请求主张取回逸失财产的是给付请求。因此,诈害行为撤销权兼具形成权与请求权双重特征。[9] 与此相对,近来受德国法影响,由于为解决诈害行为撤销之诉胜诉判决的效力、受益人返还财产的方式和效果等实务问题提供了颇具建设性意见,责任说成为有力学说。[10]

(三)与破产法上撤销权的关系

《日本破产法》规定了专属于破产管理人的破产撤销权,即"否认权"。否认权是指,为保持破产财团的价值,对破产程序宣告前破产债务人及第三人实施的危害债权人利益的行为予以否认的权利。其本质是为防止债务人转移或

---

[6] 在自己的债权上设定了担保物权的债权人,可以直接通过特定物享受优先受偿的利益,此时未设定担保的普通债权人的优先地位就相对滞后。为解决这一问题,维护债权人间的平等地位,法律设计了诈害行为撤销权。因此,严格来说,诈害行为撤销权的基本目的在于:保护因债务人财产流失而受到损失的"无担保债权人"的利益,赋予这类普通债权人通过诈害行为撤销权的胜诉判决和强制执行程序追回逸失利益的机会。

[7] 有关现行日本民法中"诈害行为撤销权"的要件、证明方式、诈害行为撤销之诉的效果等,参见韩世远:《债权人撤销权研究》,载《比较法研究》2004年第3期。

[8] 其他旧说及少数学说,参见韩世远:《债权人撤销权研究》,载《比较法研究》2004年第3期。

[9] 大連判明治44年(1911年)3月24日『民録』17輯第117頁(以下均简称"明治44年判决")。

[10] 参见〔日〕内田贵『民法Ⅲ:債権総論・担保物権』(東京大学出版会・2005年)第319—321頁。

减少破产财团价值以阻碍破产程序顺利进行而设置的、专属于破产管理人的权利。行使否认权,破产管理人需根据《日本破产法》第 173 条第 1 款的规定提起"否认之诉",法院认可破产管理人的否认请求的,破产债务人实施的转让财产所有权的行为失效,债务人财产恢复原状,破产债务人向某一特定债权人清偿(以下简称"偏颇清偿行为")[11]的,破产管理人可以请求受益人履行与已受偿债权同等价值的给付。否认权的对象主要分为诈害行为(《日本破产法》第 160、161 条)和偏颇行为(同法第 162 条第 1 项)。此外还包括作为对抗要件的登记等行为(同法第 164 条)与特定的执行行为(同法第 165 条)。

据此,不难看出,日本民法之所以称"债权人撤销权"为"诈害行为撤销权",是因为与《日本破产法》上的"否认权"相比,日本民法上的传统的撤销权范围更窄,其主要规制对象仅限于诈害行为。但是,为解决实务中的许多难题,保障与执行/破产程序的顺利衔接,本次民法(债权编)修订中增设了许多有关诈害行为撤销权的新条款,丰富了民法中撤销权的对象。

四、本次修订有关诈害行为撤销权的主要内容

(一)诈害行为撤销权的实体要件

2017 年 6 月 2 日法律第 44 号公布了《民法债权编修正案》[日文原文:民法(债権関係)改正法],并决议于 2020 年 4 月 1 日起正式施行。本次民法(债权编)的修订时隔 120 年,可谓开启了日本民法的新纪元。以下就本次修订中有关诈害行为撤销权的主要内容作简要介绍。

1.被保全债权的要件

(1)可强制执行的债权

无法被强制执行的债权不能成为撤销权的保护对象(《新法》第 424 条 4 款,以下修订后的《日本民法》简称《新法》)。如上所述,日本民法规定诈害行为撤销权的主要目的在于,为此后开始的破产/执行程序提供充足有效的财产,因此,不可执行的债权必然不能成为该撤销权的保护对象。实务中,对被保全债权的可执行性要件已不存在争议。[12] 具体而言,所谓"不可执行的债权"有,例如《日本国税征收法》第 76 至 78 条规定的禁止扣押的薪金债权,以及当事人间通过合意约定、不予执行的债权等。

(2)生效时间

诈害行为撤销权对债权具有保全功能,但并非所有债权都可以成为诈害行为

---

[11] 债务人对特定债权人单独清偿的行为,即"偏颇清偿行为",又称"偏袒清偿行为",本文采前者翻译。详见后文四(一)2.(2)

[12] 参见最判平成 9 年(1997 年)2 月 25 日『判時』1607 号第 51 页。

撤销权保护的对象。现行法并未明文规定债权人持有的债权必须是诈害行为生效前已获得的债权,而判例中对该问题已形成共识。[13] 本次修订总结判例经验并结合《日本破产法》中的规定[14],增加了被保全债权的生效时间要件,即原告债权人持有的债权在被撤销对象行为前已生效(《新法》第 424 条 3 款)。

另外,本次修订过程中有立法委员提出,只要是债权的原因行为在债务人等实施诈害行为前已生效的,即使债权生效时间在诈害行为之后,债权人也可以基于此债权行使撤销权。[15] 例如,被保全债权是基于债务不履行产生的迟延损害赔偿请求权的,即使"债务不履行"事实本身在诈害行为之后发生,只要作为原因的债权债务关系是在债务人实施诈害行为前已生效的,持有迟延损害赔偿请求权的债权人就可以行使诈害行为撤销权。[16] 与此相似,例如,离婚后的抚养费支付请求[17],承揽合同中完成任务前定作人未向承揽人支付报酬或材料费的,承揽人的给付请求权等也是同理。从这一角度来看,对被保全债权生效时间的规定看似限制了债权人行使诈害行为撤销权的范围,但与现行法相比,有关原因行为的补充说明实质上扩大了被保全债权的范围。

2. 撤销对象行为的诈害性

首先,现行日本民法规定,诈害行为撤销权的对象是"法律行为",《新法》修订时,将条文中的"法律行为"删减为"行为"。这样一来,例如,单纯的"债务承认行为"(《日本民法》第 147 条 3 款)[18]不属于"法律行为",现行法中不能成为诈害行为撤销权的对象。《新法》施行后,一定条件下,债权人可以根据《新法》第 424 条主张撤销债务承认行为。

其次,现行日本民法仅为"诈害行为撤销权"规定了概括性的主观要件

---

[13] 参见大判大正 6 年(1917 年)1 月 30 日判决『民录』23 辑第 1624 页,最判昭和 33 年(1958 年)2 月 21 日『民集』12 卷 2 号第 341 页。

[14] 关于债权生效时间的限制,新法规定的被保全债权的生效时间要件与破产法中规定的否认权的要件相似。《日本破产法》规定,破产管理人行使否认权时,否认权的对象必须是危害破产债权人利益的行为,且受损的债权须是破产债权(《日本破产法》第 160 条)。而破产债权是,基于破产程序宣告开始之前的原因产生的财产上的请求权(同法第 2 条第 5 款)。且,非义务行为否认只能针对债务人陷入支付不能状态前 30 天以内实施的行为(同法第 162 条第 1 款第 2 项)。

[15] 因而,《中间试案补足说明》[日文原文:「民法(债权关系)の改正に关する中间试案の补足说明」]第 162-163 页指出,只要债权的原因先于诈害行为前生效,债权人即可行使诈害行为撤销权。

[16] 参见最判平成 8 年(1996 年)2 月 8 日『民集』178 号第 215 页。

[17] 参见最判昭和 46 年(1971 年)9 月 21 日『民集』5 卷 6 号第 823 页。

[18] 所谓"债务承认行为"是指,当债务人未清偿的债务因诉讼时效已过债权人丧失胜诉可能性的,债务人因不知诉讼时效已满,同意履行债务的行为。

(《日本民法》第 424 条第 1 款),为了与《日本破产法》上的否认权规定保持一致,本次民法(债权编)的修订在原有的第 424 条后增设了以下三类撤销对象行为。

(1)获得合理对价的财产处分行为(《新法》第 424 条之 2)

如果债务人与受益人间的行为属于获合理对价的财产处分行为,债务人财产的实际数值并没有减少,只是财产形态上发生了变化,例如由不动产变为现金。能否认为这样的财产处分行为属于诈害行为?本次民法债权编的修订参照《日本破产法》的立法经验(《日本破产法》第 161 条第 1 款),原则上否认获得合理对价的财产处分行为属于诈害行为,但符合下列要件的可以承认其行为的诈害性,即债务人处分其财产获得相应对价的,且①财产种类的变更会现实地诱发债务人的隐匿/赠予财产或其他有害债权人利益的财产处分行为(以下简称"隐匿等行为"),②债务人行为时有隐匿财产的故意,③受益人行为时对债务人的上述主观意图知情。典型的,例如,债务人向新的债权人请求贷款,在贷款的同时以自己的财产为债权人的债权设定担保的行为(日本法上称"同时交换行为")。

(2)债务消灭行为或设定债权担保(《新法》第 424 条之 3)

所谓"债务消灭行为"是指债务人同时对两个或两个以上债权人负有债务,却只对其中一人优先清偿的行为,与此类似,所谓"设定担保行为"是指债务人对没有财产担保的某一特定债权人的债权提供财产担保的行为。二者的共通点在于,某一特定债权人收益,二者均属于"偏颇清偿行为"。在破产法上,债务人资产不足以清偿全部债务而仍对其中某一特定债权人清偿的,会导致其他债权人的债权无法受偿,明显违反债权人平等原则。然而,在债务人资产尚充足的情形下,偏颇清偿行为或许并不构成十分严重的问题。清偿行为虽减少了债务人的责任财产(积极财产),同时也相应减少了债务人所负债务(消极财产)。单从结果上来看,此类行为并未导致债务人的净资产发生变化。能否认为向某一特定债权人清偿的行为是诈害行为,与债务人为债权设定担保的特定债权人以外的其他债权人,能否据此主张诈害行为撤销权的问题,存在争议。但是,该行为表面上并不会立即减少债务人的现有财产,但因其只对特定债权人有利,不仅在破产程序中,在民法中也明显有损债权人间的公平正义。最终,本次修订仿照《日本破产法》,规定债务人资产不足时实施的债务消灭行为与设定担保行为和偏颇清偿行为的效果相似,应对其加以限制。

在要件上,首先,借鉴《日本破产法》的立法经验,《新法》将"债务人资不抵债"作为行使诈害行为撤销权的前提条件。[19] 但,参考《日本破产法》第162条的规定,《新法》依债务人行为将撤销要件分为两类,即对于①债务人的义务行为,必须是债务人陷入资不抵债状态后作出的(《新法》第424条之3第1款第1项),②不属于债务人义务的行为,只要在债务人陷入资不抵债状态之前30天之内作出的,债权人可以主张撤销(《新法》第424条之3第2款第1项)。其次,值得关注的是,《新法》参考判例经验,增加了撤销此类财产处分行为的主观要件,即须债务人与受益人债权人间对侵害其他债权人利益有明显通谋故意[20](《新法》第424条之3第1款第2项、第2款第2项)。这样一来,与《日本破产法》第162条规定的"否认权"相比,撤销同类行为时修订后的日本民法在主观要件上的规定更加严格。

(3)超额代物清偿行为(《新法》第424条之4)

此外,《新法》还规定,债务人对某一债权人偏颇清偿,且受益人所受给付远超过债务额的,其他债权人可以主张撤销。严格来说,本条是上述《新法》第424条之3的特别规定。在符合《新法》第424条之3要件时,债权人可以主张撤销债务人的代物清偿行为。特殊情形不符合上述规定,但符合第424条第1款的要件的,债权人仍可主张撤销债务人超额清偿的部分(《新法》第424条之4)。此处所谓"代物清偿等行为"是一个概括性规定,其典型是超过债务额的过多的代物清偿行为,例如债务人将其所有物低价转卖给某一特定债权人,以债权人应给付的对价为债权与对债权人所负债务相抵的,虽属于债权相抵行为,也可适用该条规定。此外,该条规定在内容上与《日本破产法》第160条第2款的规定相似,缩小了现行法中民法上撤销权与破产法上撤销权之间存在的差异。

(二)诈害行为撤销权的行使方式

1.请求内容及其范围

关于诈害行为撤销之诉的请求方式,修订后的《新法》明文规定,行使诈害行为撤销权的债权人可以主张返还原物,原物返还困难的,也可以主张支付对价(《新法》第424条之6)。[21] 换言之,《新法》认为所谓"财产的返还",不仅包括返还原物,也包括支付对价。

---

[19] 2004年修订后《日本破产法》第162条第1款第1项规定,破产债务人陷于资不抵债(支付不能)状态或破产程序开始后实施的偏颇清偿行为属于否认权的规制对象。

[20] 参见大判大正5年(1916年)11月22日『民録』22辑第2281页、最判昭和33年(1958年)9月26日民集2卷13号第3022页、最判昭和52年(1977年)7月12日『金法』834号第38页。

[21] 参见大判昭和7年(1932年)9月15日『民集』1卷第1841页。

现行《日本民法》第424条未明确规定债权人可行使撤销权的范围。判例认为,如果财产是可分财产,债权人可行使的撤销权的范围应仅限于被保全财产的额度范围内。[22] 因此,《新法》将该判例经验明文化,在第424条之后增加了第424条之8的明确规定,债务人诈害行为的对象是可分的,债权人可主张的撤销权的范围以被保全债权额为限。同时,虽然本次修订并未明文规定,但既往的判例认为,如果诈害行为的对象是不可分的,债权人不必以自己所持被保全债权为限,而是可以主张撤销全部诈害行为。[23]

2. 消灭时效与除斥期间

债权人在获知撤销原因行为后2年内不行使撤销权的,胜诉权即告消灭(《新法》第426条前段)。因此诈害行为撤销权的消灭时效的起算点是债权人知道债务人有危害债权人利益的故意,且知道债务人实施了加害行为时,这一点也得到日本最高法院的认可。[24]

此外,现行《日本民法》第426条后一句规定,对原因行为不知情的,从原因行为发生之日起超过20年仍不行使的,诈害行为撤销权失效。但同时根据判例经验,在20年期间内,债务人的资不抵债状态一直持续。[25] 此处,《新法》的一个重大修订在于将行为时起算的20年除斥期间缩短为10年。本次债权法修订讨论会专门针对诈害行为撤销权中规定的20年期间的性质进行了讨论,最终明确该20年时效属于除斥期间,不适用时效中断的规定。同理,《日本破产法》第176条、《日本民事再生法》第139条、《日本公司更生法》第98条的除斥期间也相应缩短为10年。

3. 被告及诉讼告知

日本法中,债权人主张"诈害行为撤销权"的,应以受益人或转得人为被告提起诉讼,不能以债务人为被告(《新法》第424条之7第1款)。

现行日本民法并未规定债权人告知债务人参加诉讼的义务,法院许可债权人行使诈害行为撤销权的,其判决效力也不及于债务人。与此相对,本次民法(债权编)的修订增设了诈害行为撤销权之诉的判决效力及于债务人[参见后文(三)2.]的规定。然而,根据上述规定,诈害行为撤销之诉的被告只能是受益人或转得人,债务人不是当然的诉讼当事人,胜诉判决的判决效力却及于债务人的,侵害了债务人的知情权。为此,日本民事诉讼法学出于"程序保障"的考

---

[22] 参见大判明治36年(1903年)12月7日『民録』9辑第1339页。大判大正9年(1920年)12月24日『民録』26辑第2024页。

[23] 参见最判昭和30年(1955年)10月11日『民集』9卷11号第1626页。

[24] 参见最判昭和47年(1972年)4月13日『判時』669号第63页。

[25] 参见大判昭和12年(1937年)2月18日『民集』16卷第120页等。

虑,认为债权人提起撤销之诉必须通知债务人(《新法》第 424 条之 7 第 2 款)。

4.对转得人行使撤销权的要件

当受益人将受领的债务人财产又转移给他人的,一定条件下,债权人也可对受益人的后手转得人主张撤销权。既往的判例经验认为,即便受益人对危害债权人利益的事实不知情,只要转得人存在恶意,债权人也可以主张撤销[26],即所谓的相对撤销。而《日本破产法》要求,破产管理人欲对转得人主张否认权的,需证明受益人与转得人均具有恶意(双重恶意)。因此,在破产程序中以转得人为被告主张否认权的要件,远比现行日本民法及判例经验确认的诈害行为撤销权的行使要件更为苛刻。为与《日本破产法》中规定的"否认权"制度相调和,本次民法(债权编)的修订在普通要件之外单独规定了对转得人行使撤销权的特殊要件,即①转得人获得转得财产或现金时,对债务人行为有害债权人利益知情,且②受益人及所有前手转得人对债务人侵害债权人利益知情(《新法》第 424 条之 5)。

(三)诈害行为撤销权的行使效果

1.胜诉判决的效果

债权人胜诉的,债务人与受益人间的行为归于无效,因此,诈害行为撤销之诉胜诉的,债权人可以请求恢复因债务人诈害行为而丧失的财产上的利益或请求返还财产。

现行法中并未明文规定受益人的履行方式,根据判例经验,逸出财产是不动产的,胜诉判决一经确认,不动产登记名义应即刻由受益人修改为债务人,以便所有债权人(包括提起撤销之诉的债权人)对该财产申请强制执行。逸出财产是现金或动产的,提起撤销之诉的原告债权人可以直接请求受益人或转得人将该动产或现金交付给自己。债权人通过诉讼追回的财产应该归还债务人,但这部分财产最终须用于清偿,债务人并不实际受益,实践中若债务人拒绝受领受益人归还的财产的,诈害行为撤销之诉的判决便难以执行。基于这样的担忧,实务中一般允许债权人直接向受益人主张财产的交付。[27] 因此,本次民法(债权编)修订时明文规定,逸出财产是动产或现金的,债权人可以直接向受益人或转得人主张交付原物或支付价款(《新法》第 424 条之 9 第 1 款)。由于某一债权人提起的诈害行为撤销权的胜诉判决效力及于所有债权人(《新法》第 425 条),理论上原告债权人并不因此获得优先清偿的利益。因此,受领返还现金的债权人对债务人负有偿还义务。

---

[26] 参见最判昭和 49 年(1974 年)12 月 12 日『民集』113 号第 523 页。

[27] 参见大判大正 10 年(1921 年)6 月 18 日『民录』27 辑第 1168 页、大判昭和 7 年(1932 年)9 月 15 日『民集』11 卷第 1841 页、最判昭和 39 年(1964 年)1 月 23 日『民集』18 卷 1 号第 76 页。

2. 判决效力的主观范围

日本法中,由于诈害行为撤销之诉的被告是受益人或转得人,胜诉判决的效力是否及于债务人曾存在争议。明治44年判决(脚注9)认为诈害行为撤销之诉的胜诉判决不及于债务人。但实务中,原告债权人胜诉的情形下,受益人返还的不动产仍需以债务人名义登记;诈害行为的对象是债权的恢复原状即可[28],但受益人与债务人之间买卖动产的,若判决效力不及于债务人,受益人返还动产后便无法向债务人主张返还买入动产时支付的价款。因此,本次修订审议会上,有关诈害行为撤销之诉判决效力的主观范围问题广受争议。[29]

本次《民法债权编修正案》明确规定诈害行为撤销之诉的判决效力主观范围不仅包括双方当事人(债权人、受益人),还包括所有的债权人及债务人(《新法》第425条)。将判决效力主观范围扩张至债务人的修改,与修订后新增的"告知债务人参加诉讼"规定(《新法》第424条之7第1款)相呼应,与现行日本民法及判例经验确定的结论截然不同。

3. 受益人的权益及其恢复

根据上述2的新增规定,今后依新法,受益人或转得人已直接向债权人交付原物/支付价款的,无须再向债务人履行。同时,债务人所为诈害行为被撤销的,受益人可以向债务人请求返还其取得财产时支付的对价,债务人难以返还对价的,受益人得请求偿还相应现金价款(《新法》第425条之2)。同理,债务人与收益人间实施的行为属于修订后《新法》第424条之3等规定的"债务消灭行为"的,诈害行为撤销之诉的胜诉判决宣告后,债务消灭行为被撤销的,受益人的债权应恢复原状(《新法》第425条之3)。

4. 转得人的利益及其恢复

现行法没有规定转得人可以在什么限度内主张自己的利益。新法参考《日本破产法》中"否认权"的规定,认为转得人向债务人主张返还相对给付的,必须以从前手处获得财产时支付的对价或被抵销的债权为限。同时,撤销对象行为不同的,转得人可以恢复的利益范围也不尽相同。具体而言,(1)债权人欲撤销的是财产给付等行为(《新法》第425条之2)的,以同条规定的受益人对债务人给付的对价或相应价值为限;(2)债权人欲撤销的是债权消灭行为(《新法》第425条之3,不包括《新法》第424条之4规定的偏颇清偿行为)的,以该条规定的受益人可以恢复的债权额度为限(第425条之4)。

(四)总结:日本民法债权编修订的特征

本次日本民法(债权编)修订增设了许多新条文,也修改了不少细节部分。

---

[28] 参见大判昭和16年(1941年)2月10日『民集』20卷第79页。
[29] 参见部会资料[日文原文:「法制审议会民法(债权关系)部会资料」]73A,第56页。

其中有关诈害行为撤销权的修订集中体现出三个特征：第一，判例经验的明文化；第二，一般法对特别法的吸收[30]；第三，诉讼法上的修订多于实体法上的修订。

本次修订的第一个重要特征为"判例经验明文化"。通过立法将判例中逐步统一的处理方式以成文法的形式确立下来，这也与本次修订初始阶段即确立的"促进民法的现代化"这一基本宗旨相吻合。日本民法中，诈害行为撤销权的规定较为古老，关于其请求内容、诉讼被告、债权人可主张撤销的范围、撤销后受益人返还财产的方式及其效果等诸多问题，一直以来有赖先例约束，并借由判例和实务经验得以不断修正。而本次民法（债权编）的修订不仅广泛地吸收了判例中已获普遍认同的部分，同时借鉴外国法经验，大胆地推翻了其中不合理的规律[31]，为实务中诈害行为撤销权纠纷的顺利解决提供了合理可靠的法律依据。

第二个特征为一般法吸收特别法的规定。[32] 这一现象看似非比寻常，其实并非无迹可寻。如追溯债权人撤销权制度的法律渊源详细考察，不难发现，罗马法中的诈害行为撤销权的原型是一种诉权，其最初的立法目的在于，当债务人资不抵债时，保护未设定担保的普通债权人利益。[33] 而所谓"资不抵债"或"支付停止"正与债务人申请破产程序的条件相一致。可以说，债权人撤销权制度的诞生以服务破产程序或强制执行程序为目的，后世在民法领域发展该制度的过程中，不断扩大其适用范围，但这样的发展造成一种奇怪的现象，即一般法的适用范围超越特别法，与"特别法优于一般法"的适用规律相悖。例如，2004年《日本破产法》修订时，立法机关意识到旧法中否认权要件不清、界限模糊等问题将极大地限制债务人的资金周转和经济活动，对濒临破产的债务人尤为不利[34]，严重损害破产程序的公平和效率。为此，2004年《日本破产

---

[30] 第二个特征不仅体现在诈害行为撤销权上，《日本民法》第423条债权人代位权，以及第505条债权相抵的立法修订也呈现出同样的特征。

[31] 例如，明治44年判决（前注〔9〕）认为，诈害行为撤销之诉的判决效力不及于债务人，也无需诉讼告知债务人参加诉讼，而新法在这一问题上推翻了判例经验确立的结论。详细参见前文四、（三）。

[32] 特别法继承一般法的理论是立法和改革中较为常见的现象。例如，日本民法规定了"善管注意义务"，《日本公司法》第429条也类似地规定了与"善管注意义务"相似的董事责任义务。但此次日本民法（债权编）修订中一反常态地大范围吸收破产法的规定。

[33] 参见杨立新：《论债权人撤销权及其适用》，载《法学研究》1992年第3期；杨立新、王伟国：《论统一撤销权概念》，载《兰州大学学报（社会科学版）》2007年第1期。

[34] 当事人在进行商业活动时不能确定自己的行为是否会成为诈害行为撤销权或否认权的规制对象，所以面对经营状况欠佳急需资金周转的债务人，投资方或银行等金融机构往往踌躇不前。

法》修订时详细规定了否认权的行使要件，丰富了否认权的类型。相比之下，日本民法中规定的诈害行为撤销权的范围显得过于宽泛，例如，现行日本民法中未规定被保全债权的生效时间等。这样一来，债权人依据民法规定在普通民事诉讼程序中可以主张的诈害行为撤销权，于破产程序宣告开始后却被排除在否认权范围之外。本身更重视债权人平等、力求保护债权人利益的破产程序反而限制了撤销权的行使范围，这明显违背了"特别法优于一般法"的法理。因此，为解决这一困境，2017 年日本民法（债权编）修订《临时要案》（日文原文：要纲仮案）阶段，采纳了参考《日本破产法》否认权的内容详细规定诈害行为撤销权行使要件的提案，从而出现一般法吸收特别法的现象。可以说，这样的立法修订历程，对于将来我国民法典的制定不乏丰富的启示和教益，简言之，一国在构建和发展民法理论中的诈害行为撤销权时，有必要结合本国破产法中的相应规定综合考量。

第三个特征为本次修订未局限于实体法上的修订，有关"诈害行为撤销之诉"的程序法上的修订也十分引人注目。例如，债权人对债务人的诉讼告知义务（《新法》第 424 条之 7 第 2 款）等。同时，本次修订给日本民事诉讼程序以及破产程序带来许多难以解决的遗留问题更是不容小觑。例如，关于诈害行为撤销权的性质究竟是形成权还是请求权，日本民法学理论界为此争论不休，明治 44 年判决（脚注 9）认为诈害行为撤销权兼具形成权与请求权的双重特征（折中说）。对此，本次立法也维持了这一观点，但是民事诉讼法学上对既往判例中立足于折中说作出的判决仍存在多种不同的解释。单纯依靠民法学理论难以全面解决诈害行为撤销之诉的实质问题，必须同时结合民事诉讼法及强制执行法的相关理论，才能较为全面而系统地解决围绕该问题产生的种种难题。

五、对我国债权人撤销权制度的分析与建议

（一）被保全债权的条件

修订后的日本民法规定，无法被强制执行的债权不能成为债权人撤销权的保护对象。该规定具有日本法特色，相比较而言我国《合同法》《企业破产法》及其相关司法解释中并未联系民事诉讼法中的强制执行法规定，对原告债权人持有债权作出限制。《中国民事强制执行法草案》公布后，民法中关于债权人撤销权的规定是否应当作出相应调整还有待商榷。

另外，本次修订后《新法》与《日本破产法》中均规定，被保全债权必须是债务人陷入资不抵债之前已生效的债权。我国《合同法》中没有对被保全债权提出时间上的限制，但是，我国《企业破产法》第 31 条规定的破产管理人有权请求人民法院予以撤销的 5 种财产处分行为的前提是"人民法院受理破产申请前一年内，涉及债务人财产的"行为。而人民法院受理破产申请的时间是债务人

陷入资不抵债时。因此,在这一点上,中日两国法律规定具有共通性。

(二)诉讼时效与除斥期间

关于债权人撤销权的行使期限,我国《合同法》第75条规定:"撤销权自债权人知道或者应当知道撤销事由之日起一年内行使。自债务人的行为发生之日起五年内没有行使撤销权的,该撤销权消灭。"我国《合同法》中规定的债权人撤销权的两类期间,均短于日本法中"诈害行为撤销权"的行使期限,不利于积极有效地维护债权人的利益,有待完善[35]。

另外,我国《企业破产法》第123条规定,破产程序终结后2年内,债权人可以请求人民法院依照同法第31条、第32条、第33条、第36条的规定行使撤销权,追回财产。破产程序终结后,破产管理人已丧失对债务人财产的管理处分权,因此,该条文可以理解为,破产程序期间,债权人撤销权时效中断,破产程序终结后,债权人的撤销权重新起算。此处规定的2年期间与日本民法规定的2年诉讼时效相同,但第123条规定的2年期间的性质属于诉讼时效还是除斥期间,尚不明确。因此,日本民法中有关诈害行为撤销权的诉讼时效与除斥期间的沿革值得参考。

(三)被告

关于主张债权人撤销权的对象,最高人民法院《关于适用〈中华人民共和国合同法〉若干问题的解释(一)》第24条规定:"债权人依照合同法第七十四条的规定提起撤销权诉讼时只以债务人为被告,未将受益人或者受让人列为第三人的,人民法院可以追加该受益人或者受让人为第三人。"所以,与日本法不同,我国《合同法》规定的债权人撤销之诉的被告首先是债务人,同时可追加受益人和受让人(转得人)为第三人。中国民法学理论认为,当债务人的行为为单独行为时,应当以该债务人为被告;债务人与第三人通过合同等方式转移财产的,原则上应以债务人与受益人或受让人为共同被告,若财产尚未转移的,仍应以债务人为被告,给付之诉涉及受益人时,也应列受益人为被告。[36] 如此看来,我国《合同法》虽未明文规定只能以债务人为被告,但学说上关于何时应列受益人或受让人为被告还未有定论。

日本"诈害行为撤销权"与我国《合同法》中规定的撤销权相比,最大的不同在于,原告债权人向法院主张撤销债务人与受益人共同实施的行为时,应列谁为被告。日本法一贯认为,诈害行为撤销权的被告应为受益人或转得人。其出发点在于,考虑到大部分情形下撤销对象是动产或不动产,列受益人为被告

---

[35] 对此,王欣新在《破产撤销权研究》中(载《中国法学》2007年第5期)也持同样观点。

[36] 参见韩世远:《债权人撤销权研究》,载《比较法研究》2004年第3期。

更易于执行。[37] 是否可以直接列债务人为被告,也是本次日本民法(债权编)修订讨论过程中的一个重要议题。实务专家大多认为,若法律明文规定应列债务人为被告,诈害行为撤销权之诉成为固有必要共同诉讼。债务人是自然人而下落不明的,债务人是法人而欠缺法定代表人的,需要适用公示送达或选定特别代理人等制度来补救,否则程序无法进行。债务人死亡的,诉讼程序宣告中止。这些因素都会妨碍诉讼程序的顺利进行。诈害行为撤销之诉与债权人代位之诉一样,其主要目的都是尽量公平公正地处分债务人为数不多的财产,没有必要强制债务人参加诉讼。特别是当财产已转移至受益人处时,以债务人为被告不利于强制执行程序的迅速实施,更不利于必要时在诉讼程序之外采用和解等手段解决纠纷。[38]

由于日本法上的"诈害行为撤销权"同时受破产法中"否认权"制度的影响,破产程序中债务人丧失了对自己财产的管理处分权,因而破产管理人行使否认权时只能以受益人或转得人为被告。但是,债权人依据民法规定行使"诈害行为撤销权"时,债务人并不必然丧失对自己财产的管理处分权,理论上并不能排除列债务人为被告的可能性。因此,本文认为日本法上关于"诈害行为撤销之诉"的被告的理论上、实务上的争议与我国"债权人撤销权"的制度背景存在本质不同。但其中,强调实务便捷性和强制执行程序的可行性等理由或许能对今后我国结合其他部门法完善债权人撤销权的立法提供经验、教训和启发。

(四)诉讼效果

诈害行为撤销权与债权人代位权一样,其本来的目的都不是保护某个债权人的利益,而是保护全体债权人的利益,这一点在修订后的《新法》第425条中仍有保留。然而,由于债权人撤销权的制度为保障交易活动的公平公正发挥着不可忽视的作用,各国因袭罗马法后在民法中不断扩充和发展了诈害行为撤销权制度,逐渐偏离了保护全体债权人利益的宗旨。最典型地,例如,逸出财产是动产或现金的,债权人可以直接向受益人或转得人主张交付原物或支付价款(《新法》第424条之9第1款),债权人取得现金财产的,可以主张以其对债务人所负的现金返还义务与其所持有的债权相抵。这样一来,主张撤销权的债权人事实上获得了优先受偿的利益。从最终效果来看,当债务人拥有多名债权人时,诈害行为撤销之诉胜诉的,受益人是其中某一特定债权人的,行使诈害撤销权的债权人犹如螳螂捕蝉黄雀在后,虽撤销了债务人与受益人(第一个债权人)间的行为,但行使诈害撤销权的债权人单独受益,从其他未实施诈害行为也未能抢先行使诈害行为撤销权的一般债权人角度来看,其利益受侵害的状态并

---

[37] 参见明治44年判决(前注[9])。
[38] 参见《纲要暂定稿(7)》第51页。

未得到改善。对以现金或动产为目的物实施撤销权的效果,本质上只是将受益人从一个债权人变为另一个债权人,不符合诈害行为撤销权制度本来的目的。

为解决上述难题,2013 年公布的《关于日本民法(债权关系)修订的中间试案》[39](以下简称《中间试案》)中,关于这一点有提案指出可以在此设置一条"禁止债权相抵"的条文来约束主张诈害行为撤销权的债权人独自受益。[40] 学理上,若此时"禁止债权相抵",确实更贴近诈害行为撤销权制度的本来目的,能很好地保护债权人间相互平等的法律关系。但实务中认为,行使诈害行为撤销权的债权人主张债权相抵不仅有利于该债权人本身,也能为债务人减少强制执行的费用。禁止债权相抵会降低债权人行使"诈害行为撤销权"的诉讼积极性,债务人仅存的财产被消耗在诸多复杂的程序费用中,最终也不利于保护全体债权人的利益。[41] 此后,2014 年出台的《纲要暂定稿(7)》[日文原文:民法(債権関係)の改正に関する要網案のたたき台(7)],决定不增设"禁止债权相抵",但同时也给实务和判例留下了解释的余地。因此,本次修订后的日本新民法中的诈害行为撤销权的效果仍维持原状,要解决理论与实务中的矛盾,还要依靠今后判例实务的不断积累,结合民事诉讼法学理论,不断探索解决问题的途径。

我国债权人撤销权的行使效果是,债权人依《合同法》第 74 条的规定提起撤销权诉讼,法院认可债权人请求依法撤销的,债务人的行为经撤销后自始无效。[42] 具体而言,债务免除行为一经撤销,视为债务并未免除;财产转让行为一经撤销,债务人与受益人签订买卖合同转移财产的,财产尚未交付的,合同失效;受益人/转得人已完成财产登记程序的,撤销登记;若债务人转移债权的,债权转让行为一经撤销,债权回归债务人所有;若债务人为他人设定物权担保的,一经撤销视为未设定。[43] 因此,我国《合同法》规定的债权人撤销权的诉讼被告是债务人,判决效力应首先及于债务人,其次考虑是否及于被列为第三人的受益人和受让人(转得人)。债务人的行为经撤销后自始无效的,债务人的财

---

[39] 2013 年 2 月 26 日公布的《中间试案》[日文原文:「民法(債権関係)の改正に関する中間試案」]。

[40] 参见《中间试案》第 15 条之 8(4)。

[41] 参见《纲要暂定稿(7)》第 55 页。

[42] 最高人民法院《关于适用〈中华人民共和国合同法〉若干问题的解释(一)》第 25 条规定:"债权人依照合同法第七十四条的规定提起撤销权诉讼,请求人民法院撤销债务人放弃债权或转让财产的行为,人民法院应当就债权人主张的部分进行审理,依法撤销的,该行为自始无效。"

[43] 参见张长青主编:《合同法》,清华大学出版社、北京交通大学出版社 2005 年版,第 125 页。

产恢复原状后在债权人间公平分配,因而理论上,在我国,债权人行使撤销权的,不会出现上述日本法中的"事实上原告债权人获得优先清偿"的效果。但同时,我国法对撤销权的行使效果的定位仍不明确,债权人撤销权与无效行为的效果产生混同,也不排除实务中出现与日本法同样难题的可能性。

综上所述,本文认为,我国民法中债权人撤销权的立法应吸取日本民法中的教训,尊重该制度的本来目的,注重保护未设担保的一般债权人的利益,同时结合《企业破产法》中"破产撤销权"的规定,构建一个实体与程序相协调的债权人撤销权制度。

《日本民法》修改和新旧条文对照表[*]

王融擎^{**}/编译

一、编译者序

2017年5月26日,日本国会通过了《修改民法部分规定之法律》[平成29年(2017年)法律第44号],并将在3年之内正式施行。至此,虽然仍有反对声音,但本次民法典修改终于尘埃落定。《日本民法典》(以下简称《日本民法》)40%左右的条文,包括总则和债权部分的绝大部分条文进行了修改。《日本民法》这位19世纪的武士,终于要穿上一副21世纪的盔甲。

1. 修法的目的

1896年制定,1898年起施行,迄今为止,《日本民法》已年近两个甲子。然而在这近一百二十年的时间里,其财产法部分没有大的变动(1999年修改成年监护制度、2003年修改担保执行制度、2004年将条文从文言文改为白话文并修改保证制度、2006年修改法人制度),而债权法部分更是几乎没有变动,绝大多数条文沿用至今。此外,由于立法之初的起草方针是简明阐述要点,为了防止朝令夕改,法条未作大的变动,而是期待将来学说发展,以及法学家和法律实务家们的学理解释。

本次修法的中心目的有两点:其一是适应社会经济的变化,其二是使民法便于一般国民理解(《法务大臣咨询第88号》)。

一方面,自19世纪末制定《日本民法》以来,日本的社会经济在近一百二十年的时间里发生了巨大的变化,《日本民法》制定之初日本还处于农业社会,而现在已步入信息化社会,交易内容也日益复杂化,信息传递手段也飞跃发

---

* 为使阅读效果更佳,对照表表格中的内容行首作"退一格"处理。画线部分为被修改之处。

** 王融擎,北京大学法学硕士,日本东京大学外国人研究生,现为北京市天同律师事务所律师。

展,因此有必要使民法,尤其是其中的债权法部分,符合现代交易的实践。譬如,对于融资租赁之类的合同,在立法当时难以想象。

另一方面,《日本民法》施行的近一百二十年里,日本司法实务形成大量的判例。现在的司法实务基本是以判例为基础运作的。然而,判例却无法直接从条文中表现出来。因此,为了使得一般国民能够理解民法,必须要将判例确定的法理明文化。而且,许多学理上的通说也广泛地被司法实务所采纳,如果只是单纯阅读条文,未必能够知晓学说本身。因此,为了便于一般国民理解民法,有必要将意思不明的条文明确化,并且补充没有明文写出的前提、原理和定义。除此之外,出于政治、经济上的考量,为了实现经济上的复兴,有必要整合国际性的合同规则,促进交易的全球化,谋求更具竞争力的经济成长。

除此之外,国际性的修法动作也刺激了日本。放眼全球,2001年德国修改了债法,随后法国又开始讨论合同法的修改,欧盟也着手制定合同法。聚焦于亚洲,1999年中国制定了合同法,2005年越南修订了新民法,2007年柬埔寨制定了民法,这些法律都有日本法学者的一定程度的参与。如此一来,日本法学界怎能无动于衷?

2. 修法的过程

本次修法可谓旷日持久,最早可以追溯到20世纪90年代学术圈对《联合国国际货物销售合同公约》以及各国民法修改动向的关注。之后借2003年和2004年担保、保证制度的修改,日本的民法学者们开始正式推动债法部分的修订。2006年10月,以原东京大学教授内田贵为首的26名民法学者,成立了民法(债权法)修改讨论委员会。经过历时两年半的讨论,该委员会于2009年3月发表了《债权法修改的基本方针》,主张使民法的规定接近国际交易规则。

2009年10月,时任法务大臣千叶景子向法务省法制审议会作出上文所述《法务大臣咨询第88号》,并设立民法(债权关系)部会。同年11月,民法(债权关系)部会开始审议民法(债权关系)修改。部会委员和干事中包括19名学者、14名实务工作者(法官、律师、法务等),以及5名经济界、劳动界和消费者团体代表。在审议方式上,约3周左右召开一次会议,每次会议5小时左右。每一次会议的会议记录(包括各出席人员的发言)、会议资料以及会议成果均在法务省官网公布。

新法的审议主要分为3个阶段进行。2009年12月至2011年4月为第一阶段,重在抛砖引玉,提出论点,并在2011年4月发表《中间论点整理》,公开向国民征求意见。第二阶段主要为修改具体内容,时间从2011年7月开始,到2013年3月发表《中间试案》告一段落,至此,新法已现雏形。第三阶段从2013年5月开始,即确定修正案,同时打磨细节。2015年2月10日,法制审议会发表《修改民法(债权关系)的大纲方案》。6年时间里,民法(债权关系)部会召开共计99次会议。

在这期间,部会成员以外的人也都参与其中,譬如日本律师联合会和东京律师联合会曾长文公开反对将民法变成"强者对强者的法律",他们认为不该忽视弱小者的利益。以加藤雅信教授为代表的日本民法改正研究会则认为剧烈的法律变动会对经济社会带来冲击,并认为物权法与侵权法应当与债法一同修改。他们提出了自己的学者建议稿。[1]

3.修法的内容

本次修法的重点内容是债法,但是也修改了总则中相当多的关联部分。修改内容之多不亚于重新修订一部民法,涉及的大项目近四十个,小项目数百个。主要修改内容包括:公序良俗、意思能力、意思表示、代理、无效及撤销、条件及期限、消灭时效、债权标的、法定利率、履行请求权、损害赔偿、合同解除、风险负担、受领迟延、债权人代位权、诈害行为撤销权、连带债务、连带债权、保证债务、债权让与、有价证券、债务承担、合同上地位移转、清偿、抵销、变更、合同原则、合同成立、格式条款、第三人合同、买卖、赠与、消费借贷、租赁、使用借贷、承揽、委托、雇佣、保管、合伙等。整个债法条文仿佛动了一次大型外科手术。

在修改内容上,新法大部分都是将判例创制的规则条文化,并且整理了不合理的规定或难以读懂的规定。此外,补充一些欠缺的规则,例如合同基本原则、格式条款、合同上地位移转等。也对原有规则进行变更,注入新的思想,譬如诈害行为撤销权、限制个人保证、债权让与、变动制法定利率、消灭时效的统一、出卖人的担保责任等。

从条文上来看新法确实变动很大,可是如前所述,大部分都是将既有规则明文化和明确化。创制新规则时,部会成员以及各界参与人士对立意见重重,从法务省官网公开的会议记录以及各类意见书中可以看出,各方均不想让步,争论的火药味十足。不过,对于本次修法的效果,下结论似乎还为时尚早。新法尚未施行,司法实践中将如何运作,尚未可知。作为一个判例制国家,日本司法实践如何对待新规则,法官又将如何创制先例,都还需要观察。

从法务省官网于2015年2月公开《修改民法(债权关系)的大纲方案》始,笔者便开始翻译这一大纲方案,同时逐步在网上公开中文译文,并趁中国民法总则制定工作如火如荼时,将其发给中国法学会民法学研究会作为域外法参考资料。一晃几年过去,《中华人民共和国民法典》已经通过。为了能够及时反映日本民法的新动态,一俟官方修正案《修改民法部分规定之法律》通过,笔者便开始着手翻译,并在此基础上制作了《日本民法典》新旧条文对照表。

此外,在笔者翻译《修改民法部分规定之法律》之际,关于继承制度修改的《修改民法及家事案件程序法部分规定之法律》已经国会审议通过,并公布为平

---

[1] 参见[日]加藤雅信:《日本民法典修正案Ⅰ 第一编 总则》,朱晔、张挺译,北京大学出版社2017年版。

成30年(2018年)法律第72号。这是《日本民法》继承制度时隔40年的大幅修改,主要是为应对高龄化社会带来的挑战。此次修改新设了配偶居住权制度,在配偶一方死亡后,给予生存配偶以优待保护。此外,对于自书遗嘱的要件、存款分割,以及遗嘱执行人制度等,均有较大幅度的修改。继承制度之修改虽不如债法修改一般引起国内学界关注,但是未来民法上如何应对老龄少子化现象给社会带来的冲击,中国又能向日本借鉴什么,对于我们而言并非是没有意义的。因此,为及时且全面体现日本民法修改的最新成果,将上述修正案所涉新旧条文对照表附后,以供读者查阅。

二、《修改民法部分规定之法律》修改条文新旧对照表

新条文/章节	旧条文/章节
目录	目录
第一编 (略)	第一编 (同左)
第一章 (略)	
第二章 (略)	第二章 (同左)
第二节 意思能力(第三条之二)	(新增)
第三节 行为能力(第四条—第二十一条)	第二节 行为能力(第四条—第二十一条)
第四节 住所(第二十二条—第二十四条)	第三节 住所(第二十二条—第二十四条)
第五节 下落不明者之财产管理及宣告失踪(第二十五条—第三十二条)	第四节 下落不明者之财产管理及宣告失踪(第二十五条—第三十二条)
第六节 同时死亡之推定(第三十二条之二)	第五节 同时死亡之推定(第三十二条之二)
第三至六章 (略)	
第七章 (略)	第七章 (同左)
第三节 消灭时效(第一百六十六条—第一百七十四条)	第三节 消灭时效(第一百六十六条—第一百七十四条之二)
第三编 (略)	第三编 (同左)
第一章 (略)	第一章 (同左)
第二节 (略)	第二节 (同左)
第一分节 债务不履行责任等(第四百一十二条—第四百二十二条之二)	第一分节 债务不履行责任等(第四百一十二条—第四百二十二条)

(续表)

新条文/章节	旧条文/章节
第二分节　债权人代位权(第四百二十三条—第四百二十三条之七)	第二分节　债权人代位权及诈害行为撤销(第四百二十三条—第四百二十六条) (新增)
第三分节　诈害行为撤销权 第一小节　诈害行为撤销权之要件(第四百二十四条—第四百二十四条之五) 第二小节　诈害行为撤销权之行使方法等(第四百二十四条之六—第四百二十四条之九) 第三小节　诈害行为撤销权之行使效果(第四百二十五条—第四百二十五条之四) 第四小节　诈害行为撤销权之期间限制(第四百二十六条)	
第三节　(略)	第三节　(同左)
第三分节　连带债权(第四百三十二条—第四百三十五条之二)	(新增)
第四分节　连带债务(第四百三十六条—第四百四十五条)	第三分节　连带债务(第四百三十二条—第四百四十五条)
第五分节　保证债务	第四分节　保证债务
第一小节　总则(第四百四十六条—第四百六十五条)	第一小节　总则(第四百四十六条—第四百六十五条)
第二小节　个人最高额保证合同(第四百六十五条之二—第四百六十五条之五)	第二小节　贷款等最高额保证合同(第四百六十五条之二—第四百六十五条之五)
第三小节　经营债务相关之保证合同特则(第四百六十五条之六—第四百六十五条之十)	(新增)
第四节　债权让与(第四百六十六条—第四百六十九条)	第四节　债权让与(第四百六十六条—第四百七十三条)
第五节　债务承担 第一分节　并存的债务承担(第四百七十条、第四百七十一条) 第二分节　免责的债务承担(第四百七十二条—第四百七十二条之四)	(新增)

(续表)

新条文/章节	旧条文/章节
第六节　债权消灭	第五节　债务承担
第一分节　（略）	第一分节　（同左）
第一小节　总则（第四百七十三条—第四百九十三条）	第一小节　总则（第四百七十四条—第四百九十三条）
第二分节　抵销（第五百零五条—第五百一十二条之二）	第二分节　抵销（第五百零五条—第五百一十二条）
第五分节　混同（第五百二十条）	第五分节　混同（第五百二十条）
第七节　有价证券	（新增）
第一分节　指示证券（第五百二十条之二—第五百二十条之十二）	
第二分节　记名式持有人支付证券（第五百二十条之十三—第五百二十条之十八）	
第三分节　其他记名证券（第五百二十条之十九）	
第四分节　无记名证券（第五百二十条之二十）	
第二章　（略）	第二章　（同左）
第一节　（略）	第一节　（同左）
第三分节　合同上地位之移转（第五百三十九条之二）	（新增）
第四分节　合同解除（第五百四十条—第五百四十八条）	第三分节　合同解除（第五百四十条—第五百四十八条）
第五分节　格式条款（第五百四十八条之二—第五百四十八条之四）	（新增）
第七节　（略）	第七节　（同左）
第三分节　租赁终止（第六百一十六条之二—第六百二十二条）	第三分节　租赁终止（第六百一十七条—第六百二十二条）
第四分节　押金（第六百二十二条之二）	（新增）
第五章　侵权行为（第七百零九条—第七百二十四条之二）	第五章　侵权行为（第七百零九条—第七百二十四条）

新条文/章节	旧条文/章节
正文	正文
第二节 意思能力 第三条之二 法律行为当事人作出意思表示之时无意思能力时,该法律行为无效。	（新增） （新增）
第三节 行为能力 （需保佐人同意之行为等） 第十三条 被保佐人作出下列行为时,应取得其保佐人之同意。但第九条但书规定之行为,不在此限。 一—九 （略） 十、作为限制行为能力人(未成年人、成年被监护人、被保佐人及受第十七条第一款之裁定的被辅助人。以下同)的法定代理人而为前述各项所列之行为。 2—4 （略）	第二节 行为能力 （需保佐人同意之行为等） 第十三条 被保佐人作出下列行为时,应取得其保佐人之同意。但第九条但书规定之行为,不在此限。 一—九 （同左） （新增） 2—4 （同左）
（限制行为能力人之相对人的催告权） 第二十条 限制行为能力人之相对人,于该限制行为能力人成为行为能力人(不受行为能力限制者。以下同)后,得对其人规定一个月以上之期间,并催告回答是否于该期间内追认该可撤销之行为。于此情形,其人于该期间内未作出确切回答时,视为追认该行为。 2—4 （略）	（限制行为能力人之相对人的催告权） 第二十条 限制行为能力人(未成年人、成年被监护人、被保佐人及受第十七条第一款之裁定的被辅助人。以下同)之相对人,于该限制行为能力人成为行为能力人(不受行为能力限制者。以下同)后,得对其人规定一个月以上之期间,并催告回答是否于该期间内追认该可撤销之行为。于此情形,其人于该期间内未作出确切回答时,视为追认该行为。 2—4 （同左）
第四节 住所 第五节 下落不明者之财产管理及宣告失踪[2]	第三节 住所 第四节 下落不明者之财产管理及宣告失踪

---

[2] 此处为删去汉字"踪"上所标注的日语假名读音。

新条文/章节	旧条文/章节
第六节　同时死亡之推定	第五节　同时死亡之推定
（不动产及动产） 第八十六条　（略） 2.（略） （删去）	（不动产及动产） 第八十六条　（同左） 2.（同左） 3.无记名债权视为动产。
（公序良俗） 第九十条　违反公共秩序或善良风俗之法律行为，无效。	（公序良俗） 第九十条　以违反公共秩序或善良风俗之事项为标的之法律行为，无效。
（心里保留） 第九十三条　表意人知道其意思表示并非真意之情况，亦不因此而碍其效力。但相对人已知或可知其意思表示并非表意人真意时，其意思表示无效。 2.因前款但书之规定而致意思表示之无效，不得对抗善意第三人。	（心里保留） 第九十三条　表意人知道其意思表示并非真意之情况，亦不因此而碍其效力。但相对人知道或者能知道表意人真意时，其意思表示无效。 （新增）
（错误） 第九十五条　基于下列错误而作出意思表示，且该错误依法律行为之目的及交易上之社会通常观念来看乃重要之时，得撤销。 　一、欠缺对应于意思表示之意思之错误。 　二、表意人就作为法律行为基础之情事，其认识违反真实之错误。 2.依前款第二项之规定撤销意思表示者，限于该事由作为法律行为之基础已被表示时方可。 3.错误乃因表意人之重大过失所致时，除下列情形外，不得依第一款之规定撤销意思表示。 4.相对人知道表意人存在错误，或因重大过失而不知时。	（错误） 第九十五条　法律行为之要素存在错误时，意思表示无效。但表意人有重大过失时，表意人自己不得主张其无效。

(续表)

新条文/章节	旧条文/章节
二、相对人与表意人陷入同一错误时。 4.依第一款之规定撤销意思表示者,不得对抗善意且无过失之第三人。 (欺诈或胁迫) 第九十六条 (略) 2.对相对人所作之意思表示,存在第三人欺诈之情形,限于相对人已知或可知该事实时,得撤销该意思表示。 3.依前两款之规定,撤销欺诈之意思表示时,不得对抗善意且无过失之第三人。 (意思表示之效力发生时期等) 第九十七条 意思表示于其通知到达相对人时开始发生效力。 2.相对人无正当理由妨碍意思表示之通知到达时,该通知被视为于通常应到达之时到达。 3.意思表示,表意人发出通知后死亡、丧失意思能力或受到行为能力限制时,亦不因此而碍其效力。 (意思表示之受领能力) 第九十八条之二 意思表示之相对人受意思表示之时,为无意思能力时或未成年人、成年被监护人时,不得以该意思表示对抗相对人。但下列之人知道该意思表示后,不在此限。 一、相对人之法定代理人。 二、恢复意思能力或取得行为能力之相对人。	(欺诈或胁迫) 第九十六条 (同左) 2.对相对人所作之意思表示,存在第三人欺诈之情形,限于相对人知道该事实时,得撤销该意思表示。 3.依前两款之规定,撤销欺诈之意思表示时,不得对抗善意第三人。 (对异地人之意思表示) 第九十七条 对异地人之意思表示于其通知到达相对人时开始发生效力。 (新增) 2.对异地人之意思表示,于表意人发出通知后死亡,或丧失行为能力时,亦不因此而碍其效力。 (意思表示之受领能力) 第九十八条之二 意思表示之相对人受意思表示之时,为未成年人或成年被监护人时,不得以该意思表示对抗相对人。但其法定代理人知道该意思表示后,不在此限。 (新增) (新增)

新条文/章节	旧条文/章节
（代理行为之瑕疵） 第一百零一条　代理人对相对人所作意思表示之效力，若因意思欠缺、错误、欺诈、胁迫或者已知某事或就其不知存在过失而受影响时，其事实之有无，应由代理人决定。 2.相对人对代理人所作意思表示之效力，若因受意思表示之人已知某事或就其不知存在过失而受影响时，其事实之有无，应由代理人决定。 3.受委托作出特定法律行为之代理人，作出该行为时，本人不得就自己已知之事主张代理人不知。就本人因过失而不知之事，亦同。	（代理行为之瑕疵） 第一百零一条　意思表示之效力，若因意思欠缺、欺诈、胁迫或者已知某事或就其不知存在过失而受影响时，其事实之有无，应就代理人决定。 （新增） 2.受委托作出特定法律行为之情形，代理人依本人之指示，作出该行为时，本人不得就自己已知之事主张代理人不知。就本人因过失而不知之事，亦同。
（代理人之行为能力） 第一百零二条　限制行为能力人作为代理人所作之行为，不得因行为能力之限制而撤销。但限制行为能力人作为其他限制行为能力人之法定代理人所作之行为，不在此限。	（代理人之行为能力） 第一百零二条　代理人无须为行为能力人。
（删去）	（选任复代理人之代理人责任） 第一百零五条　代理人依前条之规定选任复代理人时，就其选任和监督，对本人负责。 2 代理人依本人之指名而选任复代理人时，不负前款之责任。但代理人已知复代理人不适任或不诚实，而怠于通知本人其意思或解任复代理人时，不在此限。
（法定代理人选任复代理人） 第一百零五条　法定代理人得以自己之责任选任复代理人。于此情形，有不得已之事由时，对本人仅负选任及监督之责任。	（法定代理人选任复代理人） 第一百零六条　法定代理人得以自己之责任选任复代理人。于此情形，有不得已之事由时，仅负前条第一款之责任。

(续表)

新条文/章节	旧条文/章节
(复代理人之权限等) 第一百零六条 （略） 2.复代理人对本人及第三人,于其权限范围内,与代理人享有同一之权利,负有同一之义务。	(复代理人之权限等) 第一百零七条 （同左） 2.复代理人对本人及第三人,与代理人享有同一之权利,负有同一之义务。
(代理权之滥用) 第一百零七条 代理人为自己或第三人利益之目的而于代理权范围内所作之行为,相对人已知或可知其目的时,其行为视为无代理权之人所作之行为。	（新增）
(自己合同及双方代理等) 第一百零八条 就同一法律行为而作为相对人之代理人或作为当事人双方之代理人所作之行为,视为无代理权之人所作之行为。但就债务之履行或本人事先许诺之行为,不在此限。 2.除前款正文规定之事项外,就代理人与本人利益相冲突之行为,视为无代理权之人所作之行为。但本人事先许诺之行为,不在此限。	(自己合同及双方代理) 第一百零八条 就同一法律行为,不得成为相对人之代理人或成为当事人双方之代理人。但就债务之履行或本人事先许诺之行为,不在此限。 （新增）
(因代理权授予表示而产生之表见代理等) 第一百零九条 （略） 2.对第三人表示已授予他人代理权之意思者,于该代理权范围内,若因该他人与第三人间所作之行为而依前款之规定应负责之情形,在该他人与第三人间实施了代理权范围以外之行为时,限于第三人就该行为有正当理由相信该他人具有代理权时,就该行为负责。 (权限外行为之表见代理)	(因代理权授予表示而产生之表见代理) 第一百零九条 （同左） （新增） (权限外行为之表见代理)

（续表）

新条文/章节	旧条文/章节
第一百一十条 代理人作出权限外行为之情形,第三人有正当理由相信代理人有权限时,准用前条第一款正文之规定。	第一百一十条 代理人作出权限外行为之情形,第三人有正当理由相信代理人有权限时,准用前条正文之规定。
(代理权消灭后的表见代理等) 第一百一十二条 授予他人代理权者,在代理权消灭后,于该代理权范围内就该他人与第三人间所生之行为,对不知代理权消灭事实之第三人负责。但第三人因过失而不知该事实时,不在此限。 2.授予他人代理权者,在代理权消灭后,于该代理权范围内若因该他人与第三人间所生之行为而依前款之规定负责之情形,在该他人与第三人间实施了代理权范围以外之行为时,限于第三人就该行为有正当理由相信他人具有代理权时,就该行为负责。	(代理权消灭后的表见代理) 第一百一十二条 代理权之消灭不得对抗善意第三人。但第三人因过失而不知该事实时,不在此限。 (新增)
(无权代理人之责任) 第一百一十七条 作为他人之代理人而订立合同者,除已证明自己之代理权时,或已得本人之追认时,依相对人之选择,对相对人负履行或损害赔偿责任。 2.前款规定不适用于下列情形。 一、相对人知道作为他人之代理人而订立合同者没有代理权时。 二、相对人因过失而不知作为他人之代理人而订立合同者没有代理权时。但作为他人之代理人而订立合同者知道自己没有代理权时,不在此限。 三、作为他人之代理人而订立合同者受到行为能力的限制时。	(无权代理人之责任) 第一百一十七条 作为他人之代理人而订立合同者,不能证明自己之代理权且不能得到本人之追认时,依相对人之选择,对相对人负履行或损害赔偿责任。 2.相对人已知或因过失而不知作为他人之代理人而订立合同者没有代理权时,或作为他人之代理人而订立合同者无行为能力时,不适用前款之规定。
(撤销权人)	(撤销权人)

(续表)

新条文/章节	旧条文/章节
第一百二十条　因行为能力之限制而得撤销之行为,限于限制行为能力人(作为其他限制行为能力人的法定代理人所作之行为者,含有关其他限制行为能力人)或其代理人、承继人、得同意之人,得撤销。 2.因错误、欺诈或强迫而得撤销之行为,限于作出瑕疵意思表示之人或其代理人、承继人,得撤销。	第一百二十条　因行为能力之限制而得撤销之行为,限于限制行为能力人或其代理人、承继人、得同意之人,得撤销。 2.因欺诈或强迫而得撤销之行为,限于作出瑕疵意思表示之人或其代理人、承继人,得撤销。
(撤销效果) 第一百二十一条　被撤销之行为,视为自始无效。	(撤销效果) 第一百二十一条　被撤销之行为,视为自始无效。但限制行为能力人,于因该行为所受现存利益之限度内,负返还义务。
(回复原状义务) 第一百二十一条之二　基于无效行为之债务,因其履行而受给付者,负有使相对人回复原状之义务。 2.不论前款之规定,基于无效无偿行为之债务,因其履行而受给付者,于受给付之当时不知该行为无效者(受给付后依前条之规定被视为自始无效之行为者,得于接受给付当时撤销该行为),于因该行为所受现存利益之限度内,负返还义务。 3.不论第一款之规定,行为时无意思能力者,于因该行为所受现存利益之限度内,负返还义务。行为时为限制行为能力者,亦同。	(新增)
(得撤销行为之追认) 第一百二十二条　得撤销之行为,于第一百二十条规定之人作出追认之后,不得撤销。	(得撤销行为之追认) 第一百二十二条　得撤销之行为,于第一百二十条规定之人作出追认之后,不得撤销。但不得因追认而有害第三人之权利。
(追认要件)	(追认要件)

新条文/章节	旧条文/章节
第一百二十四条　得撤销行为之追认,非于撤销原因之状况消灭且知道有撤销权之后作出,不生其效力。 2.下列情形中,前款之追认无须于撤销原因之状况消灭后作出。 一、法定代理人或限制行为能力人之保佐人或辅助人追认时。 二、限制行为能力人(除成年被监护人外)得到法定代理人、保佐人或辅助人之同意作出追认时。 （删去）	第一百二十四条　追认,非于撤销原因之状况消灭之后作出,不生其效力。 2.成年被监护人成为行为能力人后,知道该行为时,非于其知道之后,不得追认。 3.前两款之规定,不适用于法定代理人或限制行为能力人之保佐人或辅助人追认之情形。
（法定追认） 第一百二十五条　得追认之后,就得撤销之行为有下列事实时,视为作出追认。但保留异议时,不在此限。 一—六　（略）	（法定追认） 第一百二十五条　依前条之规定得追认之后,就得撤销之行为有下列事实时,视为作出追认。但保留异议时,不在此限。 一—六　（同左）
（条件成就之妨害等） 第一百三十条　（略） 2.因条件成就而受利益之当事人,不正当地使条件成就时,相对人得视该条件为未成就。	（条件成就之妨害） 第一百三十条　（同左） （新增）
（时效之援用） 第一百四十五条　时效,当事人(消灭时效者,含保证人、物上保证人、第三取得人及就权利之消灭而有正当利益之人。)不援用者,法院不得依此作出裁判。	（时效之援用） 第一百四十五条　时效,当事人不援用者,法院不得依此作出裁判。
（因裁判上之请求而延期完成及更新时效）	（时效中断事由）

(续表)

新条文/章节	旧条文/章节
第一百四十七条 有下列事由之情形,其事由终止(权利并未因确定判决或与确定判决有同一效力者而确定,而其事由已终止之情形,自其终止之时起经过六个月)前,时效不完成。 一、裁判上之请求。 二、支付令。 三、依《民事诉讼法》第二百七十五条第一款之和解、依《民事调解法》[昭和二十六年(1951年)法律第222号]或《家事案件程序法》[平成二十三年(2011年)法律第52号]之调解。 四、参加破产程序、再生程序或更生程序。 2.前款之情形,因确定判决或与确定判决有同一效力者使得权利确定时,时效自同款各项所列事由终止之时起重新进行。	第一百四十七条 时效因下列事由中断。 一、请求。 二、扣押、财产保全或行为保全。 三、承认。
(因强制执行等而延期完成及更新时效) 第一百四十八条 有下列事由之情形,其事由终止(因申请被撤回或由于不符合法律之规定而被撤销,从而导致其事由终止之情形,自其终止之时起经过六个月)前,时效不完成。 一、强制执行。 二、实现担保权。 三、依据《民事执行法》(昭和五十四年法律第4号)第一百九十五条规定作为实现担保物权之拍卖方法所进行之拍卖。 四、《民事执行法》第一百九十六条规定之财产公开程序。 2.前款之情形,时效自同款各项所列事由终止之时起更新。但因申请被撤回或由于不符合法律之规定而被撤销,从而导致其事由终止之情形,不在此限。	(时效中断效力所及者之范围) 第一百四十八条 前条规定之时效中断,仅于发生中断事由之当事人及其承继人间,有其效力。
(因财产保全等而延期完成时效)	(裁判上请求)

(续表)

新条文/章节	旧条文/章节
第一百四十九条 有下列事由之情形,自该事由终止之时起未经过六个月,时效不完成。 一、财产保全。 二、行为保全。	第一百四十九条 驳回或撤回起诉时,裁判上请求不生时效中断之效力。
(因催告而延期完成时效) 第一百五十条 自催告之时起,未经过六个月,时效不完成。 2.因催告而使时效被延期完成期间,再次催告者,不发生前款规定之时效延期完成效力。	(支付令) 第一百五十条 债权人未于《民事诉讼法》第三百九十二条规定之期间内申请先予执行之宣告,支付令因此失去效力时,不生时效中断之效力。
(因订立协议之合意而延期完成时效) 第一百五十一条 就权利之协议,达成书面合意时,于下列之时中之任一较早之时届至前,时效不完成。 一、自其合意产生时起经过一年时。 二、当事人在其合意中约定了订立协议的期间(限于不满一年)时,经过该期间时。 三、当事人一方对另一方作出拒绝协议续行之内容之书面通知时,自通知之时起经过六个月时。 2.依前款之规定而使时效被延期完成期间,再次作出同款之合意者,有同款规定之时效延期完成效力。但若时效未被延期完成时,其效力不得超过时效应完成之时起五年。 3.因催告而使时效被延期完成期间,作出第一款之合意者,无同款规定之时效延期完成效力。因同款之规定而使时效被延期完成期间,作出催告者,亦同。	(申请和解及调解) 第一百五十一条 申请和解或申请《民事调解法》[昭和二十六年(1951年)法律第222号]、《家事案件程序法》[平成二十三年(2011年)法律第52号]之调解,相对人不到场或不能和解或调解时,非于一个月以内提起诉讼,不生时效中断之效力。

新条文/章节	旧条文/章节
4.第一款之合意,于记录其内容之电磁记录(以电子方式、磁气方式及其他凭直觉不能认识之方式所作之记录,供电子计算机进行信息处理之用。下同)被作成时,该合意视为被书面作出,而适用前三款之规定。 5.前款之规定,准用于第一款第三项之通知。	
(因承认而更新时效) 第一百五十二条 存在权利承认之时,时效自其时重新进行。 2.作出前款之承认时,就有关相对人权利之处分,无须未受行为能力之限制或有权限。	(参加破产程序等) 第一百五十二条 参加破产程序,参加再生程序或参加更生程序,债权人撤回其申报或其申报被驳回时,不生时效中断之效力。
(时效延期完成或更新之效力及其所及者之范围) 第一百五十三条 依第一百四十七条或第一百四十八条之规定,时效延期完成或更新者,仅于发生延期完成或更新事由之当事人及其承继人间,有其效力。 2.依第一百四十九条至第一百五十一条之规定,时效延期完成者,仅于发生延期完成事由之当事人及其承继人间,有其效力。 3.依前条之规定,时效更新者,仅于发生更新事由之当事人及其承继人间,有其效力。	(催告) 第一百五十三条 非于六个月以内作出裁判上请求,申请支付令,申请和解,申请《民事调解法》《家事案件程序法》之调解,参加破产程序,参加再生程序,参加更生程序,作出扣押,作出财产保全或作出行为保全,催告不生时效中断之效力。
第一百五十四条 涉及第一百四十八条第一款各项或第一百四十九条各项所列事由之程序,未对受有时效利益者作出时,非于通知其人后作出者,不生第一百四十八条或第一百四十九条规定之时效延期完成或更新效力。	(扣押、财产保全及行为保全) 第一百五十四条 扣押、财产保全及行为保全,因权利人之请求或因未按法律之规定而被撤销时,不生时效中断之效力。

(续表)

新条文/章节	旧条文/章节
第一百五十五条至第一百五十七条（删去）	第一百五十五条　扣押、财产保全及行为保全，未对受有时效利益之人作出时，非于对该人作出通知后，不生时效中断之效力。 （承认） 第一百五十六条　作出发生时效中断效力之承认时，就相对人权利之处分，无须有行为能力或权限。 （中断后时效之进行） 第一百五十七条　中断之时效，自中断事由终止时，重新开始进行。 2.因裁判上请求而中断之时效，自裁判确定之时起，重新开始进行。
（未成年人或成年被监护人与时效延期完成） 第一百五十八条　（略） 2.（略）	（未成年人或成年被监护人与时效中止） 第一百五十八条　（同左） 2.（同左）
（夫妻间权利时效之延期完成） 第一百五十九条　（略）	（夫妻间权利时效之中止） 第一百五十九条　（同左）
（财产继承时效之延期完成） 第一百六十条　（略）	（财产继承时效之中止） 第一百六十条　（同左）
（因天灾等而延期完成时效） 第一百六十一条　时效期间届满之际，因天灾及不可避免之事变，不能进行有关第一百四十七条第一款各项或第一百四十八条第一款各项所列事由之程序时，自该障害消灭之时起未经过三个月，时效不完成。	（因天灾等而中止时效） 第一百六十一条　时效期间届满之际，因天灾及不可避免之事变，不能中断时效时，自该障害消灭之时起未经过两周，时效不完成。
（债权等消灭时效） 第一百六十六条　下列情形，债权因时效而消灭。	（消灭时效之进行等） 第一百六十六条　消灭时效，自权利得行使之时起进行。

(续表)

新条文/章节	旧条文/章节
一、债权人自知道权利可行使之时起五年间不行使者。 二、自权利可行使之时起十年间不行使者。 2.债权或所有权以外之财产权,自权利可行使之时起二十年间不行使者,因时效而消灭。 3.前两款之规定,对占有附始期权利或附停止条件权利之标的物之第三人,不碍自其占有开始之时起算取得时效。但权利人为更新该时效,得随时请求占有人之承认。	(新增) 2.前款之规定,对占有附始期权利或附停止条件权利之标的物之第三人,不碍自其占有开始之时起算取得时效。但权利人为中断该时效,得随时请求占有人之承认。
(因侵害人之生命或身体而产生之损害赔偿请求权消灭时效) 第一百六十七条 因侵害人之生命或身体而产生之损害赔偿请求权消灭时效,适用前条第一款第二项之规定时,同项中"十年间"为"二十年间"。	(债权等消灭时效) 第一百六十七条 债权,十年间不行使时,消灭。 2.债权或所有权以外之财产权,二十年间不行使时,消灭。
(定期金债权之消灭时效) 第一百六十八条 下列情形,定期金债权因时效而消灭。 一、债权人自知道以定期金债权所生金钱及其他物之给付为标的之各债权可行使之时起十年间不行使者。 二、自前项规定之各债权可行使之时起二十年间不行使者。 2.定期金债权人,为取得时效更新之证据,得随时对其债务人请求交付承认书。	(定期金债权之消灭时效) 第一百六十八条 自第一次清偿期起二十年间不行使时,定期金债权消灭。自最后清偿期起十年间不行使时,亦同。 2.定期金债权人,为取得时效中断之证据,得随时对其债务人请求交付承认书。
(判决所确定之权利之消灭时效) 第一百六十九条 因确定判决或与确定判决有同一效力者而确定之权利,即使存在短于十年时效期间之约定,其时效期间为十年。	(定期给付债权之短期消灭时效) 第一百六十九条 以一年或更短的时期所订定的,以金钱或其他物之给付为标的的债权,五年间不行使时,消灭。

(续表)

新条文/章节	旧条文/章节
2.前款规定,不适用于确定之时清偿期未到来之债权。	
第一百七十条至第一百七十四条 (删去)	(三年短期消灭时效) 第一百七十条 下列债权,三年间不行使,消灭。但第二项所列债权之时效,自同项工程终止时起算。 一、医生、助产师或药剂师之诊疗、助产或调剂债权。 二、以工程设计、施工或监理为业者之工程债权。 第一百七十一条 律师或律师事务所完结案件之时起,公证人执行其职务之时起,经过三年时,就因职务相关而受领之资料,免其责任。 (两年短期消灭时效) 第一百七十二条 律师、律师事务所或公证人之职务债权,自其原因案件完结之时起两年间不行使时,消灭。 2.不论前款之规定,同款案件中各事项完结之时起过五年时,即使于同款之期间内,该事项相关之债权,亦消灭。 第一百七十三条 下列债权,两年间不行使时,消灭。 一、生产者、批发商人或零售商人出卖产品或商品之价金债权。 二、利用自己之技能而接受订单并制作物品,或于自己工作场所为他人从事工作,以此为业者之工作债权。 三、从事学艺或技能教育之人就生徒之教育、衣食或寄宿而享有之价金债权。 (一年短期消灭时效) 第一百七十四条 下列债权,一年间不行使,消灭。

（续表）

新条文/章节	旧条文/章节
	一、以一个月或更短时期所订定之受雇者报酬债权。 二、以提供自己劳力或演艺为业者之报酬或其供给物之价金债权。 三、运费债权。 四、旅馆、饭店、饮食店、宴会场或娱乐场之住宿费、饮食费、坐席费、入场费、消费物之价金或垫款债权。 五、动产租金债权。 （判决所确定之权利之消灭时效） 第一百七十四条之二 因确定判决而确定之权利，即使存在短于十年时效期间之约定，其时效期间为十年。因裁判上和解、调解及与确定判决有同一效力者而确定之权利，亦同。 2.前款规定，不适用于确定之时清偿期未到来之债权。
第二百八十四条 （略） 2.对共有人更新时效时，非对行使地役权之各共有人作出者，不生其效力。 3.行使地役权之共有人有数人时，就其一人有时效延期完成之事由者，时效亦对各共有人进行。	第二百八十四条 （同左） 2.对共有人中断时效时，非对行使地役权之各共有人作出者，不生其效力。 3.行使地役权之共有人有数人时，就其一人有时效停止原因之事由者，时效亦对各共有人进行。
（地役权之消灭时效） 第二百九十一条 第一百六十六条第二款规定之消灭时效期间，就非持续性行使之地役权，自最终行使之时起算，就持续性行使之地役权，自妨碍其行使之事实发生时起算。	（地役权之消灭时效） 第二百九十一条 第一百六十七条第二款规定之消灭时效期间，就非持续性行使之地役权，自最终行使之时起算，就持续性行使之地役权，自妨碍其行使之事实发生时起算。

(续表)

新条文/章节	旧条文/章节
第二百九十二条　需役地属数人共有之情形,对其一人有时效<u>延期完成</u>或<u>更新</u>时,该<u>延期完成或更新</u>对其他共有人亦生其效力。	第二百九十二条　需役地属数人共有之情形,对其一人有时效<u>中断</u>或<u>中止</u>时,该<u>中断或中止</u>对其他共有人亦生其效力。
第三百一十六条　出租人受领<u>第六百二十二条之二第一款规定之</u>押金时,仅对不能以该押金受清偿之债权部分,享有先取特权。	第三百一十六条　出租人受领押金时,仅对不能以该押金受清偿之债权部分,享有先取特权。
(设定行为另有约定之情形等) 第三百五十九条　设定行为另有约定时,或担保不动产收益执行(《民事执行法》第一百八十条第二项规定之担保不动产收益执行。以下同)开始时,不适用前三条之规定。	(设定行为另有约定之情形等) 第三百五十九条　设定行为另有约定时,或担保不动产收益执行〔《民事执行法》〔昭和五十四年(1979年)法律第4号〕第一百八十条第二项规定之担保不动产收益执行。以下同〕开始时,不适用前三条之规定。
<u>第三百六十三条</u> <u>(删除)</u>	(债权质权之设定) 第三百六十三条　<u>以受让时需要交付其证书之债权为质权标的时,质权之设定,因交付该证书而生其效力。</u>
(以<u>债权</u>为标的之质权之对抗要件) 第三百六十四条　以<u>债权</u>为标的之质权之设定<u>(含以现在尚未发生之债权为标的者)</u>,依第四百六十七条之规定,非对第三债务人通知该质权之设定或第三债务人承诺之,不得以之对抗第三债务人及其他第三人。	(以<u>指名债权</u>为标的之质权之对抗要件) 第三百六十四条　以<u>指名债权</u>为质权标的时,依第四百六十七条之规定,非对第三债务人通知该质权之设定或第三债务人承诺之,不得以之对抗第三债务人及其他第三人。
<u>第三百六十五条</u> <u>(删除)</u>	(以指示债权为标的之质权之对抗要件) 第三百六十五条　<u>以指示债权为质权之标的时,非于其证书上背书质权之设定,不得以之对抗第三人。</u>

(续表)

新条文/章节	旧条文/章节
（抵押权效力所及范围） 第三百七十条　除抵押地上既存之建筑物,抵押权及于附加于标的不动产（以下称"抵押不动产"）而成为一体之物。但设定行为另有约定之情形,以及<u>就债务人之行为,得作出第四百二十四条第三款规定之诈害行为撤销请求</u>之情形,不在此限。	（抵押权效力所及范围） 第三百七十条　除抵押地上既存之建筑物,抵押权及于附加于标的不动产（以下称"抵押不动产"）而成为一体之物。但设定行为另有约定之情形,以及<u>依第四百二十四条之规定,债权人得撤销债务人之行为</u>之情形,不在此限。
（最高额抵押权） 第三百九十八条之二　（略） 2.（略） 3.基于特定原因而与债务人间持续发生之<u>债权</u>,或票据、支票上之请求权<u>或电子记录债权[《电子记录债权法》[平成十九年（2007年）法律第102号]第二条第一款规定之电子记录债权。与次条第二款同]</u>,不论前款之规定,得作为最高额抵押权担保之债权。	（最高额抵押权） 第三百九十八条之二　（同左） 2.（同左） 3.基于特定原因而与债务人间持续发生之<u>债权</u>或票据、支票上之请求权,不论前款之规定,得作为最高额抵押权担保之债权。
（最高额抵押权被担保债权之范围） 第三百九十八条之三　（略） 2.非经与债务人之交易而取得之<u>票据上、支票上请求权或电子记录债权</u>,以之为最高额抵押权之担保债权时,有下列事由时,仅就先前已取得者,得行使其最高额抵押权。但之后取得之情形,就不知该事由而取得者,亦不碍其行使。 一至三　（略）	（最高额抵押权被担保债权之范围） 第三百九十八条之三　（同左） 2.非经与债务人之交易而取得之<u>票据上或支票上请求权</u>,以之为最高额抵押权之担保债权时,有下列事由时,仅就先前已取得者,得行使其最高额抵押权。但之后取得之情形,就不知该事由而取得者,亦不碍其行使。 一至三　（同左）
（最高额抵押权被担保债权之让与等） 第三百九十八条之七　（略） 2.（略） <u>3.不论第四百七十二条之四第一款之规定,本金确定前,发生免责的债务承担时,其债权人不得将最高额抵押权移转至承担人负担之债务。</u>	（最高额抵押权被担保债权之让与等） 第三百九十八条之七　（同左） 2.（同左） （新增）

(续表)

新条文/章节	旧条文/章节
4.本金确定前因债务人更迭而发生变更之情形,不论第五百一十八条第一款之规定,变更前之当事人不得将最高额抵押权转移至变更后之债务。本金确定前,因债务人之更迭而发生变更时之债权人,亦同。	3.本金确定前因债务人或债务人更迭而发生变更之时,不论第五百一十八条之规定,其当事人不得将最高额抵押权移转至变更后之债务。
(特定物交付情形中之注意义务) 第四百条 债权标的为交付特定物时,债务人于交付前,应以参照合同及其他债权发生原因以及交易上之社会通常观念所规定之善良管理人之注意,保管该物。	(特定物交付情形中之注意义务) 第四百条 债权标的为交付特定物时,债务人于交付前,应以善良管理人之注意,保管该物。
(法定利率) 第四百零四条 就产生利息之债权,无其他意思表示时,其利率为该利息最初产生时点之法定利率计算。 2.法定利率为每年百分之三。 3.不论前款之规定,法定利率由法务省令规定,以三年为一期,每一期依次款之规定而变动。 4.各期法定利率为,在依本款之规定法定利率有变动之最近一期者(以下于本款称"最近变动期")之法定利率中,加算或减算最近变动期中相当于基准比例和当期基准比例差之比例(该比例为不足百分之一之零数时,抹去)后所得之比例。 5.前款规定之"基准比例",依法务省令之规定由法务大臣公布,由各期第一日所属年份六年前之当年一月至前年十二月各月短期贷款之平均利率[有关各月中银行新增贷款(限于贷款期限不满一年者)利率之平均]之总计除以六十后计算所得之比例(该比例不满百分之零点一之零数时,抹去)。	(法定利率) 第四百零四条 就产生利息之债权,无其他意思表示时,其利率为年息五厘。 (新增)

(续表)

新条文/章节	旧条文/章节
(因不能而致选择债权特定) 第四百一十条　债权标的之给付中存在不能,而其不能乃因享有选择权之人过失所致时,债权就其残留部分存在。 (删去)	(因不能而致选择债权特定) 第四百一十条　债权标的之给付中,存在自始不能或嗣后不能时,债权就其残留部分存在。 2.因无选择权当事人之过失而致给付不能时,不适用前款之规定。
(履行期与履行迟延) 第四百一十二条　(略) 2.就债务履行存在不确定期限时,债务人自履行期限到来后受到履行请求时或者知道该期限到来时中任一较早之时起,负迟延责任。 3.(略)	(履行期与履行迟延) 第四百一十二条　(同左) 2.就债务履行存在不确定期限时,债务人自知道该期限到来时起,负迟延责任。 3.(同左)
(履行不能) 第四百一十二条之二　债务之履行参照合同或其他债务发生原因以及交易上之社会通常观念而不能时,债权人不得请求其债务履行。 2.基于合同之债务履行于该合同成立时即为不能者,不碍依第四百一十五条之规定请求因其履行不能所生之损害赔偿。	(新增)
(受领迟延) 第四百一十三条　债权人拒绝接受或不能接受债务履行之情形,该债务之标的为特定物之交付时,债务人自有履行提供之时起至其交付前,以与对待自己财产之相同注意,保管该物即可。 2.因债权人拒绝接受或不能接受债务履行而致履行费用增加时,该增加额由债权人负担。 (履行迟延中或受领迟延中的履行不能于归责事由)	(受领迟延) 第四百一十三条　债权人拒绝接受或不能接受债务履行时,该债权人自有履行提供之时起负迟延责任。

(续表)

新条文/章节	旧条文/章节
第四百一十三条之二 债务人就其债务负有迟延责任期间,因不可归责于当事人双方之事由而致该债务履行不能时,该履行不能视为因可归责于债务人之事由所致。 2.债权人拒绝接受或不能接受债务履行之情形,自有履行提供之时以后因不可归责于双方当事人之事由而致该债务履行不能时,该履行不能视为因可归责于债权人之事由所致。	(新增)
(强制履行) 第四百一十四条 债务人未任意履行债务时,债权人得依《民事执行法》或其他强制执行程序法令之规定,向法院请求直接强制、代替执行、间接强制及依其他方法之强制履行。但债务性质不允许的,不在此限。 (删去) 2.前款之规定,不碍损害赔偿之请求。	(强制履行) 第四百一十四条 债务人未任意履行债务时,债权人得向法院请求强制履行。但债务性质不允许的,不在此限。 2.债务性质不允许强制履行的,其债务以作为为标的时,债权人得向法院请求,以债务人之费用,使第三人履行之。但以法律行为为标的之债务,得以裁判代替债务人之意思表示。 3.以不作为为标的之债务,得向法院请求,以债务人之费用,除去债务人行为之结果,或将来作适当处分。 4.前三款之规定,不碍损害赔偿请求。
(因债务不履行所致之损害赔偿) 第四百一十五条 债务人不按债务本旨履行时,或者债务履行不能时,债权人得请求因此所生损害之赔偿。但该债务不履行参照合同及其他债务发生原因以及交易上之社会通常观念来看是因不可归责于债务人之事由而致时,不在此限。 2.因前款之规定而得请求损害赔偿之情形,债权人于下列之时可请求代替债务履行之损害赔偿。	(因债务不履行所致之损害赔偿) 第四百一十五条 债务人不按债务本旨履行时,债权人得请求因此所生损害之赔偿。因可归责于债务人之事由而致履行变得不能时,亦同。

新条文/章节	旧条文/章节
一、债务履行不能时。 二、债务人明确地表示出拒绝债务履行之意思时。 三、债务因合同所生之情形，其合同被解除，或者因债务不履行而发生合同解除权时。 （损害赔偿范围） 第四百一十六条　（略） 2.因特别情事而发生之损害，当事人<u>应当预见</u>该情事时，债权人得请求其赔偿。 （<u>中间利息之扣除</u>） <u>第四百一十七条之二</u>　就将来应取得之利益，约定其损害赔偿额之情形，扣除应取得该利益之时以前之利息相当额时，依该损害赔偿请求权发生时点之法定利率而为之。 2.就将来应负担之费用，约定其损害赔偿额之情形，扣除应负担该费用之时以前之利息相当额时，亦与前款同。 （过失相抵） 第四百一十八条　关于债务不履行<u>或因此所致之损害发生或扩大</u>，债权人有过失时，法院考量之，并确定损害赔偿之责任及额度。 （金钱债务之特则） 第四百一十九条　以金钱给付为标的之债务之不履行，其损害赔偿额，依<u>债务人负迟延责任之最初时点之法定利率</u>而确定。但约定利率超过法定利率时，依约定利率。 2.（略） 3.（略）	（损害赔偿范围） 第四百一十六条　（同左） 2.因特别情事而发生之损害，当事人<u>预见或可以预见</u>该情事时，债权人得请求其赔偿。 （新增） （过失相抵） 第四百一十八条　关于债务不履行，债权人有过失时，法院考量之，并确定损害赔偿之责任及额度。 （金钱债务之特则） 第四百一十九条　以金钱给付为标的之债务之不履行，其损害赔偿额，依法定利率而确定。但约定利率超过法定利率时，依约定利率。 2.（同左） 3.（同左）

(续表)

新条文/章节	旧条文/章节
（赔偿额之预定） 第四百二十条　当事人得就债务不履行预定损害赔偿额。 2.（略） 3.（略）	（赔偿额之预定） 第四百二十条　当事人得就债务不履行预定损害赔偿额。<u>于此情形，法院不得增减其金额。</u> 2.（同左） 3.（同左）
<u>（代偿请求权）</u> <u>第四百二十二条之二　债务人因与其债务履行不能之同一原因而取得债务标的物代偿之权利或利益时，债权人得于其受损害之限度内，对债务人请求该权利移转或利益偿还。</u>	（新增）
第二分节　债权人代位权	第二分节　债权人代位权及诈害行为撤销权
（债权人代位权之要件） 第四百二十三条　债权人<u>有</u>为保全自己债权<u>之必要</u>时，得行使属于债务人之权利（<u>以下称"被代位权利"</u>）。但专属于债务人一身之权利<u>及被禁止扣押之权利</u>，不在此限。 2.其债权期限未到来，债权人不得行使<u>被代位权利</u>。但保存行为不在此限。 <u>3.其债权不能依强制执行而实现时，债权人不得行使被代位权利。</u>	（债权人代位权之要件） 第四百二十三条　债权人为保全自己债权，得行使属于债务人之权利。但专属于债务人一身之权利，不在此限。 2.其债权期限未到来间，债权人非依<u>裁判上之代位</u>，不得行使<u>前款权利</u>。但保存行为不在此限。 （新增）
<u>（代位行使之范围）</u> <u>第四百二十三条之二　债权人行使被代位权利之情形，被代位权利之标的可分时，仅得于自己债权额之限度内行使被代位权利。</u>	（新增）
<u>（向债权人支付或交付）</u> <u>第四百二十三条之三　债权人行使被代位权利之情形，被代位权利以支付金钱或交付动产为标的时，得对相对人请求向自己为其支付或交付。于此情形，相对人对债权人为其支付或交付时，被代位权利因此而消灭。</u>	（新增）

(续表)

新条文/章节	旧条文/章节
(相对人之抗辩) 第四百二十三条之四 债权人行使被代位权利之时,相对人得以能对债务人主张之抗辩对抗债权人。	(新增)
(债权人收取及其他处分之权限等) 第四百二十三条之五 债权人行使被代位权利之情形,亦不碍债务人就被代位权利作出自行收取或其他处分。于此情形,亦不碍相对人就被代位权利对债务人作出履行。	(新增)
(提起被代位权利行使之诉时之诉讼告知) 第四百二十三条之六 债权人提起被代位权利行使之诉时,应毫不迟延地对债务人作出诉讼告知。	(新增)
(为保全登记或注册请求权之债权人代位权) 第四百二十三条之七 受让非经登记或注册,则权利之得丧变更不得对抗第三人之财产者,其让与人不行使对第三人享有之请求应为登记或注册程序之权利时,得使其权利。于此情形,准用前三条规定。	(新增)
第三分节 诈害行为撤销权	(新增)
第一小节 诈害行为撤销权之要件	(新增)
(诈害行为撤销请求) 第四百二十四条 债权人得向法院请求撤销债务人明知有害债权人而作之行为。但因该行为而受利益之人(以下于本款中称"受益人"。)于其行为时不知有害债权人者,不在此限。 2.前款之规定,不适用于非以财产权为标的之行为。	(诈害行为撤销权) 第四百二十四条 债权人得向法院请求撤销债务人明知有害债权人而作之法律行为。但因该行为而受利益之人或转得者于其行为或转得时不知有害债权人之事实者,不在此限。 2.前款之规定,不适用于非以财产权为标的之法律行为。

（续表）

新条文/章节	旧条文/章节
3.限于该债权乃基于第一款规定行为前之原因所生之情形,债权人得为同款规定之请求(以下称"诈害行为撤销请求")。 4.其债权不能依强制执行而实现之时,债权人不得为诈害行为撤销请求。	（新增）
（取得相当之对价而为财产处分行为之特则） 第四百二十四条之二　债务人作出处分其所有财产之行为时,若自受益人处取得相当之对价,限于下列要件均符合之情形,债权人得就该行为作出诈害行为撤销请求。 一、因不动产之金钱折价及其他有关处分而致财产种类发生变更,该行为将会使债务人作出隐匿、无偿赠与及其他有害债权人之处分(以下于本条中称"隐匿等处分")之虞现实发生。 二、债务人于其行为当时,就作为对价而取得之金钱及其他财产,有为隐匿等处分之意思。 三、受益人于其行为之时,知道债务人有为隐匿等处分之意思。	（新增）
（对特定债权人提供担保等之特则） 第四百二十四条之三　就既存债务,债务人作出与提供担保或债务消灭有关之行为者,限于下列要件均符合之情形,债权人得为诈害行为撤销请求。 一、该行为于债务人支付不能(因欠缺支付能力,就其债务中已届清偿期者,债务人不能为一般且持续清偿之状态。与次款第一项中同)时被作出。 二、该行为乃债务人与受益人通谋,以有害其他债权人的意图而被作出。	（新增）

新条文/章节	旧条文/章节
2.前款规定之行为不属于债务人义务,或当时不属于债务人义务之情形,下列要件均符合之时,不论前款之规定,债权人得就其行为作出诈害行为撤销请求。 一、该行为于债务人支付不能之前三十日以内被作出。 二、该行为乃债务人与收益人通谋,以有害其他债权人的意图而被作出。	
(过多代物清偿等之特则) 第四百二十四条之四 债务人所作与债务消灭有关之行为,而受益人所受给付之价额与因其行为而消灭之债务额相比过多时,符合第四百二十四条规定之要件时,不论前条第一款之规定,债权人得就其消灭债务额相当部分以外之部分,作出诈害行为撤销请求。	(新增)
(对转得者之诈害行为撤销请求) 第四百二十四条之五 债权人得对受益人为诈害行为撤销请求权之情形,存在已转得移转至受益人处之财产者时,按下述各项所列之区分,限于有关各项规定之情形,亦得对该转得者作出诈害行为撤销请求。 一、该转得者乃自受益人处转得之人之情形,该转得者于转得之时知道债务人所作之行为有害债权人时。 二、该转得者乃自其他转得者处转得之人之情形,该转得者及其之前转得之全部转得者,于各转得之时,知道债务人所作之行为有害债权人时。	(新增)
第二小节 诈害行为撤销权之行使方法等	(新增)

(续表)

新条文/章节	旧条文/章节
(财产返还或价额偿还请求) 第四百二十四条之六　债权人对受益人请求撤销诈害行为时,得与债务人所为行为之撤销一同,请求返还因其行为而移转至受益人处之财产。受益人有返还其财产之困难时,债权人得请求偿还其价额。 2.债权人对转得者请求撤销诈害行为时,得与债务人所为行为之撤销一同,请求返还转得者转得之财产。转得者有返还其财产之困难时,债权人得请求偿还其价额。	(新增)
(被告及诉讼告知) 第四百二十四条之七　就诈害行为撤销请求所涉之诉,按下列各项所列之区分,以有关各项规定之人为被告。 一、涉及对受益人诈害行为撤销请求之诉　受益人。 二、涉及对转得者诈害行为撤销请求之诉　作为该诈害行为撤销请求相对人之转得者。 2.债权人提起诈害行为撤销请求所涉之诉时,应毫不迟延地对债务人作出诉讼告知。	(新增)
(诈害行为之撤销范围) 第四百二十四条之八　债权人作出诈害行为撤销请求之情形,债务人所作行为之标的可分时,仅得于自己债权额之限度内,请求其行为之撤销。 2.债权人依第四百二十四条之六第一款后一句或第二款后一句之规定请求偿还价额之情形,亦与前款同。	(新增)

新条文/章节	旧条文/章节
(向债权人支付或交付) 第四百二十四条之九　依第四百二十四条之六第一款前一句或第二款前一句之规定,债权人对受益人或转得者请求返还财产之情形,其返还请求为请求支付金钱或交付动产时,得对受益人请求向自己作出支付或交付,得对转得者请求向自己作出交付。于此情形,受益人或转得者对债权人作出其支付或交付时,无须对债务人作出其支付或交付。 2.依第四百二十四条之六第一款后一句或第二款后一句之规定,债权人对受益人或转得者请求偿还价额之情形,亦与前款同。	(新增)
第三小节　诈害行为撤销权行使之效果	(新增)
(同意判决效力所及者之范围) 第四百二十五条　同意诈害行为撤销请求之确定判决,亦对债务人及其全体债权人有其效力。	(诈害行为撤销之效果) 第四百二十五条　前条规定之撤销,为全体债权人之利益,生其效力。
(有关债务人所受对待给付之受益人权利) 第四百二十五条之二　债务人所作财产处分之行为(除债务消灭之行为)被撤销时,受益人得对债务人请求返还为取得其财产所作之对待给付。债务人返还该对待给付有困难时,受益人得请求偿还其价额。	(新增)
(受益人债权之回复) 第四百二十五条之三　债务人所作债务消灭之行为被撤销时(除依第四百二十四条之四之规定被撤销之情形),受益人返还自债务人处所受之给付或偿还其价额时,受益人对债务人之债权因此回复原状。	(新增)

新条文/章节	旧条文/章节
(受诈害行为撤销请求之转得者之权利) 第四百二十五条之四　债务人所作之行为因对转得者之诈害行为撤销请求而被撤销时,该转得者,按下列各项所列之区分,得行使有关各项规定之权利。但以该转得者为自其前者处取得财产所作之对待给付或因自其前者处取得财产而消灭之债权价额为限。 一、第四百二十五条之二规定之行为被撤销之情形。若其行为乃因对受益人之诈害行为撤销请求而被撤销者,依同条规定所生之受益人对债务人之对待给付返还请求权或其价额偿还请求权。 二、前条规定之行为被撤销之情形(除依第四百二十四条之四之规定被撤销之情形)。若其行为乃因对受益人之诈害行为撤销请求而被撤销者,依前条规定所回复之受益人对债务人之债权。	(新增)
第四小节　诈害行为撤销权期间之限制	(新增)
第四百二十六条　诈害行为撤销请求所涉之诉,自债权人知道债务人明知有害债权人而作出行为之时起经过两年时,不得提起。自行为之时起经过十年时,亦同。	(诈害行为撤销权期间之限制) 第四百二十六条　第四百二十四条规定之撤销权,自债权人知道撤销原因之时起两年间不行使时,因时效而消灭。自行为之时起经过二十年时,亦同。
(不可分债权) 第四百二十八条　债权标的于其性质上不可分之情形,存在数个债权人时,准用下一分节(连带债权)之规定(除第四百三十三条及第四百三十五条之规定外)。	(不可分债权) 第四百二十八条　债权标的依其性质或当事人之意思表示不可分之情形,存在数个债权人时,各债权人得为全体债权人请求履行,债务人得为全体债权人对各债权人作出履行。

新条文/章节	旧条文/章节
（与不可分债权人之一人间的变更或免除） 第四百二十九条　不可分债权人之一人与债务人间存在变更或免除之情形，其他不可分债权人亦得请求履行全部债务。于此情形，该一人不可分债权人若未失去其权利，则应当将应被分配之利益偿还给债务人。 （删去）	（不可分债权人之一人所生事由等之效力） 第四百二十九条　不可分债权人之一人与债务人间存在变更或免除之情形，其他不可分债权人亦得请求履行全部债务。于此情形，该一人不可分债权人若未失去其权利，则应当将<u>被</u>分配之利益偿还给债务人。 2.前款规定之情形外，不可分债权人之一人之行为或就一人所生之事由，对其他不可分债权人不生其效力。
（不可分债务） 第四百三十条　第四分节（连带债务）之规定（除第四百四十条之规定外），准用于债务标的于其性质上不可分之情形中存在数个债务人时。	（不可分债务） 第四百三十条　前条之规定及下一分节（连带债务）之规定（除第四百三十四条至第四百四十条之规定外），准用于数人负担不可分债务之情形。
<u>第三分节　连带债权</u>	（新增）
（连带债权人之履行请求等） 第四百三十二条　债权标的于其性质上可分之情形，依法令之规定或当事人之意思表示，数人连带享有债权时，各债权人得为全体债权人请求全部或部分履行，债务人得为全体债权人对各债权人作出履行。	（新增）
（与连带债权人之一人间之变更或免除） 第四百三十三条　连带债权人之一人与债务人间存在变更或免除时，对于若该连带债权人未丧失权利便应向该连带债务人分配之利益，其他连带债权人不得请求履行该利益相关的部分。	（新增）
（与连带债权人之一人间之抵销） 第四百三十四条　债务人对连带债权人之一人享有债权之情形，该债务人援用抵销时，其抵销对其他连带债权人亦生其效力。	（新增）

新条文/章节	旧条文/章节
（与连带债权人之一人间之混同） 第四百三十五条　连带债权人之一人与债务人间存在混同时,债务人视为已作出清偿。	（新增）
（相对效力之原则） 第四百三十五条之二　除第四百三十二条至前条规定之情形,连带债权人之一人之行为或就一人所生之事由,对其他连带债权人不生效力。但其他连带债权人之一人及债务人表示出另外意思时,对相关其他连带债权人之效力,从其意思。	（新增）
第四分节　连带债务	第三分节　连带债务
（对连带债务人之履行请求） 第四百三十六条　债务标的于其性质上可分之情形,依法令之规定或当事人之意思表示,数人连带地负担债务时,债权人得对连带债务人之一人,或者同时或按顺序对<u>全体</u>[3]连带债务人,请求全部或部分之履行。	（履行请求） 第四百三十二条　数人负担<u>连带债务</u>时,债权人得对连带债务人之一人,或者同时或按顺序对<u>全体</u>连带债务人,请求全部或部分之履行。
（连带债务人之一人法律行为无效等） 第四百三十七条　（略）	（连带债务人之一人法律行为无效等） 第四百三十三条　（同左）
（删去）	（对连带债务人之一人请求履行） <u>第四百三十四条　对连带债务人之一人的履行请求,对其他连带债务人,亦生其效力。</u>
（与连带债务人之一人间之变更） 第四百三十八条　连带债务人之一人与债权人间存在变更时,债权为<u>全体</u>[4]连带债务人之利益而消灭。	（与连带债务人之一人间之变更） 第四百三十五条　连带债务人之一人与债权人间存在变更时,债权为<u>全体</u>连带债务人之利益而消灭。
（连带债务人之一人所作抵销等）	（连带债务人之一人所作抵销等）

---

〔3〕　此处为日语平假名书写方式改为汉字书写方式。
〔4〕　此处为日语平假名书写方式改为汉字书写方式。

(续表)

新条文/章节	旧条文/章节
第四百三十九条　连带债务人之一人对债权人享有债权之情形,该连带债务人援用抵销时,债权为<u>全体</u>[5]连带债务人之利益而消灭。 2.享有前款债权之连带债务人未援用抵销时,<u>于该连带债务人负担部分之限度内,其他连带债务人得对债权人拒绝履行债务。</u>	第四百三十六条　连带债务人之一人对债权人享有债权之情形,该连带债务人援用抵销时,债权为<u>全体</u>连带债务人之利益而消灭。 2.享有前款债权之连带债务人未援用抵销时,仅就该连带债务人负担部分,其他连带债务人得援用抵销。
（删去）	<u>(对连带债务人之一人免除)</u> <u>第四百三十七条　对连带债务人之一人所作之债务免除,仅就该连带债务人负担部分,亦为其他连带债务人之利益而生其效力。</u>
（与连带债务人之一人间之混同） 第四百四十条　（略）	（与连带债务人之一人间之混同） 第四百三十八条　（同左）
（删去）	<u>(连带债务人之一人的时效完成)</u> <u>第四百三十九条　时效为连带债务人之一人而完成时,就该连带债务人负担部分,其他连带债务人亦免除其义务。</u>
（相对效力之原则） 第四百四十一条　除<u>第四百三十八条、第四百三十九条第一款及前条</u>规定之情形外,连带债务人之一人所生事由,对其他连带债务人不生其效力。<u>但债权人及其他连带债务人之一人表示出另外意思时,对有关其他连带债务人之效力,从其意思。</u>	（相对效力之原则） 第四百四十条　除<u>第四百三十四条至前条</u>规定之情形外,连带债务人之一人所生事由,对其他连带债务人不生其效力。
（删去）	<u>(连带债务人开始破产程序)</u> <u>第四百四十一条　连带债务人全体或其中数人受到破产程序开始之裁定时,债权人得就其债权之全额,加入各破产财团之分配。</u>

[5]　此处为日语平假名书写方式改为汉字书写方式。

（续表）

新条文/章节	旧条文/章节
（连带债务人间之求偿权） 第四百四十二条　连带债务人之一人作出清偿，及以自己之财产而得共同免责时，该连带债务人，<u>不论所得免责之金额超过自己负担部分与否</u>，对其他连带债务人，<u>于为得免责而支出之财产金额（其财产金额超过所得共同免责金额之情形，为所得免责之金额）内</u>，享有各自负担部分相应数额之求偿权。 2.（略）	（连带债务人间之求偿权） 第四百四十二条　连带债务人之一人作出清偿，及以自己之财产而得共同免责时，该连带债务人，对其他连带债务人，<u>就各自负担部分</u>享有求偿权。 2.（同左）
（怠于通知之连带债务人之求偿限制） 第四百四十三条　<u>明知有其他连带债务人</u>，连带债务人之一人未通知其他连带债务人<u>得到共同免责一事</u>而作出清偿，及以自己之财产而得共同免责之情形，其他连带债务人享有得对抗债权人之事由时，就其负担部分，得以该事由对抗得到免责之连带债务人。于此情形，以抵销对抗得到免责之连带债务人时，<u>该连带债务人</u>得对债权人请求履行因抵销而应消灭之债务。 2.<u>作出清偿，及以自己之财产而得共同免责之连带债务人，明知有其他连带债务人而怠于通知其他连带债务人得到免责一事，其他连带债务人因此善意作出清偿及以自己财产为得免责之行为时，相关其他连带债务人</u>，得将为得免责之行为视为有效。	（怠于通知之连带债务人之求偿限制） 第四百四十三条　连带债务人之一人未通知其他连带债务人受到来自债权人之<u>履行请求</u>一事而作出清偿，及以自己之财产而得共同免责之情形，其他连带债务人享有得对抗债权人之事由时，就其负担部分，得以该事由对抗得到免责之连带债务人。于此情形，以抵销对抗得到免责之连带债务人时，<u>有过失之连带债务人</u>得对债权人请求履行因抵销而应消灭之债务。 2.<u>连带债务人之一人怠于通知其他连带债务人作出清偿，及以自己之财产而得共同免责一事，其他连带债务人因此善意作出清偿或以其他有偿行为而得免责时，得此免责之连带债务人</u>，得将自己之清偿及为免责所作之行为视为有效。
（无偿还资力者负担部分之分担） 第四百四十四条　连带债务人中有无偿还资力者时，不能偿还部分，于求偿人及其他有资力者间，按各自负担部分分割负担。	（无偿还资力者负担部分之分担） 第四百四十四条　连带债务人中有无偿还资力者时，不能偿还部分，于求偿人及其他有资力者间，按各自负担部分分割负担。<u>但求偿人有过失时，不得对其他连带债务人请求分担。</u>

（续表）

新条文/章节	旧条文/章节
2.前款规定之情形，求偿人及其他有资力者均为无负担部分之人时，其不能偿还部分，于求偿人及其他有资力者之间，按相等比例分割负担。 3.不论前两款之规定，求偿人就不能受偿还存在过失时，不得对其他连带债务人请求分担。	（新增）
（与连带债务人之一人间之免除等与求偿权） 第四百四十五条 对连带债务人之一人免除债务，或为连带债务人之一人完成时效之情形，其他连带债务人亦得对该一人之连带债务人，行使第四百四十二条第一款之求偿权。	（免除连带与无清偿资力者间负担部分之分担） 第四百四十五条 连带债务人之一人得到免除连带之情形，其他连带债务人中有无清偿资力者时，债权人负担无资力者不能清偿部分中得到免除连带之人应负担之部分。
第五分节 保证债务	第四分节 保证债务
（保证人责任等） 第四百四十六条 （略） 2.（略） 3.保证合同以记录其内容之电磁记录作成时，该保证合同视为书面作成，而适用前款之规定。	（保证人责任等） 第四百四十六条 （同左） 2.（同左） 3.保证合同以记录其内容之电磁记录（电子方式、磁气方式及其他凭人之直觉不能认识之方式被作成的记录，供电子计算机进行信息处理之用）作成时，该保证合同视为书面作成，而适用前款之规定。
（保证人之负担与主债务之标的或样态） 第四百四十八条 （略） 2.保证合同缔结后，主债务之标的或样态被加重时，保证人之负担不被加重。	（保证人负担重于主债务之情形） 第四百四十八条 （同左） （新增）
（主债务人所生事由之效力） 第四百五十七条 对主债务人作出履行请求及其他事由而导致之时效延期完成或更新，对保证人，亦生其效力。	（主债务人所生事由之效力） 第四百五十七条 对主债务人作出履行请求及其他事由而导致之时效中断，对保证人，亦生其效力。

(续表)

新条文/章节	旧条文/章节
2.保证人得以主债务人<u>得主张之抗辩</u>对抗债权人。 3.<u>主债务人对债权人享有抵销权、撤销权或解除权时,于主债务人因此等权利之行使而应免除其债务之限度内,保证人得对债权人拒绝债务之履行。</u> (<u>就连带保证人所生事由之效力</u>) 第四百五十八条 第四百三十八条、第四百三十九条第一款、第四百四十条及第四百四十一条之规定,准用于<u>主债务人和负连带债务之保证人所生之事由。</u> (<u>有关主债务履行状况之信息提供义务</u>) 第四百五十八条之二 保证人受主债务人委托而<u>作出</u>保证时,存在保证人之请求时,就主债务之本金及主债务相关之利息、违约金、损害赔偿及从属于其债务之全部者,债权人应毫不迟延地对保证人提供其不履行之有无以及此等余额及其中已届清偿期者之金额相关之信息。 (<u>主债务人丧失期限利益情形中之信息提供义务</u>) 第四百五十八条之三 主债务人享有期限利益之情形,丧失该利益时,债权人应自知道该利益丧失之时起两个月内,对保证人通知其内容。 2.未于前款期限内作出同款之通知时,债权人不得请求保证人履行与自主债务人丧失期限利益之时起至同款通知现实作出前所生之迟延损害金(即使未丧失期限利益也发生者除外)所涉之保证债务。	2.保证人得以主债务人<u>之债权所作之抵销</u>对抗债权人。 (新增) (<u>就连带保证人所生事由之效力</u>) 第四百五十八条 第四百三十四条至第四百四十条之规定,准用于<u>主债务人与保证人连带负担债务之情形。</u> (新增) (新增)

新条文/章节	旧条文/章节
3.前两款之规定,不适用于保证人为法人之情形。	
(受委托保证人之求偿权) 第四百五十九条 保证人受主债务人之委托作出保证之情形,代主债务人作出清偿及以自己财产使债务消灭之行为(以下称"债务消灭行为")时,该保证人对主债务人享有为此所支出之财产金额(其财产金额超过因其债务消灭行为而已消灭之主债额之情形,其消灭额)之求偿权。 2.(略)	(受委托保证人之求偿权) 第四百五十九条 保证人受主债务人之委托作出保证之情形,无过失地受到应向债权人清偿之裁判宣告,或代主债务人作出清偿及作出其他以自己财产应使债务消灭之行为时,该保证人对主债务人享有求偿权。 2.(同左)
(受委托保证人于清偿期前作出清偿等情形之求偿权) 第四百五十九条之二 保证人受主债务人委托而作出保证时,于主债务清偿期前作出债务消灭行为时,该保证人对主债务人,于主债务人所受其当时利益之限度内,享有求偿权。于此情形,主债务人主张于债务消灭行为之日以前有抵销原因时,保证人得对债权人请求履行因该抵销而应消灭之债务。 2.前款规定之求偿,包括主债务清偿期以后之法定利息及即使于该清偿期以后作出债务消灭行为亦不能避免之费用及其他损害赔偿。 3.第一款之求偿权,非于主债务清偿期以后,不得行使之。	(新增)
(受委托保证人之事前求偿权) 第四百六十条 (略) 一、二 (略) 三、保证人无过失而受到应向债权人作出清偿之内容之裁判宣告时。	(受委托保证人之事前求偿权) 第四百六十条 (同左) 一、二 (同左) 三、债务清偿期不确定,且其最长期亦不能确定之情形,为保证合同后经过十年时。
(主债务人对保证人作出偿还之情形)	(主债务人对保证人作出偿还之情形)

(续表)

新条文/章节	旧条文/章节
第四百六十一条　依前条之规定,主债务人对保证人作出偿还之情形,债权人不能受全部清偿时,主债务人得请求使保证人提供担保或对保证人请求使自己得到免责。 2.(略)	第四百六十一条　依前两条之规定,主债务人对保证人作出偿还之情形,债权人不能受全部清偿时,主债务人得请求使保证人提供担保或对保证人请求使自己得到免责。 2.(同左)
(未受委托保证人之求偿权) 第四百六十二条　第四百五十九条之二第一款之规定,准用于未受主债务人委托而作出保证之人作出债务消灭行为之情形。 2.(略) 3.第四百五十九条之二第三款之规定,准用于前两款规定之保证人于主债务清偿期前作出债务消灭行为情形中之求偿权行使。	(未受委托保证人之求偿权) 第四百六十二条　未受主债务人之委托而作出保证之人,作出清偿,及以自己财产使主债务人免于其债务时,主债务人应于所受当时利益之限度内偿还。 2.(同左) (新增)
(怠于通知之保证人求偿之限制等) 第四百六十三条　保证人受主债务人委托而作出保证时,事先未通知主债务人而作出债务消灭行为时,主债务人得以能对抗债权人之事由对抗该保证人。于此情形,以抵销对抗该保证人时,该保证人得对债权人请求履行因该抵销而应消灭之债务。 2.保证人受主债务人委托而作出保证时,因主债务人怠于向保证人通知已作出债务消灭行为,该保证人善意作出债务消灭行为时,该保证人得将其债务消灭行为视为有效。 3.保证人作出债务消灭行为后,主债务人作出债务消灭行为之情形,除保证人违反主债务人之意思而作出保证外,因保证人怠于向主债务人通知已作出债务消灭行为,主债务人善意作出债务消灭行为时,主债务人得将其债务消灭行为视为有效。	(怠于通知之保证人求偿之限制) 第四百六十三条　第四百四十三条之规定,准用于保证人。 2.保证人受主债务人委托而作出保证之情形,善意作出清偿,及作出其他以自己财产应使债务消灭之行为时,第四百四十三条之规定,亦准用于主债务人。

(续表)

新条文/章节	旧条文/章节
第二小节　个人最高额保证合同	第二小节　贷款等最高额保证合同
(个人最高额保证之保证人责任等) 第四百六十五条之二　以属于一定范围之不特定债务为主债务之保证合同(以下称"最高额保证合同"。),保证人为非法人者(以下称"个人最高额保证合同")之保证人就主债务之本金、主债务相关之利息、违约金、损害赔偿及从属于其债务之全部[6]者以及就其保证债务所约定之违约金或损害赔偿额,以其全部所涉之最高额为限度,负履行责任。 2.个人最高额保证合同,非约定前款规定之最高额者,不生其效力。 3.第四百四十六条第二款及第三款之规定,准用于个人最高额保证合同中第一款规定之最高额之约定。	(贷款等最高额保证之保证人责任等) 第四百六十五条之二　以属于一定范围之不特定债务为主债务之保证合同(以下称"最高额保证合同"。),其债务范围包括金钱贷与或因接受票据贴现而负担之债务(以下称"贷款等债务"),其(除保证人为法人者外。下称"贷款等最高额保证合同")保证人就主债务之本金、主债务相关之利息、违约金、损害赔偿及从属于其债务之全部者以及就其保证债务所约定之违约金或损害赔偿额,以其全部所涉之最高额为限度,负履行责任。 2.贷款等最高额保证合同,非约定前款规定之最高额者,不生其效力。 3.第四百四十六条第二款及第三款之规定,准用于贷款等最高额保证合同中第一款规定之最高额之约定。
(个人贷款等最高额保证合同本金确定日期) 第四百六十五条之三　个人最高额保证合同,其主债务范围包括金钱贷与或因接受票据贴现而负担之债务(以下称"贷款等债务")者(以下称"个人贷款等最高额保证合同")中,有应确定主债务本金日期(以下称"本金确定日期")之约定时,该本金确定日期约定为个人贷款等最高额保证合同缔结之日起经过五年之日以后时,该本金确定日期之约定,不生其效力。	(贷款等最高额保证合同本金确定日期) 第四百六十五条之三　贷款等最高额保证合同中,有应确定主债务本金日期(以下称"本金确定日期")之约定时,该本金确定日期约定为贷款等最高额保证合同缔结之日起经过五年之日以后时,该本金确定日期之约定,不生其效力。

---

[6]　此处为日语平假名书写方式改为了汉字书写方式。

(续表)

新条文/章节	旧条文/章节
2.<u>个人贷款</u>等最高额保证合同中,未约定本金确定日期时(含依前款规定本金确定日期约定不生效力之情形。),其本金确定日期为该<u>个人贷款</u>等最高额保证合同缔结之日起经过三年之日。 3.变更<u>个人贷款</u>等最高额保证合同中本金确定日期之情形,变更后之本金确定日期为变更之日起经过五年之日以后时,该本金确定日期之变更,不生其效力。但本金确定日期前两个月以内变更本金确定日期之情形,变更后之本金确定日期为变更前之本金确定日期起五年以内之日时,不在此限。 4.<u>个人贷款</u>等最高额保证合同中本金确定日期之约定及其变更(除以该<u>个人贷款</u>等最高额保证合同缔结之日起三年以内之日为本金确定日期之约定,及以本金确定日期以前之日为变更后本金确定日期之变更外。),准用第四百四十六条第二款及第三款之规定。 <u>(个人最高额保证合同本金确定事由)</u> 第四百六十五条之四　下列情形,<u>个人最高额保证合同</u>主债务本金确定。<u>但第一项所列之情形,限于强制执行或实现担保权程序已经开始时。</u> 　一、<u>就保证人之财产,</u>主债权人申请强制执行以金钱支付为标的之债权或实现担保权时。 　二、保证人受到破产程序开始裁定时。 　三、(略) 2.<u>除前款规定之情形外,个人贷款等最高额保证合同中主债务之本金,于下列情形亦确定。但第一项所列之情形,限于强制执行或实现担保权程序已经开始时。</u>	2.<u>贷款</u>等最高额保证合同中,未约定本金确定日期时(含依前款规定本金确定日期约定不生效力之情形。),其本金确定日期为该<u>贷款</u>等最高额保证合同缔结之日起经过三年之日。 3.变更<u>贷款</u>等最高额保证合同中本金确定日期之情形,变更后之本金确定日期为变更之日起经过五年之日以后时,该本金确定日期之变更,不生其效力。但本金确定日期前两个月以内变更本金确定日期之情形,变更后之本金确定日期为变更前之本金确定日期起五年以内之日时,不在此限。 4.<u>贷款</u>等最高额保证合同中本金确定日期之约定及其变更(除以该<u>贷款</u>等最高额保证合同缔结之日起三年以内之日为本金确定日期之约定,及以本金确定日期以前之日为变更后本金确定日期之变更外。),准用第四百四十六条第二款及第三款之规定。 (<u>贷款</u>等最高额保证合同本金确定事由) 第四百六十五条之四　下列情形,<u>贷款等最高额保证合同</u>主债务本金确定。 　一、就<u>主债务人或</u>保证人之财产,主债权人申请强制执行以金钱支付为标的之债权或实现担保权时。<u>但限于强制执行或实现担保权程序已经开始时。</u> 　二、<u>主债务人或</u>保证人受到破产程序开始裁定时。 　三、(同左) (新增)

(续表)

新条文/章节	旧条文/章节
一、就主债务人之财产,主债权人申请强制执行以金钱支付为标的之债权或实现担保权时。 二、主债务人受到破产程序开始裁定时。	
(保证人为法人之最高额保证合同求偿权) 第四百六十五条之五 保证人为法人之最高额保证合同中,未约定第四百六十五条之二第一款规定之最高额时,以该最高额保证合同保证人对主债务人之求偿权债务为主债务之保证合同,不生其效力。 2.保证人为法人之最高额保证合同,其主债务范围包括贷款等债务者中,未约定本金确定日期时,或本金确定日期之约定、变更若适用第四百六十五条之三第一款或第三款之规定便不生其效力时,以该最高额保证合同保证人对主债务人之求偿权债务为主债务之保证合同,不生其效力。主债务范围包括该求偿权债务之最高额保证合同者,亦同。	(保证人为法人之贷款等债务之最高额保证合同求偿权) 第四百六十五条之五 保证人为法人之最高额保证合同,其主债务范围包括贷款等债务时,未约定第四百六十五条之二第一款规定之最高额时,未约定本金确定日期时,或本金确定日期之约定、变更若适用第四百六十五条之三第一款或第三款之规定便不生其效力时,该最高额保证合同保证人对主债务人之求偿权保证合同(除保证人为法人者外),不生其效力。
3.以求偿权债务作为主债务的保证合同,或主债务范围包括求偿权债务的最高额保证合同,其保证人为法人之情形,不适用前两款之规定。	(新增)
第三小节 与经营债务相关之保证合同特则	(新增)
(公证证书之制作与保证之效力) 第四百六十五条之六 因经营而负担贷款等债务并以之为主债务之保证合同,或主债务范围包括因经营而负担之贷款等债务之最高额保证合同,于其合同缔结之前,若欲成为保证人者未以缔结日前一个月内制作之公证证书表示履行保证债务之意思者,不生其效力。	(新增)

新条文/章节	旧条文/章节
2.制作前款之公证证书,应依下列方式。 一、欲成为保证人者,按下列(1)或(2)所列合同之区分,对公证人口授有关(1)或(2)所定之事项。 (1)保证合同[(2)中所列者除外。] 主债务债权人及债务人、主债务之本金、主债务相关之利息、违约金、损害赔偿及从属于其债务之全部者之约定之有无及其内容,以及主债务人不履行其债务时,就其债务全额有履行意思(欲成为保证人者欲与主债务人负担连带债务之情形,不论债权人对主债务人为催告与否,主债务人得履行其债务与否,或有其他保证人与否,就其全额之履行意思)。 (2)最高额保证合同 主债务债权人及债务人、主债务范围、最高额保证合同之最高额、本金确定日期之约定之有无及其内容,以及主债务人不履行其债务时,于最高额限度内,在本金确定日期或第四百六十五条之四第一款各项或第二款各项所列事由及其他应确定本金之事由发生之前,就应产生之主债务本金及主债务相关之利息、违约金、损害赔偿及从属于其债务之全部者之全额有履行意思(欲成为保证人者欲与主债务人负担连带债务之情形,不论债权人对主债务人为催告与否,主债务人得履行其债务与否,或有其他保证人与否,就其全额之履行意思)。 二、公证人记录欲成为保证人者之口述,对欲成为保证人者诵读之,或使其阅览之。 三、欲成为保证人者认可笔记之正确性后,签名并盖章。但欲成为保证人者不能签名之情形,公证人得备注其事由,代为签名。 四、公证人备注其证书乃依前三项所列之方式而制作之意思,签名并盖章。	

(续表)

新条文/章节	旧条文/章节
3.前两款之规定,不适用于欲成为保证人者为法人之情形。 (保证公证证书方式之特则) 　第四百六十五条之七　欲成为前条第一款保证合同或最高额保证合同之保证人者为失语者时,应于公证人前,按同条第二款第一项(1)或(2)所列合同之区分,通过翻译者之翻译,申述各有关(1)或(2)所规定之事项,或以亲笔书写代替同项之口授。就该情形中同款第二项规定之适用,同项中"口述"为"通过翻译者翻译之申述或亲笔书写"。 　2.欲成为前条第一款保证合同或最高额保证合同之保证人者为失聪者时,公证人得将同条第二款第二项规定之笔记内容,通过翻译者之翻译,传达给欲成为保证人者,以代替同项之诵读。 　3.公证人依前两款规定之方式制作公证证书时,应于该证书上备注其意思。 (公证证书之制作与求偿权保证之效力) 　第四百六十五条之八　因经营而负担贷款等债务并以之为主债务之保证合同,或主债务范围包括因经营而负担之贷款等债务之最高额保证合同,就以其保证人对主债务人之求偿权债务为主债务之保证合同,准用第四百六十五条之六第一款及第二款以及前条之规定。主债务范围包括该求偿权债务之最高额保证合同,亦同。 　2.前款规定,不适用于欲成为保证人者为法人之情形。 (制作公证证书与保证效力规定之适用除外)	(新增) (新增)

(续表)

新条文/章节	旧条文/章节
第四百六十五条之九　欲成为保证人者为下列之人之保证合同,不适用前三条之规定。 一、主债务人为法人之情形,其理事、董事、管理人员或准于此等者 二、主债务人为法人之情形,其下列者 (1)享有主债务人全部股东表决权(就不能就股东大会得决议之全部事项行使表决权之股份,其表决权除外。以下本项中同)过半数者。 (2)其他股份公司享有主债务人全部股东表决权过半数之情形中,享有相关其他股份公司全部股东表决权过半数者。 (3)其他股份公司及享有相关其他股份公司之全部股东表决权过半数者,享有主债务人全部股东表决权过半数之情形中,享有相关其他股份公司全部股东表决权过半数者。 (4)股份公司以外之法人为主债务人之情形中,准于(1)(2)或(3)所列之人者。 三、与主债务人(法人除外。以下本项中同)共同经营之人,或现于主债务人之经营中从事工作之主债务人配偶。	(新增)
(合同缔结时之信息提供义务) 第四百六十五条之十　因经营而负担债务并以之为主债务之保证,或主债务范围包括因经营而负担之债务之最高额保证,主债务人作出保证之委托时,对受委托之人,应提供与下列事项相关之信息。 一、财产及收支状况。 二、于主债务以外所负担债务之有无及其金额以及履行状况。 三、对他人提供或欲提供主债务之担保时,其意思及其内容。	(新增)

新条文/章节	旧条文/章节
2.因主债务人未提供前款各项所列事项相关之信息,或提供与事实相异之信息,而使受委托之人就其事项作出误认,并因此作出保证合同要约或承诺之意思表示时,债权人已知或可知主债务人未提供其事项相关信息或提供与事实相异之信息时,保证人得撤销保证合同。 3.前两款之规定,不适用于作出保证之人为法人之情形。	
(债权让与性) 第四百六十六条 (略) 2.当事人作出禁止或限制债权让与内容之意思表示(以下称"限制让与意思表示")时,亦不碍债权让与之效力。 3.前款规定之情形,对知道或因重大过失而不知道有限制让与意思表示之受让人及其他第三人,债务人得拒绝其债务之履行,且得以对让与人之清偿及其他使债务消灭之事由对抗该第三人。 4.债务人不履行债务之情形,前款规定之第三人得确定相当期间,作出向让与人履行之催告,于其期间内未履行时,就该债务人,不适用同款之规定。	(债权让与性) 第四百六十六条 (同左) 2.前款之规定,不适用于当事人表示出反对意思之情形。但其意思表示不得对抗善意第三人。 (新增) (新增)
(附限制让与意思表示债权之债务人之提存) 第四百六十六条之二 附限制让与意思表示之以金钱给付为标的之债权被让与时,债务人得于债务履行地(债务履行地依债权人现在之住所而确定之情形,含让与人现在之住所。于次条同)之提存所提存与其债权全额相当之金钱。 2.依前款之规定作出提存之债务人,应毫不迟延地向让与人及受让人作出提存通知。	(新增)

(续表)

新条文/章节	旧条文/章节
3.依第一款之规定提存之金钱,限于受让人,得请求偿还。	
第四百六十六条之三 前条第一款规定之情形,让与人受有破产程序开始之裁定时,受让人(受让同款债权之全额者,限于其债权让与得对抗债务人及其他第三人者。)知道或因重大过失而不知道附限制让与意思表示时,亦得使债务人于债务履行地之提存所提存与其债权全额相当之金钱。于此情形,准用同条第二款及第三款之规定。	(新增)
(附限制让与意思表示债权之扣押) 第四百六十六条之四 第四百六十六条第三款之规定,不适用于对附限制让与意思表示之债权作出强制执行之扣押债权人。 2.不论前款之规定,受让人及其他第三人知道或因重大过失而不知道附限制让与意思表示之情形,其债权人对同款债权作出强制执行时,债务人得拒绝其债务之履行,且得以对让与人之清偿及其他使债务消灭之事由对抗扣押债权人。	(新增)
(涉及存款债权或储蓄债权之限制让与意思表示效力) 第四百六十六条之五 涉及存款账户或储蓄账户中存款或储蓄之债权(以下称"存储款债权"),不论第四百六十六条第二款之规定,当事人所作之限制让与意思表示,得对抗知道或因重大过失而不知道附限制让与意思表示之受让人及其他第三人。 2.前款规定,不适用于对附限制让与意思表示之存储款债权作出强制执行之扣押债权人。	(新增)
(将来债权让与性)	

(续表)

新条文/章节	旧条文/章节
第四百六十六条之六　债权之让与,不要求债权于其意思表示之时现实发生。 2.债权被让与之情形,于其意思表示之时债权未现实发生时,受让人当然取得已发生之债权。 3.前款规定之情形,让与人作出次条规定之通知,或债务人作出同条规定之承诺(以下称"具备对抗要件时")前,作出限制让与意思表示时,视为受让人及其他第三人已知此事,并适用第四百六十六条第三款(附限制让与意思表示之债权为存储款债权之情形,为前条第一款)之规定。 (债权让与对抗要件) 第四百六十七条　债权之让与(含未现实发生债权之让与),若让与人未通知债务人,或债务人未承诺,则不得对抗债务人及其他第三人。 2.(略)	(指名债权让与对抗要件) 第四百六十七条　指名债权之让与,若让与人未通知债务人,或债务人未承诺,则不得对抗债务人及其他第三人。 2.(同左)
(债权让与中债务人之抗辩) 第四百六十八条　债务人,于对抗要件具备之前,得以对让与人所生之事由对抗受让人。 2.就第四百六十六条第四款情形中前款规定之适用,同款中"具备对抗要件时",为"经过第四百六十六条第四款之相当期间时",就第四百六十六条之三情形中同款规定适用,同款中"具备对抗要件时",为"依第四百六十六条之三之规定,自同条受让人处受到提存请求时"。	(指名债权让与中债务人之抗辩) 第四百六十八条　债务人不保留异议而作出前条之承诺时,即使有得对抗让与人之事由,亦不得以之对抗受让人。于此情形,存在债务人为消灭债务而支付给让与人之物时,得取回之,存在对让与人负担之债务时,得视为不成立之。 2.让与人仅作出让与之通知时,债务人,于受到该通知前,得以对让与人所生之事由对抗受让人。
(债权让与中之抵销权) 第四百六十九条　债务人得以具备对抗要件时以前所取得对让与人之债权之抵销对抗受让人。	(指示债权让与对抗要件) 第四百六十九条　指示债权之让与,非于证书上作出让与之背书并交付受让人,不得对抗债务人及其他第三人。

(续表)

新条文/章节	旧条文/章节
2.债务人于具备对抗要件时以后所取得对让与人之债权,其债权为下列者时,亦与前款同。但债务人于具备对抗要件时以后取得他人之债权时,不在此限。 一、债权基于具备对抗要件时以前之原因所生。 二、除前项所列者外,债权基于合同所生,且该合同为受让人已取得之债权之发生原因。 3.就第四百六十六条第四款情形中前两款规定之适用,其规定中"具备对抗要件时",为"经过第四百六十六条第四款之相当期间时",就第四百六十六条之三情形中其规定之适用,其规定中"具备对抗要件时",为"依第四百六十六条之三之规定,自同条受让人处受到提存请求时"。	
(删去)	(指示债权之债务人的调查权利等) 第四百七十条 指示债权之债务人,享有调查该证书持有人以及其签名及盖章真伪之权利,但不负此义务。但债务人存在恶意或重大过失时,其清偿无效。
(删去)	(记名式持有人支付债权之债务人的调查权利等) 第四百七十一条 债权证书中指名记载债权人,但备注可向该证书持有人作出清偿之意思时,准用前条之规定。
(删去)	(指示债权让与中债务人抗辩之限制) 第四百七十二条 指示债权之债务人,除其证书上记载之事项及由该证书之性质当然所生之结果外,不得以该指示债权让与前得对抗债权人之事由对抗善意受让人。

(续表)

新条文/章节	旧条文/章节
（删去）	（无记名债权让与中债务人抗辩之限制） 第四百七十三条　前条之规定,准用于无记名债权。
第五节　债务承担 第一分节　并存的债务承担	（新增） （新增）
（并存的债务承担之要件及效果） 　第四百七十条　并存的债务承担之承担人,与债务人连带地,负担与债务人对债权人所负债务同一内容之债务。 　2.并存的债务承担,得依债权人与成为承担人者之合同而为之。 　3.并存的债务承担,得依债务人与成为承担人者之合同而为之。于此情形,并存的债务承担,于债权人对成为承担人者作出承诺时,生其效力。 　4.依前款规定所作之并存的债务承担,依为第三人之合同之有关约定。	（新增）
（并存的债务承担中承担人之抗辩等） 　第四百七十一条　就因并存的债务承担而负担之自己债务,承担人得以其效力发生时债务人得主张之抗辩对抗债权人。 　2.债务人对债权人享有撤销权或解除权时,于债务人因行使此等权利而免除其债务之限度内,承担人得对债权人拒绝履行债务。	（新增）
第二分节　免责的债务承担	（新增）
（免责的债务承担之要件及效果） 　第四百七十二条　免责的债务承担之承担人,负担与债务人对债权人所负债务同一内容之债务,而债务人免除自己之债务。	（新增）

新条文/章节	旧条文/章节
2.免责的债务承担,得依债权人与成为承担人者之合同而为之。于此情形,免责的债务承担,于债权人对债务人通知该合同意思时,生其效力。 3.免责的债务承担,亦得依债务人与成为承担人者订立合同,而债权人对成为承担人者作出承诺而为之。 (免责的债务承担中承担人之抗辩等) 第四百七十二条之二　就因免责的债务承担而负担之自己债务,承担人得以其效力发生时债务人得主张之抗辩对抗债权人。 2.债务人对债权人享有撤销权或解除权时,于若无免责的债务承担,则债务人因行使此等权利而得免除其债务之限度内,承担人得对债权人拒绝履行债务。 (免责的债务承担中承担人之求偿权) 第四百七十二条之三　免责的债务承担之承担人,不对债务人取得求偿权。 (免责的债务承担而导致之担保移转) 第四百七十二条之四　作为依第四百七十二条第一款之规定债务人债务免除之担保,债权人得将设定之抵押权移转至承担人负担之债务。但承担人以外之人设定之时,应得其承诺。 2.前款规定之担保权转移,应事先或同时地,依对承担人所作之意思表示而为之。 3.前两款之规定,准用于存在债务人依第四百七十二条第一款规定免除之债务之保证人时。 4.前款情形,同款中准用第一款之承诺,非以书面而为者,不生其效力。	 (新增) (新增) (新增)

(续表)

新条文/章节	旧条文/章节
5.前款之承诺依记载其内容之电磁记录而作成时,该承诺视为以书面作出,而适用同款之规定。	
第六节　债权消灭	第五节　债权消灭
(清偿) 第四百七十三条　债务人对债权人作出债务清偿时,其债权消灭。	(新增)
(第三人清偿) 第四百七十四条　债务之清偿,第三人亦得作出。 2.非就清偿享有正当利益之第三人,不得违反债务人之意思作出清偿。但债权人不知违反债务人之意思时,不在此限。 3.前款规定之第三人,不得违反债权人之意思而作出清偿。但该第三人受债务人之委托而作出清偿之情形,债权人已知此事时,不在此限。 4.其债务性质不许第三人清偿时,或当事人作出禁止或限制第三人清偿内容之意思表示时,不适用前三款之规定。	(第三人清偿) 第四百七十四条　债务之清偿,第三人亦得作出。但其债务性质不允许时,或当事人表示反对意思时,不在此限。 2.无利害关系之第三人,不得违反债务人之意思作出清偿。 (新增) (新增)
(清偿交付物之取回)[7] 第四百七十五条　(略) (删去) (清偿交付物之消费或让与情形中清偿之效力等)	(清偿交付物之取回) 第四百七十五条　(同左) 第四百七十六条　就让与而受行为能力限制之所有权人交付清偿物之情形,撤销该清偿时,该所有权人若未继续作出有效清偿,不得取回该物。 (清偿交付物之消费或让与情形中清偿之效力等)

---

〔7〕 该标题原为现行法第四百七十五条和第四百七十六条之标题,改正后,该标题变为改正法第四百七十五条之标题。

（续表）

新条文/章节	旧条文/章节
第四百七十六条　前条之情形,债权人善意消费或让与清偿受领物时,其清偿有效。于此情形,债权人受有第三人之赔偿请求时,不碍对清偿之人作出求偿。	第四百七十七条　前两条之情形,债权人善意消费或让与清偿受领物时,其清偿有效。于此情形,债权人受有第三人之赔偿请求时,不碍对清偿之人作出求偿。
（向存款或储蓄账户汇款之清偿） 第四百七十七条　通过对债权人之存款或储蓄账户汇款所作之清偿,自债权人对有关存款或储蓄债权之债务人取得请求发还汇款所涉金额之权利时,生其效力。	（新增）
（对有受领权人外观之人清偿） 第四百七十八条　对受领权人（依债权人及依法令之规定或当事人之意思表示被赋予受领清偿权限之第三人。以下同。）以外之人,但参照交易上之社会通常观念,有受领权人外观之人所作之清偿,限于清偿人为善意且无过失时,有其效力。	（对债权准占有人清偿） 第四百七十八条　对债权准占有人所作之清偿,限于清偿人为善意且无过失时,有其效力。
（对受领权人以外之人清偿） 第四百七十九条　除前条之情形外,对受领权人以外之人所作之清偿,仅于债权人因此所受利益限度内,有其效力。	（对无受领清偿权限之人清偿） 第四百七十九条　除前条之情形外,对无受领清偿权限之人所作之清偿,仅于债权人因此所受利益限度内,有其效力。
（删去）	（对受领证书持有人的清偿） 第四百八十条　受领证书之持有人,视为有受领清偿之权限。但清偿人知道其无权限时,或因过失而不知时,不在此限。
（受扣押债权之第三债务人之清偿） 第四百八十一条　受扣押债权之第三债务人向自己之债权人作出清偿时,扣押债权人得于其所受损害之限度内,请求第三债务人继续作出清偿。	（受支付停止之第三债务人之清偿） 第四百八十一条　受支付停止之第三债务人向自己之债权人作出清偿时,扣押债权人得于其所受损害之限度内,请求第三债务人继续作出清偿。

(续表)

新条文/章节	旧条文/章节
2.(略)	2.(同左)
(代物清偿) 第四百八十二条 <u>得为清偿之人(以下称"清偿人")</u>与债权人之间,代替债务人负担之给付,<u>订立合同,意在通过作出其他给付而使债务消灭之情形,该清偿人作出相关其他给付</u>时,该给付与清偿有同一效力。	(代物清偿) 第四百八十二条 债务人得债权人之承诺,代替<u>其</u>负担之给付,作出其他给付时,该给付与清偿有同一效力。
(按特定<u>物</u>现状之交付) 第四百八十三条 债权标的为特定物之交付<u>之情形,参照合同及其他债权发生原因以及交易上之社会通常观念,不能确定应交付时之品质</u>时,清偿人应当按应交付时之现状交付该物。	(按特定物现状之交付) 第四百八十三条 债权标的为特定物之交付时,清偿人应当按应交付时之现状交付该物。
(清偿场所<u>及时间</u>) 第四百八十四条 (略) <u>2.依法令或习惯,有交易时间之规定时,限于其交易时间内,得作出清偿或作出清偿请求。</u>	(清偿场所) 第四百八十四条 (同左) (新增)
(受领证书交付请求) 第四百八十六条 清偿<u>人,作为清偿之交换</u>,得对受领清偿之人请求交付受领证书。	(受领证书交付请求) 第四百八十六条 <u>作出清偿之人</u>,得对已受领清偿之人请求交付受领证书。
(<u>存在数个以同种给付为标的之债务时之抵充</u>) 第四百八十八条 债务人对同一债权人负担以同种给付为标的之数个债务时,提供清偿之给付不足以使<u>全部</u>〔8〕债务消灭时<u>(除次条第一款规定之情形外)</u>,清偿人得于给付时指定应抵充清偿之债务。	(清偿抵充之指定) 第四百八十八条 债务人对同一债权人负担以同种给付为标的之数个债务时,提供清偿之给付不足以使<u>全部</u>债务消灭时,清偿人得于给付时指定应抵充清偿之债务。

---

〔8〕 此处为日语片假名书写方式改为汉字书写方式。

(续表)

新条文/章节	旧条文/章节
2.(略) 3.(略) 4.清偿人及受领清偿之人均未作出<u>第一款或第二款规定之指定时</u>,依下列各项之规定,抵充其清偿。 　一、债务中存在有清偿期者和无清偿期者时,先抵充有清偿期者。 　二、全部债务均有清偿期时,或均无清偿期时,先抵充对债务人清偿利益较多者。 　三、对债务人清偿利益相等时,先抵充清偿期先到来者或应先到来者。 　四、前两项所列事项相等之债务,其清偿按各债务之金额抵充。 (应支付本金、利息及费用情形之抵充) 第四百八十九条　除本金外,债务人就一个或数个债务应支付利息及费用之情形(<u>债务人负担数个债务之情形,限于对同一债权人负担数个以同种给付为标的之债务</u>),清偿人所作之给付不足以使其债务全部消灭时,应依费用、利息及本金之顺序抵充之。 　2.前款之情形,<u>所作之给付不足以消灭费用、利息或本金中任意一者之全部时,准用前条之规定</u>。 (合意清偿抵充) 第四百九十条　<u>不论前两条之规定,清偿人与受领清偿之人间存在清偿抵充顺序之合意时,依其顺序,抵充其清偿。</u> (应作出数个给付情形之抵充)	2.(同左) 3.(同左) (法定抵充) 第四百八十九条　清偿人及受领清偿人均未指定前条规定之抵充清偿时,依下列各项之规定,抵充其清偿。 　一、债务中存在有清偿期者和无清偿期者时,先抵充有清偿期者。 　二、全部债务均有清偿期时,或均无清偿期时,先抵充对债务人清偿利益较多者。 　三、对债务人清偿利益相等时,先抵充清偿期先到来者或应先到来者。 　四、前两项所列事项相等之债务,其清偿按各债务之金额抵充。 (应支付本金、利息及费用情形之抵充) 第四百九十一条　除本金外,债务人就一个或数个债务应支付利息及费用之情形,清偿人所作之给付不足以使其债务全部消灭时,应依费用、利息及本金之顺序抵充之。 2.前款之情形,准用<u>第四百八十九条之规定</u>。 (新增) (应作出数个给付情形之抵充) 第四百九十条　清偿一个债务而应作出数个给付之情形,清偿人所作之给付不足以使其债务全部消灭时,准用<u>前两条之规定</u>。

(续表)

新条文/章节	旧条文/章节
第四百九十一条 清偿一个债务而应作出数个给付之情形,清偿人所作之给付不足以使其债务全部消灭时,准用前三条之规定。 (删去) (提供清偿之效果) 第四百九十二条 债务人自提供清偿之时起,免除因不履行债务所生之责任。 (提存) 第四百九十四条 下列情形,清偿人得为债权人提存清偿标的物。于此情形,清偿人作出提存时,该债权消灭。 一、提供清偿之情形,债权人拒绝受领时。 二、债权人不能受领清偿时。 2.清偿人不能确知债权人时,亦与前款同。但清偿人有过失时,不在此限。 (不适宜提存之物等) 第四百九十七条 下列情形,得法院之许可,清偿人得提交拍卖清偿标的物,提存其价款。 一、其物不适宜提存时。 二、其物有因灭失、损伤及其他事由而致价格跌落之虞时。 三、其物之保存需要过多费用时。 四、除前三项所列情形外,其物之提存有困难情事时。 (提存物返还请求等) 第四百九十八条 清偿标的物或前条之价款被提存时,债权人得请求返还提存物。	(提供清偿之效果) 第四百九十二条 债务人自提供清偿之时起,免除因债务不履行所生之一切责任。 (提存) 第四百九十四条 债权人拒绝受领,或不能受领清偿时,得作出清偿之人(以下称"清偿人"),得为债权人提存清偿标的物并免除其债务。清偿人无过失地不能确知债权人时,亦同。 (不适宜提存之物等) 第四百九十七条 清偿标的物不适宜提存时,或该物有灭失或损伤之虞时,清偿人得法院之许可,得提交拍卖清偿标的物,提存其价款。就其物之保存要求过多费用时,亦同。 (提存物受领要件) 第四百九十八条 (新增)

(续表)

新条文/章节	旧条文/章节
2.(略)	(同左)
(因清偿而代位之要件) 第四百九十九条　为债务人清偿之人,代位债权人。 (删去)	(任意代位) 第四百九十九条　为债务人清偿之人,于其清偿同时,得到债权人之承诺,得代位债权人。 2.前款之情形,准用第四百六十七条之规定。
第五百条　第四百六十七条之规定,准用于前条之情形(就清偿享有正当利益者代位债权人之情形除外。)。	(法定代位) 第五百条　就清偿享有正当利益之人,因清偿当然代位债权人。
(因清偿而代位之效果) 第五百零一条　依前两条之规定代位债权人之人,得行使债权人享有之作为债权效力及担保之一切权利。	(因清偿而代位之效果) 第五百零一条　依前两条之规定代位债权人之人,于基于自己之权利而得求偿之范围内,得行使债权人享有之作为债权效力及担保之一切权利。于此情形,应依下列各项之规定。
(删去)	一、保证人若未事先于先取特权、不动产质权或抵押权之登记上备注其代位,则不得对该先取特权、不动产质权或抵押权标的不动产之第三取得人代位债权人。
(删去)	二、第三取得人不对保证人代位债权人。
(删去)	三、第三取得人之一人,按各不动产之价格,对其他第三取得人代位债权人。
(删去)	四、物上保证人之一人,按各财产之价格,对其他物上保证人代位债权人。
(删去)	五、保证人与物上保证人间,按其数量代位债权人。但物上保证人为数人时,除去保证人负担之部分,就其余额,按各财产之价格代位债权人。
(删去)	六、前项之情形,其财产为不动产时,准用第一项之规定。
2.前款规定之权利行使,限于代位债权人者基于自己之权利而得对债务人求偿之范围内(保证人之一人对其他保证人代位债权人之情形,基于自己之权利而得对相关其他保证人求偿之范围内),得为之。	(新增)

新条文/章节	旧条文/章节
3.第一款之情形,除依前款之规定外,依下列者。 一、第三取得人(自债务人处受让担保标的财产之人。于以下此款同)不对保证人及物上保证人代位债权人。 二、第三取得人之一人,按各财产之价格,对其他第三取得人代位债权人。 三、前项之规定,准用于物上保证人之一人对其他物上保证人代位债权人之情形。 四、保证人与物上保证人间,按其数量代位债权人。但物上保证人为数人时,除去保证人负担之部分,就其余额,按各财产之价格代位债权人。 五、自第三取得人处受让担保标的财产之人,视为第三取得人而适用第一项及第二项之规定。自物上保证人处受让担保标的财产之人,视为物上保证人而适用第一项、第三项及前项之规定。	(新增)
(因部分清偿而代位) 第五百零二条 就部分债权代位清偿时,代位人<u>得债权人之同意</u>,按其清偿价额,<u>得</u>与债权人一同行使其权利。	(因部分清偿而代位) 第五百零二条 就部分债权代位清偿时,代位人,按其清偿价额,与债权人一同行使其权利。
2.前款之情形,债权人亦得单独行使其权利。	(新增)
3.前两款之情形,就其债权之担保标的财产之出卖价款及其他因有关权利之行使所得之金钱,债权人行使之权利优先于代位人行使之权利。	(新增)
4.第一款之情形,仅债权人得因债务不履行而解除合同。于此情形,应对代位人偿还其清偿价额及其利息。	2.前款之情形,仅债权人得因债务不履行而解除合同。于此情形,应对代位人偿还其清偿价额及其利息。
(债权人丧失担保等)	(债权人丧失担保等)

(续表)

新条文/章节	旧条文/章节
第五百零四条　存在就清偿享有正当利益之人(于以下此款称"代位权人")之情形,债权人故意或过失丧失担保,或使之减少时,该代位权人于代位时在因担保之丧失或减少而变得不能受偿还之限度内,免除其责任。该代位权人为物上保证人之情形,就自该代位权人处受让担保标的财产之第三人及其特定承继人,亦同。 2.就债权人丧失担保或使之减少者,参照交易上之社会通常观念被认为有合理理由时,不适用前款之规定。	第五百零四条　存在依第五百条之规定得代位之人之情形,债权人故意或过失丧失担保,或使之减少时,该得代位之人在因该丧失或减少而已经变得不能受偿还之限度内,免除其责任。 (新增)
(抵销要件等) 第五百零五条　(略) 2.不论前款之规定,当事人作出禁止或限制抵销内容之意思表示时,其意思表示,限于第三人知道或因重大过失而不知时,得对抗该第三人。	(抵销要件等) 第五百零五条　(同左) 2.当事人表示出反对意思之情形,不适用前款之规定。但其意思表示不得对抗善意第三人。
(禁止以侵权行为债权等作为被动债权之抵销) 第五百零九条　下列债务之债务人,不得以抵销对抗债权人。但其债权人自他人处受让有关该债务之债权时,不在此限。 一、基于恶意侵权行为之损害赔偿债务。 二、因侵害人之生命或身体之损害赔偿债务(除前项所列者外)。	(禁止以侵权行为债权作为被动债权之抵销) 第五百零九条　债务因侵权行为所生时,其债务人不得以抵销对抗债权人。
(禁止以受扣押债权作为被动债权之抵销) 第五百一十一条　受扣押债权之第三债务人,不得以扣押后取得之债权之抵销对抗扣押债权人,但得以扣押前取得之债权之抵销对抗。	(禁止以受支付停止债权作为被动债权之抵销) 第五百一十一条　受支付停止之第三债务人,不得以之后取得之债权之抵销对抗扣押债权人。

新条文/章节	旧条文/章节
2.不论前款之规定,扣押后取得之债权乃基于扣押前之原因所生者时,该第三债务人得以其债权之抵销对抗扣押债权人。但第三债务人于扣押后取得他人债权之情形,不在此限。	(新增)
(抵销抵充)〔9〕 第五百一十二条　债权人对债务人享有一个或数个债权,且债权人对债务人负担一个或数个债务,债权人作出抵销意思表示之情形,若当事人无另外之合意时,债权人享有之债权与其负担之债务,依构成适宜抵销之时期顺序,就其相当额,因抵销而消灭。 2.前款之情形,抵销债权人享有之债权不足以消灭其负担债务之全部时,若当事人无另外之他合意时,依下列者。 一、债权人负担数个债务时(除次项规定之情形外),准用民法第四百八十八条第四款第二项至第四项之规定。 二、就债权人负担一个或数个债务,除本金外尚应支付利息及费用时,准用第四百八十九条之规定。于此情形,同条第二款中"前条"替读为"前条第四款第二项至第四项"。 3.第一款之情形,抵销债权人负担之债务不足以消灭其享有债权之全部时,准用前款之规定。	(抵销抵充) 第五百一十二条　第四百八十八条至第四百九十一条之规定,准用于抵销。
第五百一十二条之二　债权人对债务人享有之债权中,作为一个债权之清偿而应作出数个给付之情形,就其中之抵销,准用前条之规定。债权人对债务人负担之债务中,作为一个债务之清偿而应作出数个给付之情形,就其中之抵销,亦同。	(新增)

---

〔9〕 该标题原为现行法第五百一十二条的标题,修改后,该标题变为新法第五百一十二条及第五百一十二条之二的标题。

（续表）

新条文/章节	旧条文/章节
（变更） 第五百一十三条 当事人代替<u>从前之债务</u>,订立发生下列新债务内容之合同时,从前之债务因变更而消灭。 <u>一、就从前之给付内容作出重要变更者。</u> <u>二、从前之债务人更迭为第三人。</u> <u>三、从前之债权人更迭为第三人。</u> （删去）	（变更） 第五百一十三条 当事人订立<u>变更债务要素</u>之合同时,该债务因变更而消灭。 （新增） （新增） （新增） 2.附条件债务变为无条件债务时,无条件债务附上条件时,或变更债务之条件时,均视为变更债务之要素。
（因债务人更迭之变更） 第五百一十四条 因债务人更迭而变更,得以债权人与变更后成为债务人之人间之合同而作出。<u>于此情形,债权人对变更前之债务人通知该合同意思时,变更生其效力。</u> <u>2.因债务人更迭,变更后之债务人不对变更前之债务人取得求偿权。</u>	（因债务人更迭之变更） 第五百一十四条 因债务人更迭而变更,得以债权人与变更后成为债务人之人间之合同而作出。<u>但违反变更前之债务人的意思时,不在此限。</u> （新增）
（因债权人更迭之变更）[9] 第五百一十五条 <u>因债权人更迭之变更,得依变更前之债权人、变更后成为债权人之人以及债务人间之合同而为之。</u> 2.(略)	（因债权人更迭之变更） 第五百一十五条 （新增） （同左）
（删去）	第五百一十六条 <u>因债权人更迭之变更,准用第四百六十八条第一款之规定。</u>
（删去）	<u>（变更前之债务不消灭之情形）</u> 第五百一十七条 因变更所生之债务,因不法原因或当事人未知之事由不成立<u>或被撤销</u>时,变更前之债务不消灭。

---

[9] 该标题原为旧法第五百一十五条及第五百一十六条的标题,修改后,该标题变为新法第五百一十五条的标题。

(续表)

新条文/章节	旧条文/章节
(担保移转至变更后之债务) 第五百一十八条　<u>债权人(因债权人更迭之变更,为变更前之债权人)</u>,于变更前债务标的之限度内,得将作为债务担保而设定之质权或抵押权移转至变更后之债务。但第三人设定之情形,应得其承诺。 <u>2.前款质权或抵押权之移转,应事先或同时以对变更相对人(因债权人更迭之变更,为债务人)所作之意思表示而为之。</u>	(担保移转至变更后之债务) 第五百一十八条　<u>变更之当事人</u>,于变更前债务标的之限度内,得将作为债务担保而设定之质权或抵押权移转至变更后之债务。但第三人设定之情形,应得其承诺。
<u>第七节　有价证券</u> <u>第一分节　指示证券</u>	(新增) (新增)
<u>(指示证券之让与)</u> <u>第五百二十条之二　指示证券之让与,非于其证券上作出让与之背书并交付给受让人,不生其效力。</u>	(新增)
<u>(指示证券之背书方式)</u> <u>第五百二十条之三　就指示证券之让与,按其指示证券之性质,准用票据法[昭和七年(1932年)法律第二十号]中有关背书方式之规定。</u>	(新增)
<u>(指示证券持有人权利之推定)</u> <u>第五百二十条之四　指示证券持有人依连续背书而证明其权利时,推定其持有人适法地享有证券上权利。</u>	(新增)
<u>(指示证券之善意取得)</u> <u>第五百二十条之五　因某些事由丧失指示证券之占有者,其持有人依前条规定证明其权利时,其持有人不负返还该证券之义务。但其持有人因恶意或重大过失取得该证券时,不在此限。</u>	(新增)
<u>(指示证券让与中债务人抗辩之限制)</u>	

（续表）

新条文/章节	旧条文/章节
第五百二十条之六　指示证券之债务人,除记载于其证券之事项及自其证券性质当然所生之结果外,不得以其证券让与前得对抗债权人之事由对抗善意受让人。	（新增）
（指示证券之质押） 第五百二十条之七　以指示证券为标的设定质权时,准用第五百二十条之二至前条之规定。	（新增）
（指示证券之清偿场所） 第五百二十条之八　指示证券之清偿,应于债务人现在之住所进行。	（新增）
（指示证券之提示与履行迟延） 第五百二十条之九　指示证券之债务人,即使就其债务履行存在期限约定时,亦于该期限届至后,自持有人提示其证券而作出履行请求时起,负迟延责任。	（新增）
（指示证券债务人之调查权利等） 第五百二十条之十　指示证券之债务人,有调查其证券持有人以及其签名及盖章真伪之权利,但不负此义务。但债务人有恶意或重大过失时,其清偿无效。	（新增）
（指示证券之丧失） 第五百二十条之十一　指示证券,得依非讼案件程序法[平成二十三年（2011年）法律第五十一号]第一百条规定之公示催告程序而无效。 （指示证券丧失时的权利行使方法）	（新增）

新条文/章节	旧条文/章节
第五百二十条之十二 以金钱及其他物或有价证券给付为标的之指示证券,其持有人丧失其指示证券之情形,申请非讼案件程序法第一百一十四条规定之公示催告时,得使其债务人提存其债务标的物,或提供相当之担保后依其指示证券之趣旨使债务人履行之。	(新增)
第二分节 记名式持有人支付证券	(新增)
(记名式持有人支付证券之让与) 第五百二十条之十三 记名式持有人支付证券(指名记载债权人之证券,备注应向其持有人作出清偿内容之说明。以下同)之让与,非交付其证券者,不生其效力。	(新增)
(记名式持有人支付证券持有人权利之推定) 第五百二十条之十四 推定记名式持有人支付证券之持有人适法地享有证券上之权利。	(新增)
(记名式持有人支付证券之善意取得) 第五百二十条之十五 因某些事由而丧失记名式持有人支付证券之占有者,其持有人依前条之规定证明其权利时,其持有人不负返还该证券之义务。但其持有人因恶意或重大过失取得该证券时,不在此限。	(新增)
(记名式持有人支付证券让与中债务人抗辩之限制)	

(续表)

新条文/章节	旧条文/章节
第五百二十条之十六　记名式持有人支付证券之债务人,除记载于其证券之事项及自其证券性质当然所生之结果外,不得以其证券让与前得对抗债权人之事由对抗善意受让人。	(新增)
(记名式持有人支付证券之质押) 第五百二十条之十七　以记名式持有人支付证券为标的设定质权时,准用第五百二十条之十三至前条之规定。	(新增)
(准用指示证券之规定) 第五百二十条之十八　第五百二十条之八至第五百二十条之十二之规定,准用于记名式持有人支付证券。	(新增)
第三分节　其他记名证券	(新增)
第五百二十条之十九　指示证券及记名式持有人支付证券以外之指名记载债权人之证券,得依债权让与或以之为标的设定质权之方式,且仅以其效力,作出让与或作为质权之标的。 2.前款之证券,准用第五百二十条之十一及第五百二十条之十二之规定。	(新增)
第四分节　无记名证券	(新增)
第五百二十条之二十　第二分节(记名式持有人支付证券)之规定,就无记名证券准用。	(新增)
(合同缔结及内容自由) 第五百二十一条　除法令特别规定之情形,任何人得自由决定是否订立合同。	

（续表）

新条文/章节	旧条文/章节
2.合同当事人于法令之限制内得自由决定合同内容。 （合同成立与方式） 第五百二十二条　相对人对表示合同内容且表明其缔结之意思表示（以下称"要约"）作出承诺时,合同成立。 2.除法令特别规定之情形,合同成立无需具备书面之作成及其他方式。 （确定承诺期间之要约） 第五百二十三条　确定承诺期间之要约,不得撤回。但要约人保留撤回之权利时,不在此限。 2.（略） （删去）	2.（同左） （确定承诺期间之要约） 第五百二十一条　确定承诺期间之要约,不得撤回。 （承诺通知迟延到达） 第五百二十二条　对前条第一款要约之承诺,其通知虽于同款期间经过后到达,但可知在通常情形下于其期间内应能到达发送时,要约人应毫不迟延地对相对人发出迟延到达通知。但于到达前发出迟延通知时,不在此限。 2.要约人怠于作出前款正文之迟延到达通知时,承诺之通知视为在前条第一款之期间内到达。
（迟延承诺之效力） 第五百二十四条　（略）	（迟延承诺之效力） 第五百二十三条　（略）
（未确定承诺期间之要约） 第五百二十五条　未确定承诺期间之要约,要约人于接受承诺通知之相当期间经过前,不得撤回。但要约人保留撤回之权利时,不在此限。	（未确定承诺期间之要约） 第五百二十四条　对异地者所作未确定承诺期间之要约,要约人于接受承诺通知之相当期间经过前,不得撤回。

（续表）

新条文/章节	旧条文/章节
2.不论前款之规定,对对话人所作前款之要约,于其对话持续期间,得随时撤回。	(新增)
3.对对话人所作第一款之要约,对话持续期间要约人未受承诺通知时,其要约失效。但要约人于对话终止后亦表示出其要约未失效之意思时,不在此限。	(新增)
(删去)	(要约人死亡或丧失行为能力) 第五百二十五条　第九十七条第二款之规定,不适用于要约人表示出相反意思之情形,或相对人知道要约人死亡或丧失行为能力之事实之情形。
(要约人死亡等) 第五百二十六条　要约人发出要约通知后死亡,或成为经常性无意思能力者,或受到行为能力限制之情形,要约人表示过若该事实发生则其要约没有效力之意思时,或其相对人于承诺通知发出前已知该事实发生时,该要约没有效力。	(异地者间合同之成立时期) 第五百二十六条　异地者间之合同,于发出承诺之通知时,成立。 2.依要约人之意思表示或交易上之习惯,不以承诺通知为必要之情形,被认为乃承诺意思表示之事实发生时,合同成立。
(不以承诺通知为必要之情形中合同成立时期) 第五百二十七条　依要约人之意思表示或交易上之习惯,不以承诺通知为必要之情形,被认为乃承诺意思表示之事实发生时,合同成立。	(要约撤回通知迟延到达) 第五百二十七条　撤回要约之通知于承诺通知发出后到达,但可知在通常情形下于其之前应能到达时发送的,承诺人应毫不迟延地对要约人发出迟延到达通知。 2.承诺人怠为前款之迟延到达通知时,合同视为未成立。
(悬赏广告) 第五百二十九条　广告给予作出某行为者一定报酬之人(以下称"悬赏广告人")不论作出其行为者知道其广告与否,对其人负给予报酬之义务。	(悬赏广告) 第五百二十九条　广告给予作出某行为者一定报酬之人(以下于本分节称"悬赏广告人"。)对作出其行为者负给予报酬之义务。

(续表)

新条文/章节	旧条文/章节
（规定作出指定行为期间之悬赏广告） 第五百二十九条之二　悬赏广告人不得撤回已规定作出指定行为期间之广告。但其广告中保留撤回之权利时,不在此限。 2.前款之广告,于其期间内无完成指定行为之人时,失其效力。	（新增）
（未规定作出指定行为期间之悬赏广告） 第五百二十九条之三　无完成指定行为之人时,悬赏广告人得撤回未规定作出指定行为期间之广告。但其广告中已表示不撤回之意思时,不在此限。	（新增）
（悬赏广告撤回之方法） 第五百三十条　以与前之广告相同之方法撤回广告时,对不知之者,亦有其效力。 2.广告之撤回,亦得以与前之广告相异之方法而作出。但其撤回仅对已知之者有其效力。 （新增）	（悬赏广告之撤回） 第五百三十条　前条之情形,于无完成指定行为之人时,悬赏广告人得以与前之广告相同之方法撤回该广告。但其广告中已表示出不撤回之意思时,不在此限。 2.不能以前款规定之方法撤回时,得以其他方法撤回。于此情形,该撤回仅对已知之者有效。 3.悬赏广告人规定作出指定行为之期间时,推定放弃撤回之权利。
（同时履行抗辩） 第五百三十三条　双务合同当事人之一方,于相对人提供债务履行(含代替债务履行之损害赔偿债务的履行)之前,得拒绝履行自己之债务。但相对人之债务未在清偿期时,不在此限。	（同时履行抗辩） 第五百三十三条　双务合同当事人之一方,于相对人提供债务履行之前,得拒绝履行自己之债务。但相对人之债务未在清偿期时,不在此限。
第五百三十四条及第五百三十五条 （删去）	（债权人之风险负担） 第五百三十四条　以特定物物权之设定或移转为双务合同之标的时,其物因不可归责于债务人之事由而灭失或损坏时,其灭失或损伤由债权人负担。

(续表)

新条文/章节	旧条文/章节
	2.不特定物之合同,其物依第四百零一条第二款之规定而确定时,适用前款之规定。 (附停止条件双务合同中的风险负担) 第五百三十五条　附停止条件双务合同之标的物,于条件成就与否未定时灭失之情形,不适用前条之规定。 2.附停止条件双务合同之标的物因不可归责于债务人之事由而损坏时,其损坏归债权人负担。 3.附停止条件双务合同之标的物因可归责于债务人之事由而损坏时,条件成就时,债权人得依其选择,请求履行合同或行使解除权。于此情形,不碍损害赔偿之请求。
(债务人之风险负担等) 第五百三十六条　因不可归责于双方当事人之事由而致债务不能履行时,债权人得拒绝履行对待给付。 2.因可归责于债权人之事由而致债务不能履行时,债权人不得拒绝履行对待给付。于此情形,债务人因免除自己之债务而得到利益时,应偿还债权人之。	(债务人之风险负担等) 第五百三十六条　除前两条规定之情形外,因不可归责于双方当事人之事由而致债务不能履行时,债务人无接受对待给付之权利。 2.因可归责于债权人之事由而致债务不能履行时,债务人不失接受对待给付之权利。于此情形,因免除自己之债务而得到利益时,应偿还债权人之。
(为第三人之合同) 第五百三十七条　(略) 2.前款之合同,其成立时,第三人未现实存在之情形,或第三人未特定之情形,亦不因此而碍其效力。 3.第一款之情形,第三人之权利于该第三人对债务人表示出享受同款合同利益之意思时发生。	(为第三人之合同) 第五百三十七条　(同左) (新增) 2.前款之情形,第三人之权利于该第三人对债务人表示出享受同款合同利益之意思时发生。
(第三人权利之确定) 第五百三十八条　(略)	(第三人权利之确定) 第五百三十八条　(同左)

(续表)

新条文/章节	旧条文/章节
2.依前条规定发生第三人之权利后,债务人不履行对该第三人之债务时,同条第一款之合同相对人,非得该第三人之承诺,不得解除合同。	(新增)
第三分节　合同上地位移转	(新增)
第五百三十九条之二　合同一方当事人与第三人间作出让与合同上地位之内容之合意时,该合同相对人承诺该让与时,合同上地位移转至该第三人。	(新增)
第四分节　合同解除	第三分节　合同解除
(催告解除) 第五百四十一条　一方当事人不履行债务时,相对人规定相当之期间并催告其履行,于其期间内未履行时,相对人得解除合同。但期间经过后之债务不履行,参照合同及交易上之社会通常观念来看乃轻微之时,不在此限。	(因迟延履行等的解除权) 第五百四十一条　一方当事人不履行债务时,相对人规定相当之期间并催告其履行,于其期间内未履行时,相对人得解除合同。
(无催告解除) 第五百四十二条　下列情形,债权人无须前条之催告,得径直解除合同。 一、债务全部履行不能时。 二、债务人明确表示出拒绝履行其全部债务之意思时。 三、债务部分履行不能或债务人明确表示出拒绝履行其部分债务之意思时,仅凭剩余部分不能达到合同目的时。 四、依合同性质或当事人意思表示,非于特定日、时或一定期限内履行便不能达到合同目的时,债务人未履行,而其期间经过时。	(因迟延履行定期行为之解除权) 第五百四十二条　依合同之性质或当事人之意思表示,非于特定日、时或一定期间内履行便不能达成订立合同之目的时,一方当事人于该时期经过后仍未履行时,相对人无须前条之催告,得径直解除合同。

(续表)

新条文/章节	旧条文/章节
五、除前述各项所列情形外,债务人不履行其债务,债权人即使作出前条之催告,也明显没有足以达到合同目的之履行可能时。 2.下列情形,债权人无须前条之催告,得径直解除部分合同。 一、债务部分履行不能时。 二、债务人明确表示出拒绝履行其部分债务之意思时。 (因可归责于债权人之事由时) 第五百四十三条　债务不履行乃因可归责于债权人之事由所致时,债权人不得依前两条之规定解除合同。 (解除之效果) 第五百四十五条　(略) 2.(略) 3.第一款正文之情形,返还金钱以外之物时,亦应返还受领之时以后所生之孳息。 4.(略) (因解除权人之故意损伤标的物等而致解除权消灭) 第五百四十八条　有解除权之人因故意或过失显著损坏合同标的物,或变得不能返还时,或因加工、改造而使之变为其他种类之物时,解除权消灭。但有解除权之人不知其有解除权时,不在此限。 (删去) 第五分节　格式条款 (格式条款之合意)	(因履行不能的解除权) 第五百四十三条　履行全部或部分不能时,债权人得解除合同。但其债务不履行乃不可归责于债务人之事由所致时,不在此限。 (解除之效果) 第五百四十五条　(同左) 2.(同左) (新增) 3.(同左) (因解除权人之行为等而致解除权消灭) 第五百四十八条　有解除权之人因自己之行为或过失显著损坏合同标的物,或变得不能返还时,或因加工、改造而使之变为其他种类之物时,解除权消灭。 2.合同标的物非因有解除权之人的行为或过失而灭失或损伤时,解除权不消灭。 (新增)

新条文/章节	旧条文/章节
第五百四十八条之二 作出定型交易(某特定之人以不特定多数之人为相对人进行交易,其内容之全部或部分为划一性者,但对双方而言乃合理者。以下同)之合意者(于次条称"定型交易合意"),于下列情形,视为就格式条款(定型交易中,以构成合同之内容为标的,由特定之人准备之条款之总称。以下同)之个别条款亦作出合意。 一、作出以格式条款为合同内容之意思之合意时。 二、准备格式条款之人(以下称"格式条款准备人")事先对相对人表示出以其格式条款作为合同内容之意思时。 2.不论前款之规定,同款之条款中,限制相对人权利或加重相对人义务之条款,参照其定型交易之样态及其实情以及交易上之社会通常观念,被认为违反第一条第二款规定之基本原则,而单方有害相对人利益时,视为未作出合意。 (格式合同内容之表示)	(新增)
第五百四十八条之三 作出或欲作出定型交易之格式条款准备人,于定型交易合意前或定型交易合意后之相当期间内,受有来自相对人之请求时,应毫不迟延地以相当方法表示其格式条款之内容。但格式条款准备人已对相对人交付记载格式条款之书面或提供记录之电磁记录时,不在此限。 2.格式条款准备人于定型交易前拒绝前款请求时,不适用前条之规定。但发生暂时通信故障之情形及有其他正当事由之情形,不在此限。 (格式条款之变更)	(新增)

(续表)

新条文/章节	旧条文/章节
<u>第五百四十八条之四　因下列情形变更格式条款时,视为就变更后格式条款之条款存在合意,格式条款准备人无须个别地与相对人作出合意,而得变更合同之内容。</u> <u>一、格式条款之变更,适合相对人一般利益时。</u> <u>二、格式条款之变更,不违反订立合同之目的,且参照变更之必要性、变更后内容之相当性、依本条规定变更格式条款内容之约定之有无以及其内容及其他有关变更之情事,乃合理之时。</u> <u>2.格式条款准备人,依前款规定变更格式条款时,应确定其效力发生时期,且将变更格式条款之意思及变更后格式条款之内容以及其效力发生时期以互联网及其他合适方法作出周知。</u> <u>3.依第一款第二项之规定变更格式条款时,于前款之效力发生时期到来之前,非依同款规定作出周知者,不生其效力。</u> <u>4.依第一款之规定变更格式条款时,不适用第五百四十八条之二第二款之规定。</u>	(新增)
(赠与) 第五百四十九条　赠与,因一方当事人表示将<u>某</u>财产无偿给予相对人之意思而相对人同意,生其效力。	(赠与) 第五百四十九条　赠与,因一方当事人表示将<u>自己</u>之财产无偿给予相对人之意思而相对人同意,生其效力。
(解除非书面赠与) 第五百五十条　非书面之赠与,各当事人得<u>解除</u>。但履行完成之部分,不在此限。	(<u>撤回</u>非书面赠与) 第五百五十条　非书面之赠与,各当事人得<u>撤回</u>。但履行完成之部分,不在此限。
(赠与人之<u>交付义务</u>) 第五百五十一条　<u>推定赠与人已约定将以赠与标的特定时之状态,交付或移转赠与标的之物或权利。</u>	(赠与人之<u>担保责任</u>) 第五百五十一条　赠与人,就赠与标的物或权利之瑕疵或不存在,不负其责任。但赠与人明知该瑕疵或不存在而不告知受赠人时,不在此限。

(续表)

新条文/章节	旧条文/章节
2.(略)	2.(同左)
（定金） 第五百五十七条　买受人向出卖人交付定金时,<u>买受人得放弃其定金,出卖人得现实提供其双倍金额</u>,而解除合同。<u>但其相对人已着手履行合同后,不在此限</u>。 2.第五百四十五条第<u>四</u>款之规定,不适用于前款之情形。	（定金） 第五百五十七条　买受人向出卖人交付定金时,<u>在一方当事人着手履行合同前,买受人得放弃该定金,出卖人得偿还其双倍价额</u>,而解除合同。 2.第五百四十五条第<u>三</u>款之规定,不适用于前款之情形。
<u>（有关权利移转对抗要件之出卖人义务）</u> 第五百六十条　<u>出卖人对买受人,负登记、注册及其他使买卖标的权利之移转具备对抗要件之义务</u>。	（他人权利买卖中出卖人义务） 第五百六十条　<u>以他人权利为买卖标的时,出卖人负取得该权利并移转至买受人之义务</u>。
（他人权利买卖中出卖人之<u>义务</u>） 第五百六十一条　<u>以他人权利(含权利部分属于他人之情形中其权利之部分)为买卖标的时,出卖人负取得该权利并移转至买受人之义务</u>。	（他人权利买卖中出卖人之<u>担保责任</u>） 第五百六十一条　<u>前条之情形,出卖人未能取得出卖之权利并移转至买受人时,买受人得解除合同。于此情形,订立合同时知道该权利不属于出卖人时,不得请求损害赔偿</u>。
<u>（买受人之补正请求权）</u> 第五百六十二条　<u>交付标的物之种类、品质或数量不适合合同内容时,买受人对出卖人,得请求标的物之修补、替代物之交付或因不足部分之交付的履行补正。但出卖人未对买受人课以不相当之负担时,得以与买受人请求之方法相异之方法作出履行之补正</u>。 2.<u>前款之不适合乃因可归责于买受人之事由所生时,买受人不得请求同款规定之履行补正</u>。	（他人权利买卖中善意出卖人之解除权） 第五百六十二条　<u>出卖人于订立合同时不知道该出卖之权利不属于自己时,未能取得该权利并移转至买受人时,出卖人得赔偿损害而解除合同</u>。 2.<u>前款之情形,买受人于订立合同时知道该买受之权利不属于出卖人时,出卖人得对买受人,得仅通知不能移转出卖之权利的意思,而解除合同</u>。
<u>（买受人之价款减少请求权）</u>	（部分权利属于他人时出卖人之担保责任）

(续表)

新条文/章节	旧条文/章节
第五百六十三条 前条第一款正文规定之情形,买受人规定相当期间作出履行补正催告,而于该期间内未补正履行时,买受人得按其不适合之程度请求减少价款。 2.不论前款之规定,下列情形,买受人无需同款之催告,得径直请求减少价款。 一、履行补正不能时。 二、出卖人明确表示出拒绝履行补正之意思时。 三、依合同性质或当事人意思表示,非于特定日时或一定期间内履行,便不能达成合同目的时,出卖人未履行,而该时期已经过时。 四、除前三项所列情形外,即使买受人作出同款之催告,也明显没有受到履行补正之可能时。 3.第一款之不适合乃因可归责于买受人之事由所生时,买受人不得依前两款之规定请求减少价款。 (买受人损害赔偿请求及解除权之行使) 第五百六十四条 前两条之规定,不碍依第四百五十五条之规定请求损害赔偿以及依第五百四十一条及第五百四十二条之规定行使解除权。 (移转权利不适合合同内容时之出卖人担保责任) 第五百六十五条 出卖人移转至买受人之权利不适合合同内容时(含权利部分属于他人之情形中未移转其权利之部分时),准用前三条之规定。 (标的物种类或品质相关担保责任期间之限制)	第五百六十三条 因买卖标的之权利部分属于他人,出卖人不能将之移转至买受人时,买受人得按不足部分之比例,请求减少价款。 2.前款之情形,仅有剩余部分而买受人不买受时,善意买受人得解除合同。 3.请求价款减少或解除合同,不碍善意买受人请求损害赔偿。 第五百六十四条 前条规定之权利,买受人善意时自知道事实之时起,恶意时自订立合同之时起,应各自于一年以内行使。 (数量不足或物部分灭失时出卖人之担保责任) 第五百六十五条 指定数量之买卖物不足之情形,或物之部分于订立合同时既已灭失之情形,买受人不知道该不足或灭失时,准用前两条之规定。 (存在地上权等情形中出卖人之担保责任)

(续表)

新条文/章节	旧条文/章节
第五百六十六条　就种类和品质,出卖人向买受人交付不适合合同内容之标的物时,买受人自知道该不适合时起一年以内未通知出卖人其内容时,买受人不得以该不适合为由,作出履行补正请求、价款减少请求、损害赔偿请求以及合同解除。但出卖人于交付时知道或因重大过失而不知该不适合时,不在此限。	第五百六十六条　买卖标的物为地上权、永佃权、地役权、留置权或质权之标的时,买受人不知道,且因此而不能达成合同目的时,买受人得解除合同。于此情形,不能解除合同时,仅得请求损害赔偿。 2.号称为买卖标的之不动产而存在的地役权不存在之情形,以及就该不动产存在已登记之租赁之情形,准用前款之规定。 3.前两款之情形,合同解除或损害赔偿请求,应自买受人知道事实起一年以内行使。
(标的物灭失等风险之移转) 第五百六十七条　出卖人向买受人交付标的物(限于作为买卖标的而特定者。以下于本条同)之情形,自交付之时以后该标的物因不可归责于双方当事人之事由而灭失或损伤时,买受人不得以其灭失或损伤为由作出履行补正请求、价款减少请求、损害赔偿请求及合同解除。于此情形,买受人不得拒绝支付价款。 2.虽出卖人以适合合同内容之标的物提供交付债务之履行,但买受人拒绝接受其履行,或不能接受之情形,自其履行提供之时以后该标的物因不可归责于双方当事人之事由而灭失或损伤时,亦与前款同。	(存在抵押权等情形中出卖人之担保责任) 第五百六十七条　就买卖标的之不动产,因先取特权或抵押权之行使,买受人失去其所有权时,买受人得解除合同。 2.买受人支出费用而保存其所有权时,得对出卖人请求偿还该费用。 3.前两款之情形,买受人受损害时,得请求其赔偿。
(拍卖中之担保责任等) 第五百六十八条　基于民事执行法及其他法律规定之拍卖(以下于本条中仅称"拍卖")中,买受人得依第五百四十一条及第五百四十二条之规定以及第五百六十三条(含第五百六十五条中准用之情形)之规定,对债务人请求解除合同或减少价款。 2.(略) 3.(略)	(强制拍卖中之担保责任) 第五百六十八条　强制拍卖中,买受人得依第五百六十一条至前条之规定,对债务人请求解除合同或减少价款。 2.(同左) 3.(同左)

（续表）

新条文/章节	旧条文/章节
4.买卖标的物种类或品质之不适合,不适用前三款之规定。	（新增）
（抵押权等情形中买受人之费用偿还请求） 第五百七十条　买受之不动产上存在不适合合同内容之先取特权、质权或抵押权时,买受人支出费用而保存该不动产所有权时,买受人得对出卖人请求偿还其费用。	（出卖人之瑕疵担保责任） 第五百七十条　买卖标的物存在隐蔽瑕疵时,准用第五百六十六条之规定。但强制拍卖之情形,不在此限。
（删去）	（出卖人之担保责任与同时履行） 第五百七十一条　第五百六十三条至第五百六十六条及前条之情形,准用第五百三十三条之规定。
（不负担保责任内容之特约） 第五百七十二条　出卖人作出不负第五百六十二条第一款正文或第五百六十五条规定情形中之担保责任之特约,就明知却不告知之事实,及自己为第三人设定或让与给第三人之权利,亦不得免其责任。	（不负担保责任内容之特约） 第五百七十二条　出卖人作出不负依第五百六十条至前条规定之担保责任之特约,就明知却不告知之事实,及自己为第三人设定或让与给第三人之权利,亦不得免其责任。
（存在权利不能取得等之虞时买受人拒绝支付价款） 第五百七十六条　因存在就买卖标的主张权利之人及其他事由,买受人未能取得买受权利之全部或部分,或有丧失之虞时,买受人得按其危险程度,拒绝支付全部或部分价款。但出卖人提供相当之担保时,不在此限。	（存在权利丧失之虞时买受人拒绝支付价款） 第五百七十六条　由于存在就买卖标的主张权利之人,买受人买受权利之全部或部分有丧失之虞时,买受人得按其危险限度,拒绝支付全部或部分价款。但出卖人提供相当之担保时,不在此限。
（存在抵押权等登记时买受人拒绝支付价款）	（存在抵押权等登记时买受人拒绝支付价款）

(续表)

新条文/章节	旧条文/章节
第五百七十七条 买受不动产上存在<u>不适合合同内容之</u>抵押权登记时,于抵押权消灭请求程序终止之前,买受人得拒绝支付其价款。于此情形,出卖人得对买受人请求应毫不迟延地作出抵押权消灭请求之意思。 2.买受不动产上存在<u>不适合合同内容之</u>先取特权或质权登记时,准用前款规定。 (买回特约) 第五百七十九条 不动产出卖人,得依与买卖合同同时订立之买回特约,返还买受人支付之价款<u>(作出另外合意之情形,依其合意所定之金额。于第五百八十三条第一款中同)</u>及合同费用而解除买卖。于此情形,当事人未表示出另外意思时,不动产之孳息与价款之利息视为抵销。 (买回特约之对抗力) 第五百八十一条 与买卖合同同时登记买回特约时,买回<u>得对抗第三人</u>。 2.<u>作出前款之登记后,具备第六百零五条之二第一款规定之对抗要件之承租人权利,限于其剩余期间中不超过一年之期间,得对抗出卖人。但以有害出卖人之目的而租赁时,不在此限。</u> <u>(书面消费借贷等)</u> <u>第五百八十七条之二</u> 不论前条之规定,书面消费借贷,因一方当事人约定交付金钱及其他物,相对人约定返还与其受领物种类、品质及数量相同之物,而生其效力。 2.书面消费借贷之借用人,自出借人处受领金钱及其他物之前,得解除合同。于此情形,出借人因合同解除而受损害时,得对借用人请求赔偿。	第五百七十七条 买受不动产上存在抵押权登记时,于抵押权消灭请求程序终止之前,买受人得拒绝支付其价款。于此情形,出卖人得对买受人请求应毫不迟延地作出抵押权消灭请求之意思。 2.买受不动产上存在先取特权或质权登记时,准用前款规定。 (买回特约) 第五百七十九条 不动产出卖人,得依与买卖合同同时订立之买回特约,返还买受人支付之价款及合同费用而解除买卖。于此情形,当事人未表示出另外意思时,不动产之孳息与价款之利息视为抵销。 (买回特约之对抗力) 第五百八十一条 与买卖合同同时登记买回特约时,买回对第三人<u>亦生其效力</u>。 2.作出前款之登记后,具备第六百零五条之二第一款规定之对抗要件之承租人权利,限于其剩余期间中不超过一年之期间,得对抗出卖人。但以有害出卖人之目的而租赁时,不在此限。 (新增)

(续表)

新条文/章节	旧条文/章节
3.借用人自出借人处受领金钱及其他物之前,一方当事人受到破产程序开始裁定时,书面消费借贷失其效力。 4.消费借贷以记录其内容之电磁记录而作成时,该消费借贷视为书面作出,适用前三款之规定。 (准消费借贷) 第五百八十八条　存在负给付金钱及其他物之义务者时,当事人约定以该物作为消费借贷之标的时,消费借贷视为因此成立。 (利息) 第五百八十九条　出借人,非有特约,不得对借用人请求利息。 2.存在前款之特约时,出借人得请求自借用人受领金钱及其他物之日以后之利息。 (出借人之交付义务) 第五百九十条　无前条第一款特约之消费借贷,准用第五百五十一条之规定。 2.不拘前条第一款特约之有无,出借人交付之物之种类或品质不适合合同内容时,借用人得返还该物之价额。 (返还时期) 第五百九十一条　(略) 2.借用人,不论返还时期约定之有无,得随时返还。 3.当事人约定返还时期之情形,出借人因借用人期前返还而受损害时,得对借用人请求赔偿。 (使用借贷)	(准消费借贷) 第五百八十八条　存在非因消费借贷而负给付金钱及其他物之义务者时,当事人约定以该物作为消费借贷之标的时,消费借贷视为因此成立。 (消费借贷之预约与破产程序之开始) 第五百八十九条　消费借贷之预约,于之后一方当事人受到破产程序开始裁定时,失其效力。 (出借人之担保责任) 第五百九十条　附利息消费借贷,物有隐蔽瑕疵时,出借人应以无瑕疵之物代替。于此情形,不碍损害赔偿请求。 2.无利息消费借贷,借用人得返还瑕疵物之价额。于此情形,出借人明知该瑕疵而不告知借用人时,准用前款之规定。 (返还时期) 第五百九十一条　(同左) 2.借用人,得随时返还。 (新增) (使用借贷)

(续表)

新条文/章节	旧条文/章节
第五百九十三条 使用借贷,因一方当事人约定交付某物,相对人约定就受领物无偿使用及收益且于合同终止时返还,而生其效力。 (受领借用物之前出借人解除使用借贷) 第五百九十三条之二 借用人受领借用物前,出借人得解除合同。但书面使用借贷,不在此限。 (出借人之交付义务) 第五百九十六条 (略)	第五百九十三条 使用借贷,因一方当事人约定在无偿使用及收益后返还而自相对人处受领某物,而生其效力。 (新增) (出借人之担保责任) 第五百九十六条 (同左)
(因期间届满等而使用借贷终止) 第五百九十七条 当事人约定使用借贷之期间时,使用借贷因该期间届满而终止。 2.当事人未约定使用借贷期间之情形,约定使用及收益之目的时,使用借贷因借用人依其目的完成使用及收益而终止。 3.使用借贷因借用人死亡而终止。	(借用物返还时期) 第五百九十七条 借用人,应于合同约定之时期,返还借用物。 2.当事人未约定返还时期时,借用人应于按合同约定之目的完成使用及收益时,返还借用物。但于其使用及收益完成前,经过足以使用或收益之期间时,出借人得径直请求返还。 3.当事人未约定返还时期以及使用及收益之目的时,出借人得随时请求返还。
(使用借贷之解除) 第五百九十八条 前条第二款规定之情形,依同款之目的,足以供借用人使用及收益之期间经过时,出借人得解除合同。 2.当事人未约定使用借贷期间以及使用及收益之目的时,出借人得随时解除合同。 3.借用人得随时解除合同。 (借用人之除去等)	(借用人之除去) 第五百九十八条 借用人得将借用物回复原状,除去附属物。 (因借用人死亡而终止使用借贷)

(续表)

新条文/章节	旧条文/章节
第五百九十九条 受领借用物后,存在附属物之情形,使用借贷终止时,借用人负除去该附属物之义务。但与借用物不可分离之物,或分离要求过高费用之物,不在此限。 2.受领借用物后,借用人得除去附属物。 3.受领借用物后,发生损伤之情形,使用借贷终止后,借用人负将该损伤回复原状之义务。但该损伤乃因不可归责于借用人之事由所致时,不在此限。	第五百九十九条 使用借贷,因借用人死亡而失去效力。
(损害赔偿及费用偿还请求权之期间限制) 第六百条 (略) 2.前款之损害赔偿请求权,自出借人受返还之时起未经过一年时,时效不完成。	(损害赔偿及费用偿还请求权之期间限制) 第六百条 (同左) (新增)
(租赁) 第六百零一条 租赁,因一方当事人约定使相对人为使用及收益某物,相对人约定对之支付租金及于合同终止时返还所受交付之物,而生其效力。	(租赁) 第六百零一条 租赁,因一方当事人约定使相对人为使用及收益某物,相对人约定对之支付租金,而生其效力。
(短期租赁) 第六百零二条 无处分权限之人租赁时,下列各项所列之租赁,不得超过有关各项规定之期间。以合同约定更长期间时,其期间亦为有关各项规定之期间。 一至四 (略)	(短期租赁) 第六百零二条 处分受行为能力限制之人或无处分权限之人租赁时,下列各项所列之租赁,不得超过有关各项规定之期间。 一至四 (同左)
(租赁存续期间) 第六百零四条 租赁存续期间,不得超过五十年。以合同约定更长期间时,其期间亦为五十年。 2.租赁存续期间,得更新。但其期间不得超过自更新之时起五十年。	(租赁存续期间) 第六百零四条 租赁存续期间,不得超过二十年。以合同约定更长期间时,其期间亦为二十年。 2.租赁存续期间,得更新。但其期间不得超过自更新之时起二十年。
(不动产租赁之对抗力)	(不动产租赁之对抗力)

(续表)

新条文/章节	旧条文/章节
第六百零五条 不动产租赁已登记时,得对抗就该不动产取得物权之人及其他第三人。	第六百零五条 不动产租赁已登记时,对之后就该不动产取得物权之人亦生其效力。
(不动产出租人地位之移转) 第六百零五条之二 依前条、借地借家法[平成三年(1991年)法律第九十号]第十条或第三十一条及其他法令之规定,具备租赁对抗要件之情形,让与不动产时,其不动产出租人之地位,移转至其受让人。 2.不论前款之规定,不动产让与人及受让人,作出保留出租人地位于让与人处之内容及受让人出租该不动产给让与人之内容之合意时,出租人地位不移转至受让人。于此情形,让与人与受让人或其继受人间之租赁终止时,保留于让与人处之出租人地位,移转至受让人或其继受人。 3.依第一款或第二款后半句之规定,出租人地位移转至受让人或其继受人时,受让人或其继受人继受第六百零八条规定之费用偿还债务及依第六百二十二条之二第一款之规定而于同款规定之押金返还债务。	(新增)
(合意移转不动产出租人地位) 第六百零五条之三 不动产让与人为出租人时,其出租人地位,无需承租人之承诺,得依让与人与受让人间之合意,移转至受让人。于此情形,准用前条第三款及第四款之规定。	(新增)
(不动产承租人之妨害停止请求等) 第六百零五条之四 具备第六百零五条之二第一款规定之对抗要件时,于下列各项之时,不动产承租人得作出各项相关规定之请求。 一、第三人妨害其不动产占有时,对该第三人之妨害停止请求。	(新增)

新条文/章节	旧条文/章节
二、第三人占有其不动产时,<u>对该第三人之返还请求</u>	
(出租人修缮等)	(租赁物修缮等)
第六百零六条 出租人对租赁物之使用及收益负必要之修缮义务。<u>但因可归责于承租人之事由而致修缮变得必要时,不在此限。</u>	第六百零六条 出租人对租赁物之使用及收益负必要之修缮义务。
2.(略)	2.(同左)
(承租人修缮)	
<u>第六百零七条之二</u> 租赁物有修缮必要时,下列之时,承租人得修缮。	(新增)
一、承租人通知出租人修缮必要之意思,或虽出租人知道该意思,但出租人未于相当期间内作出必要之修缮时。	
<u>二、紧急情况之时。</u>	
(因歉收而请求减少租金)	(因歉收而请求减少租金)
第六百零九条 以耕作<u>或畜牧</u>为目的之土地承租人,因不可抗力而取得少于租金之收益时,得请求将租金减少至其收益之数额。	第六百零九条 以<u>收益</u>为目的之土地承租人,因不可抗力而取得少于租金之收益时,得请求将租金减少至其收益之数额。<u>但宅地租赁,不在此限。</u>
(因租赁物部分灭失而致租金减少等)	(因租赁物部分灭失而请求减少租金等)
第六百一十一条 <u>因租赁物部分灭失及其他事由而致使用及收益变得不能时,此乃因不可归责于承租人之事由所生时,租金按其使用及收益变得不能部分之比例减少。</u>	第六百一十一条 租赁物<u>非因承租人之过失</u>而部分灭失时,承租人得按其灭失部分之比例,请求减少租金。
2.<u>因租赁物部分灭失及其他事由而致使用及收益变得不能之情形</u>,仅有剩余部分而承租人不能达成租赁目的时,承租人得解除合同。	2.前款之情形,仅有剩余部分而承租人不能达成租赁目的时,承租人得解除合同。
(转租之效果)	(转租之效果)

(续表)

新条文/章节	旧条文/章节
第六百一十三条 承租人适法转租租赁物时,次承租人以基于出租人与承租人间之租赁之承租人债务范围为限度对出租人负直接履行基于转租之债务之义务。于此情形,不得以租金之先付对抗出租人。 2.(略) 3.承租人适法转租租赁物之情形,出租人不得以合意解除与承租人间之租赁来对抗次承租人。但其解除当时,出租人因承租人不履行债务而享有解除权时,不在此限。	第六百一十三条 承租人适法转租租赁物时,次承租人直接对出租人负义务。于此情形,不得以租金之先付对抗出租人。 2.(同左) (新增)
(承租人之使用及收益) 第六百一十六条 第五百九十四条第一款之规定,准用于租赁。	(使用借贷规定之准用) 第六百一十六条 第五百九十四条第一款、第五百九十七条第一款及第五百九十八条之规定,准用于租赁。
(出租物全部灭失等而致租赁终止) 第六百一十六条之二 因租赁物全部灭失及其他事由而致使用及收益变得不能时,租赁因此终止。	(新增)
(租赁更新之推定等) 第六百一十九条 (略) 2.就从前之租赁,当事人提供担保时,该担保因期间届满而消灭。但第六百二十二条之二第一款规定之押金,不在此限。	(租赁更新之推定等) 第六百一十九条 (同左) 2.就从前之租赁,当事人提供担保时,该担保因期间届满而消灭。但押金,不在此限。
(租赁解除之效力) 第六百二十条 解除租赁时,其解除仅将来生其效力。于此情形,不碍损害赔偿请求。	(租赁解除之效力) 第六百二十条 解除租赁时,其解除仅将来生其效力。于此情形,一方当事人有过失时,不碍对该人之损害赔偿请求。
(承租人之原状回复义务)	(损害赔偿及费用偿还请求权之期间限制)

(续表)

新条文/章节	旧条文/章节
第六百二十一条　受领租赁物后,发生损伤(因通常使用及收益而产生之租赁物损耗以及租赁物经年变化除外。以下于本条中同)之情形,租赁终止时,承租人负将该损伤回复原状之义务。但该损伤乃因不可归责于承租人之事由所致时,不在此限。	第六百二十一条　第六百条之规定,准用于租赁。
(使用借贷规定之准用) 第六百二十二条　第五百九十七条第一款、第五百九十九条第一款及第二款以及第六百条之规定,准用于租赁。	第六百二十二条　(删去)
第四分节　押金 第六百二十二条之二　受领押金(不问何种名义,目的在于担保租金债务及其他基于租赁所生之承租人对出租人之金钱给付债务,承租人向出租人交付之金钱。以下于本条中同)之情形,下列之时,从受领押金之金额中扣除基于租赁所生之承租人对出租人之金钱给付债务之金额后,出租人应对承租人返还其剩余金额。 一、租赁终止,且受租赁物之返还时。 二、承租人适法让与承租权时。 2.承租人不履行基于租赁所生之金钱给付债务时,出租人得以押金充当其债务之清偿。于此情形,承租人不得对出租人请求以押金充当其债务之清偿。	(新增) (新增)
(按履行比例之报酬) 第六百二十四条之二　下列情形,劳动者得按已履行之比例请求报酬。 一、因不可归责于雇佣者之事由而致从事劳动变得不能时。 二、雇佣于履行中途终止时。	(新增)
(解除定期雇佣)	(解除定期雇佣)

(续表)

新条文/章节	旧条文/章节
第六百二十六条　雇佣期间超过五年,或其终期不确定时,经过五年后,一方当事人得随时解除合同。 2.依前款规定欲解除合同之人,为雇佣者时,于三个月之前,为劳动者时,于两周之前,应作出预告。 (不定期雇佣之解约申请) 第六百二十七条　(略) 2.按期间确定报酬之情形,雇佣者之解约申请,得对下一期之后作出。但其解约申请,应于本期之前半期作出。 3.(略) (按定作人所受利益之比例的报酬) 第六百三十四条　下列情形,因承揽人既已完成之工作结果中可分部分之给付,定作人受有利益时,视为完成该部分工作。于此情形,承揽人得按定作人所受利益之比例,请求报酬。 一、因不可归责于定作人之事由而致完成工作变得不能时。 二、承揽于工作完成前被解除时。 (删去) (承揽人担保责任之限制)	第六百二十六条　雇佣期间超过五年,或雇佣应于一方当事人或第三人终身期间持续时,经过五年后,一方当事人得随时解除合同。但以工商业见习为目的之雇佣,该期间为十年。 2.依前款规定欲解除合同时,于三个月之前,应作出预告。 (不定期雇佣之解约申请) 第六百二十七条　(同左) 2.按期间确定报酬之情形,解约申请,得对下一期之后作出。但其解约申请,应于本期之前半期作出。 3.(同左) (承揽人之担保责任) 第六百三十四条　工作标的物存在瑕疵时,定作人对承揽人,得定相当期间,请求修补其瑕疵。但瑕疵不重要之情形,其修补要求过多费用时,不在此限。 2.定作人,得代替瑕疵之修补,或与其修补一同,请求损害赔偿。于此情形,准用第五百三十三条之规定。 第六百三十五条　工作标的物存在瑕疵,因此不能达成订立合同之目的时,定作人得解除合同。但建筑物及其他土地工作物,不在此限。 (承揽人担保责任规定之不适用)

(续表)

新条文/章节	旧条文/章节
第六百三十六条　承揽人向定作人交付种类或品质不适合合同内容之工作标的物时(不要求交付之情形,工作完成时工作标的物之种类或品质不适合合同内容时),定作人不得以定作人提供材料之性质或定作人发出之指示所生之不适合为由,作出履行补正请求、报酬减少请求、损害赔偿请求及合同解除。但承揽人明知其材料或指示不适当而不告知时,不在此限。 (标的物种类或品质相关之担保责任期间限制) 第六百三十七条　前款正文规定之情形,自定作人知道其不适合之时起一年以内未通知承揽人其内容时,定作人不得以其不适合为由作出履行补正请求、报酬减少请求、损害赔偿请求以及合同解除。 2.交付工作标的物至定作人时(不要求交付之情形,工作终止时),承揽人已知或因重大过失而不知同款之不适合时,不适用前款之规定。	第六百三十六条　工作标的物之瑕疵乃因定作人提供材料之性质或定作人发出之指示所生时,不适用前两条之规定。但承揽人明知该材料或指示不适当而不告知时,不在此限。 (承揽人担保责任存续期间) 第六百三十七条　前三条规定之瑕疵修补或损害赔偿请求及合同解除,应自交付工作标的物之时起一年以内行使。 2.不要求交付工作标的物之情形,前款期间,自工作终止时起算。
第六百三十八条至第六百四十条　(删去)	第六百三十八条　建筑物及其他土地工作物之承揽人,就该工作物或地基之瑕疵,于交付后五年内负其担保责任。但就石造、土造、砖造、混凝土造、金属造及类似此等构造之工作物,该期间为十年。 2.工作物因前款之瑕疵而灭失或损伤时,定作人应自该灭失或损伤之时起一年内,行使第六百三十四条规定之权利。 第六百三十九条　第六百三十七条及前条第一款之期间,限于第一百六十七条规定之消灭时效期间内,得以合同延长。

(续表)

新条文/章节	旧条文/章节
	第六百四十条　作出不负第六百三十四条或第六百三十五条规定之担保责任内容的特约时,就明知而不告知之事实,承揽人亦不得免其责任。
（因定做人开始破产程序而解除） 第六百四十二条　定作人受到破产程序开始之裁定时,承揽人或破产管理人得解除合同。但工作完成后,承揽人解除合同的,不在此限。 2.前款规定之情形,就已完成工作之报酬及不包含于其中之费用,承揽人得加入破产财团之分配。 3.第一款之情形,限于破产管理人解除合同情形中之承揽人,得请求因解除合同所生之损害赔偿。于此情形,就该损害赔偿,承揽人得加入破产财团之分配。	（因定做人开始破产程序而解除） 第六百四十二条　定作人受到破产程序开始之裁定时,承揽人或破产管理人得解除合同。于此情形,就已完成工作之报酬及其中未包含之费用,承揽人得加入破产财团之分配。 （新增） 2.前款之情形,限于破产管理人解除合同情形中之承揽人,得请求因解除合同所生之损害赔偿。于此情形,就该损害赔偿,承揽人得加入破产财团之分配。
（复受托人之选任等） 第六百四十四条之二　受托人,非得委托人之许诺,或有不得已之事由时,不得选任复受托人。 2.赋予代理权之委托中,受托人选任有代理权之复受托人时,于其权限范围内,复受托人对委托人享有与受托人相同之权利,负担与受托人相同之义务。	（新增）
（受托人之报酬） 第六百四十八条　（略） 2.(略) 3.下列情形,受托人得按已履行之比例请求报酬。 一、因不可归责于委托人之事由而致委托事务之履行变得不能时。	（受托人之报酬） 第六百四十八条　（同左） 2.(同左) 3.委任因不可归责于受托人之事由而于履行过程中终止时,受托人得按已履行之比例请求报酬。

(续表)

新条文/章节	旧条文/章节
二、委托于履行中途终止时。	
（对成果等之报酬） 第六百四十八条之二　约定对因履行委托事务所得之成果支付报酬时，其成果需要交付时，报酬应于交付该成果之同时支付。 2.约定对因履行委托事务所得之成果支付报酬时，准用第六百三十四条之规定。	（新增）
（解除委托） 第六百五十一条　（略） 2.下列情形，依前款之规定解除委托之人应赔偿相对人之损害。但有不得已之事由时，不在此限。 一、于不利于相对人之时期解除委托时。 二、委托人解除之委托亦以受托人利益（专得报酬者除外）为目的时。	（解除委托） 第六百五十一条　（同左） 2.一方当事人于不利于相对人之时解除委托时，该一方当事人应赔偿相对人之损害。但有不得已之事由时，不在此限。
（保管） 第六百五十七条　保管，因一方当事人委托相对人保管某物，相对人承诺之，而生其效力。	（保管） 第六百五十七条　保管，因一方当事人约定为相对人保管而受领某物，而生其效力。
（受领保管物之前寄存人解除保管等） 第六百五十七条之二　保管人受领保管物前，寄存人得解除合同。于此情形，保管人因合同解除而受有损害时，得对寄存人请求赔偿。 2.受领保管物前，无报酬之保管人得解除合同。但书面保管不在此限。 3.虽应受领保管物之时期已经过，但寄存人未交付保管物之情形，保管人（无报酬保管之情形，限于书面保管之保管人）得定相当期间作出交付催告，于该期间内未交付时，解除合同。	（新增）
（保管物之使用及第三人保管）	（保管物之使用及第三人保管）

新条文/章节	旧条文/章节
第六百五十八条　保管人非得寄存人之承诺,不得使用保管物。 2.保管人,非得寄存人之承诺,或有不得已之事由时,不得使第三人保管保管物。 3.于其权限范围内,再保管人对寄存人享有与保管人相同之权利,负担与保管人相同之义务。 (无报酬保管人之注意义务) 第六百五十九条　无报酬保管人,以对自己财产相同之注意,负保管保管物之义务。 (保管人之通知义务等) 第六百六十条　就保管物主张权利之第三人对保管人提起诉讼,或作出扣押、财产保全、行为保全时,保管人应毫不迟延地通知寄存人该事实。但寄存人既已知之时,不在此限。 2.第三人就保管物主张权利之情形,限于无寄存人之指示,保管人亦应对寄存人返还其保管物。但保管人作出前款通知之情形,或依同款但书之规定无须通知之情形,有确定判决(含与确定判决有同一效力者)命令应向该第三人交付保管物时,向该第三人交付保管物者,不在此限。 3.依前款之规定应向寄存人返还保管物之情形,保管人因向寄存人交付其保管物而致第三人发生损害时,亦不负赔偿责任。 (寄存人之返还请求等) 第六百六十二条　(略) 2.前款规定之情形,保管人因寄存人期前请求返还而受有损害时,得对寄存人请求赔偿。 (损害赔偿及费用偿还请求权之期限限制)	第六百五十八条　保管人非得寄存人之承诺,不得使用,或使第三人保管保管物。 2.保管人得使第三人保管保管物之情形,准用第一百零五条及第一百零七条第二款之规定。 (新增) (无偿保管人之注意义务) 第六百五十九条　无报酬接受保管之人,以对自己财产相同之注意,负保管保管物之义务。 (保管人之通知义务) 第六百六十条　就保管物主张权利之第三人对保管人提起诉讼,或作出扣押、财产保全、行为保全时,保管人应毫不迟延地通知寄存人该事实。 (新增) (新增) (寄存人之返还请求) 第六百六十二条　(同左) (新增)

(续表)

新条文/章节	旧条文/章节
第六百六十四条之二　因保管物部分灭失或损伤所生损害之赔偿及保管人支出费用之偿还,应自寄存人受返还之时起一年以内请求。 2.就前款之损害赔偿请求权,自寄存人受返还之时起未经过一年,时效不完成。	(新增)
(委托规定之准用) 第六百六十五条　第六百四十六条至第六百四十八条、第六百四十九条以及第六百五十条第一款及第二款之规定,准用于保管。	(委托规定之准用) 第六百六十五条　第六百四十六条至第六百五十条(除同条第三款外)之规定,准用于保管。
(混合保管) 第六百六十五条之二　复数之人寄存之物,其种类及品质同一之时,限于得各寄存人之承诺,保管人得混合保管之。 2.基于前款规定,保管人混合保管来自复数寄存人之保管物时,寄存人得请求返还与其寄存之物相同数量之物。 3.前款规定之情形,保管物部分灭失时,寄存人得请求返还按其寄存之物占混合保管之总保管物的比例数量之物。于此情形,不碍损害赔偿请求。	(新增)
(消费保管) 第六百六十六条　保管人依合同得消费保管物之情形,保管人应返还与被保管之物种类、品质及数量相同之物。 2.前款规定之情形,准用第五百九十条及第五百九十二条之规定。 3.依存款或储蓄相关合同保管金钱之情形,准用第五百九十一条第二款及第三款之规定。 (其他合伙人之债务不履行)	(消费保管) 第六百六十六条　保管人依合同得消费保管物之情形,准用第五节(消费借贷)之规定。 2.不论前款准用之第五百九十一条第一款之规定,前款合同未约定返还时期时,寄存人得随时请求返还。

（续表）

新条文/章节	旧条文/章节
第六百六十七条之二　合伙合同不适用第五百三十三条及第五百三十六条之规定。 2.合伙人，不得以其他合伙人不履行基于合伙合同之债务为由，解除合伙合同。	（新增）
（合伙人一人之意思表示无效等） 第六百六十七条之三　合伙人一人存在意思表示无效或撤销之原因时，于其他合伙人间，亦不碍合伙合同之效力。	（新增）
（业务决定及执行之方法） 第六百七十条　合伙业务，以合伙人过半数决定，各合伙人执行之。 2.合伙业务之决定及执行，依合伙合同之约定，得委托一人或数人之合伙人或第三人。 3.受前款委托之人（以下称"业务执行人"）决定合伙业务，并执行之。于此情形，业务执行人为数人时，合伙业务以业务执行人过半数决定，各业务执行人执行之。 4.不论前款之规定，就合伙业务，不碍依全体合伙人之同意决定，或全体合伙人执行。 5.不论前述各款之规定，合伙之日常事务，得由各合伙人或各业务执行人单独执行。但于其完成前，其他合伙人或业务执行人提出异议时，不在此限。	（业务执行之方法） 第六百七十条　合伙业务之执行，由合伙人过半数决定。 2.前款业务之执行，以合伙合同委托之人（于次款称"业务执行人"）有数人时，由其过半数决定。 （新增） （新增） 3.不论前两款之规定，合伙之日常事务，得由各合伙人或各业务执行人单独执行。但于其完成前，其他合伙人或业务执行人提出异议时，不在此限。
（合伙之代理） 第六百七十条之二　执行合伙业务之情形，得合伙人过半数同意时，各合伙人得代理其他合伙人。	（新增）

(续表)

新条文/章节	旧条文/章节
2.不论前款之规定,存在业务执行人时,仅业务执行人得代理合伙人。于此情形,业务执行人为数人时,限于得业务执行人过半数同意,各业务执行人得代理合伙人执行合伙业务。 3.不论前两款之规定,各合伙人或各业务执行人得单独代理合伙人从事合伙之日常事务。	
(委托规定之准用) 第六百七十一条　决定或执行合伙业务之合伙人,准用第六百四十四条至第六百五十条之规定。	(委托规定之准用) 第六百七十一条　执行合伙业务之合伙人,准用第六百四十四条至第六百五十条之规定。
(业务执行合伙人之辞职或解任) 第六百七十二条　依合伙合同之约定,将业务之决定及执行委托合伙人之一人或数人时,该合伙人无正当事由,不得辞职。 2.(略)	(业务执行合伙人之辞职或解任) 第六百七十二条　以合伙合同将业务之执行委托合伙人之一人或数人时,该合伙人无正当事由,不得辞职。 2.(同左)
(合伙人检查合伙业务及财产状况) 第六百七十三条　各合伙人,不享有决定或执行合伙业务之权利时,亦得检查其业务及合伙财产之状况。	(合伙人检查合伙业务及财产状况) 第六百七十三条　各合伙人,不享有执行合伙业务之权利时,亦得检查其业务及合伙财产之状况。
(合伙债权人权利之行使) 第六百七十五条　合伙债权人,得就合伙财产,行使其权利。 2.合伙债权人,得依其选择,对各合伙人按损失分担比例或相等比例行使其权利。但合伙债权人于其债权发生时已知各合伙人损失分担比例时,依其比例。	(合伙债权人权利之行使) 第六百七十五条　合伙债权人,于其债权发生时不知合伙人损失分担比例时,得对各合伙人按相等比例,行使其权利。 (新增)
(合伙人处分份额及分割合伙财产)	(合伙人处分份额及分割合伙财产)

新条文/章节	旧条文/章节
第六百七十六条 （略） 2.就作为合伙财产之债权,合伙人不得单独行使其所持份额之权利。 3.(略) （禁止合伙人之债权人对合伙财产行使权利） 第六百七十七条 合伙人之债权人,不得就合伙财产行使其权利。	第六百七十六条 （同左） （新增） 2.(同左) （禁止合伙债务人抵销） 第六百七十七条 合伙之债务人,不得以其债务抵销对合伙人之债权。
（合伙人之加入） 第六百七十七条之二 合伙人,依其全体同意,或依合伙合同之约定,得使新合伙人加入。 2.依前款之规定,于合伙成立后加入之合伙人,就其加入前所生之合伙债务,不负清偿责任。	（新增）
（退伙合伙人之责任等） 第六百八十条之二 退伙合伙人,就其退伙前所生之合伙债务,于从前责任范围内负清偿责任。于此情形,债权人未受全部清偿时,退伙合伙人得请求使合伙提供担保,或使自己对合伙得到免责。 2.退伙合伙人,清偿前款规定之合伙债务时,对合伙享有求偿权。	（新增）
（合伙解散事由） 第六百八十二条 合伙,因下列事由而解散。 一、合伙目的事业成功或不能成功。 二、合伙合同约定之存续期间届满。 三、合伙合同约定之解散事由发生。 四、全体合伙人同意。	（合伙解散事由） 第六百八十二条 合伙,因其目的事业的成功或成功不能而解散。 （新增） （新增） （新增） （新增）

(续表)

新条文/章节	旧条文/章节
（合伙之清算及清算人之选任） 第六百八十五条　（略） 2.清算人之选任，以<u>合伙人</u>过半数决定。	（合伙之清算及清算人之选任） 第六百八十五条　（同左） 2.清算人之选任，以<u>全体合伙人</u>过半数决定。
（清算人<u>决定及</u>执行业务之方法） <u>第六百八十六条　第六百七十条第三款至第五款以及第六百七十条之二第二款及第三款之规定，准用于清算人。</u>	（清算人执行业务之方法） <u>第六百八十六条　</u>清算人有数人之情形，准用第六百七十条之规定。
（作为合伙人之清算人的辞职及解任） 第六百八十七条　依合伙合同之约定从合伙人中选任清算人之情形，准用第六百七十二条之规定。	（作为合伙人之清算人的辞职及解任） 第六百八十七条　以合伙合同从合伙人中选任清算人之情形，准用第六百七十二条之规定。
（损害赔偿之方法、<u>中间利息之扣除</u>及过失相抵） 第七百二十二条　因侵权行为而生之损害赔偿，准用第四百一十七条<u>及第四百一十七条之二</u>之规定。 2.（略）	（损害赔偿之方法及过失相抵） 第七百二十二条　因侵权行为而生之损害赔偿，准用第四百一十七条之规定。 2.（同左）
（侵权行为损害赔偿请求权之<u>消灭时效</u>） 第七百二十四条　下列情形，侵权行为损害赔偿请求权因时效而消灭。 一、被害人或其法定代理人自知道损害及加害人之时起三年间不行使时。 二、自侵权行为之时起二十年间不行使时。	（侵权行为损害赔偿请求权之<u>期间限制</u>） 第七百二十四条　侵权行为损害赔偿请求权，自被害人或其法定代理人知道损害及加害人之时起，三年间不行使时，因时效而消灭。<u>自侵权行为之时起经过二十年时，亦同。</u>
（因侵害人之生命或身体之侵权行为所生损害赔偿请求权之消灭时效） 第七百二十四条之二　因侵害人之生命或身体之侵权行为所生损害赔偿请求权，其消灭时效适用前条第一项之规定时，同项中"三年间"为"五年间"。	（新增）
（遗嘱执行人之权利义务）	（遗嘱执行人之权利义务）

（续表）

新条文/章节	旧条文/章节
第一千零二条　（略） 2.第六百四十四条、第六百四十五条至第六百四十七条及第六百五十条之规定，准用于遗嘱执行人。 （遗嘱执行人之复任权） 第一千零一十六条　（略） （删去） （遗嘱执行人之报酬） 第一千零一十八条　（略） 2.遗嘱执行人应受报酬之情形，准用第六百四十八条第二款及第三款以及第六百四十八条之二之规定。	第一千零二条　（同左） 2.第六百四十四条至第六百四十七条及第六百五十条之规定，准用于遗嘱执行人。 （遗嘱执行人之复任权） 第一千零一十六条　（同左） 2.遗嘱执行人依前款但书之规定使第三人执行其任务时，对继承人，负第一百零五条规定之责任。 （遗嘱执行人之报酬） 第一千零一十八条　（同左） 2.遗嘱执行人应受报酬之情形，准用第六百四十八条第二款及第三款之规定。

三、《修改民法及家事案件程序法部分规定之法律》[10]新旧条文对照表

（一）民法

修正案/章节	旧条文[11]/章节
目录 第五编　（略） 第三章　（略） 第一节　总则（第八百九十六条至第八百九十九条之二） 第八章　配偶之居住权利 第一节　配偶居住权（第一千零二十八条至第一千零三十六条） 第二节　配偶短期居住权（第一千零三十七条至第一千零四十一条） 第九章　特留份（第一千零四十二条至第一千零四十九条）	目录 第五编　（同左） 第三章　（同左） 第一节　总则（第八百九十六条至第八百九十九条） （新增） 第八章　特留份（第一千零四十二条至第一千零四十四条）

---

[10]　《继承法修正案》，民法相关部分。
[11]　本表中所称"旧条文"系指依《修改民法部分规定之法律》[平成二十九年（2017年）法律第四十四号]《民法债权编修正案》修改后之民法条文。

(续表)

修正案/章节	旧条文/章节
第十章　特别贡献(第一千零五十条) 正文 第一节　(略) (继承财产相关之费用) 第八百八十五条　(略) (删去) 第八百九十九条　(略) (共同继承中权利承继之对抗要件) 第八百九十九条之二　依继承而承继权利,不论是否依遗产分割者,就超过依次条及第九百零一条规定算定之继承份额之部分,若未具备登记、注册及其他对抗要件,不得对抗第三人。 2.前款权利为债权之情形,超过依次条及第九百零一条规定算定之继承份额而承继有关债权之共同继承人明确有关债权所涉遗嘱之内容(依遗产份额而承继有关权利之情形,有关债权所涉遗产分割之内容)并对债务人通知其承继时,视为共同继承人全体对债务人作出通知,而适用同款之规定。 (遗嘱指定继承份额) 第九百零二条　不论前两条之规定,被继承人得以遗嘱确定共同继承人之继承份额,或委托第三人确定之。 2.(略) (有指定继承份额时债权人权利之行使) 第九百零二条之二　依前条规定指定继承份额之情形,被继承人于继承开始时负有之债务,其债权人亦得按依第九百条及第九百零一条之规定算定之继承份额,对各共同继承人行使其权利。但其债权人已对共同继承人之一人承认按其已被指定之继承份额承继债务时,不在此限。 (特别受益人之继承份额)	(新增) 正文 第一节　(同左) (继承财产相关之费用) 第八百八十五条　(同左) 2.前款之费用,无须以特留份权利人因扣减赠与所得之财产支付。 第八百九十九条　(同左) (新增) (遗嘱指定继承份额) 第九百零二条　不论前两条之规定,被继承人得以遗嘱确定共同继承人之继承份额,或委托第三人确定之。但被继承人或第三人不得违反特留份相关之规定。 2.(同左) (新增) (特别受益人之继承份额)

(续表)

修正案/章节	旧条文/章节
第九百零三条 共同继承人中,有自被继承人处受遗赠,或因婚姻、养子女收养或作为生计资本而受赠与之人时,以被继承人于继承开始时所有财产之价额中加入其赠与之价额者,视为继承财产;自依<u>第九百条至第九百零二条</u>规定而算定之继承份额中扣除其遗赠或赠与之价额,以其余额为其人之继承份额。 2.(略) 3.被继承人表示出与前两款规定相异之意思时,<u>从其意思</u>。 <u>4.婚姻期间为二十年以上之夫妻,作为其一方之被继承人对另一方遗赠或赠与供其居住用之建筑物或其用地时,就其遗赠或赠与,推定有关被继承人已表示旨在不适用第一款规定之意思。</u>	第九百零三条 共同继承人中,有自被继承人处受遗赠,或因婚姻、养子女收养或作为生计资本而受赠与之人时,以被继承人于继承开始时所有财产之价额中加入其赠与之价额者,视为继承财产;自依<u>前三条</u>规定而算定之继承份额中扣除其遗赠或赠与之价额,以其余额为其人之继承份额。 2.(同左) 3.被继承人表示出与前两款规定相异之意思时,其意思表示,于<u>不违反特留份相关规定之范围内,有其效力</u>。 (新增)
(遗产分割标准) 第九百零六条 (略)	(遗产分割标准) 第九百零六条 (同左)
<u>(遗产分割前属于遗产之财产被处分时之遗产范围)</u> <u>第九百零六条之二</u> 遗产分割前属于遗产之财产被处分之情形,共同继承人亦得依其全体同意,视为有关被处分之财产于遗产分割时作为遗产而存在。 2.不论前款之规定,同款之财产被共同继承人之一人<u>或数人</u>处分时,就有关共同继承人,无须取得同款之同意。	(新增)
(遗产分割协议或裁定等) 第九百零七条 除被继承人依次条规定以遗嘱禁止之情形外,共同继承人得随时以其协议分割<u>全部或部分</u>遗产。	(遗产分割协议或裁定等) 第九百零七条 除被继承人依次条规定以遗嘱禁止之情形外,共同继承人得随时以其协议分割遗产。

(续表)

修正案/章节	旧条文/章节
2.就遗产分割,共同继承人间未达成协议时,或不能订立协议时,各共同继承人得向家庭法院请求其<u>全部或部分</u>分割。<u>但因分割部分遗产而有损害其他共同继承人利益之虞之情形,就其部分分割,不在此限。</u> 3.<u>前款正文</u>之情形,有特别事由时,家庭法院得规定期间,就全部或部分遗产,禁止其分割。	2.就遗产分割,共同继承人间未达成协议时,或不能订立协议时,各共同继承人得向家庭法院请求其分割。 3.<u>前款</u>之情形,有特别事由时,家庭法院得规定期间,就全部或部分遗产,禁止其分割。
第九百零九条 (略)	第九百零九条 (同左)
<u>(遗产分割前存储款债权之行使)</u> <u>第九百零九条之二 就属于遗产之存储款债权,继承开始时其中债权额之三分之一乘以依第九百条及第九百零一条规定算定之有关共同继承人之继承份额后之金额(以斟酌当下标准必要生活费、平均丧葬费用额及其他情事而由法务省令就各存储款债权之债务人所确定之金额为限度),各共同继承人得单独行使其权利。于此情形,就作出有关权利行使之存储款债权,视为有关共同继承人已依遗产之部分分割而取得之。</u>	(新增)
(概括遗赠及特定遗赠) 第九百六十四条 遗嘱者得以概括或特定之名义,处分其全部或部分财产。	(概括遗赠及特定遗赠) 第九百六十四条 遗嘱者得以概括或特定之名义,处分其全部或部分财产。<u>但不得违反特留份相关之规定。</u>
(自书证书遗嘱) 第九百六十八条 以自书证书订立遗嘱时,遗嘱人应亲笔书写其全文、日期及姓名,并加盖印章。	(自书证书遗嘱) 第九百六十八条 (同左)

(续表)

修正案/章节	旧条文/章节
2.不论前款之规定,作为与自书证书一体者,于其中附上全部或部分继承财产(含第九百九十七条第一款规定之情形中同款规定之权利。)目录之情形,就其目录,无须自书。于此情形,遗嘱人应于其目录每页(非自书记载存在于其双面之情形,其双面)签名并盖章。 3.自书证书(含前款之目录。)中之增删及其他变更,若遗嘱人未指明其变更处、附记变更之意旨而对之特别签名且于其变更处加盖印章,则不生其效力。	(新增) 2.自书证书中之增删及其他变更,若遗嘱人未指明其变更处、附记变更之意旨而对之特别签名且于其变更处加盖印章,则不生其效力。
(密封证书遗嘱) 第九百七十条 (同左) 2.第九百六十八条第三款之规定,准用于密封证书遗嘱。	(密封证书遗嘱) 第九百七十条 (同左) 2.第九百六十八条第二款之规定,准用于密封证书遗嘱。
(准用普通方式遗嘱之规定) 第九百八十二条 第九百六十八条第三款及第九百七十三条至第九百七十五条之规定,准用于第九百七十六条至前条规定之遗嘱。	(准用普通方式遗嘱之规定) 第九百八十二条 第九百六十八条第二款及第九百七十三条至第九百七十五条之规定,准用于第九百七十六条至前条规定之遗嘱。
(遗赠义务人之交付义务) 第九百九十八条 遗赠义务人负有以继承开始时(之后就有关物或权利作为遗赠标的而特定之情形,其特定之时)之状态交付或移转遗赠标的物或权利之义务。但遗嘱人已于其遗嘱中表示另外意思的,从其意思。	(不特定物遗赠义务人之担保责任) 第九百九十八条 以不特定物为遗赠标的之情形,受遗赠人就此受第三人追夺时,遗赠义务人对之负有与出卖人相同之担保责任。 2.以不特定物为遗赠标的之情形,物有瑕疵时,遗赠义务人应以无瑕疵之物代替之。
(删除)	(第三人权利标的财产之遗赠) 第一千条 遗赠标的物或权利于遗嘱人死亡时为第三人权利之标的时,受遗赠人不得对遗赠义务人请求应消灭其权利。但遗嘱人已于其遗嘱中表示反对意思的,不在此限。

修正案/章节	旧条文/章节
（遗嘱执行人任务之开始） 第一千零七条　（略） 2.遗嘱执行人已开始其任务时,应毫不迟延地对继承人通知遗嘱内容。	（遗嘱执行人任务之开始） 第一千零七条　（同左） （新增）
（遗嘱执行人之权利义务） 第一千零一十二条　遗嘱执行人,为实现遗嘱之内容,有管理继承财产及作出遗嘱执行上一切必要行为之权利义务。 2.有遗嘱执行人之情形,遗赠之履行,仅得由遗嘱执行人作出。 3.（同左）	（遗嘱执行人之权利义务） 第一千零一十二条　遗嘱执行人,有管理继承财产及作出遗嘱执行上一切必要行为之权利义务。 （新增） 2.（同左）
（禁止妨害遗嘱执行之行为） 第一千零一十三条　（略） 2.违反前款规定所作之行为,无效。但不得以之对抗善意第三人。 3.前两款之规定,不碍继承人之债权人（含继承债权人）就继承财产行使其权利。	（禁止妨害遗嘱执行之行为） 第一千零一十三条　（同左） （新增） （新增）
（执行关于特定财产之遗嘱） 第一千零一十四条　（略） 2.作为遗产分割方法之指定,有旨在使共同继承人之一人或数人承继属于遗产之特定财产之遗嘱（以下称"特定财产承继遗嘱"）时,为使有关共同继承人具备第八百九十九条之二第一款规定之对抗要件,遗嘱执行人得作出必要行为。 3.前款之财产为存储款债权之情形,除同款规定之行为外,遗嘱执行人得请求发还其存款或储蓄及申请其存款或储蓄所涉合同之解约。但就解约申请,限于其存储款债权之全部为特定财产承继遗嘱之标的之情形。 4.不论前两款之规定,被继承人已以遗嘱表示另外意思时,从其意思。	（执行关于特定财产之遗嘱） 第一千零一十四条　（同左） （新增） （新增） （新增）

(续表)

修正案/章节	旧条文/章节
(遗嘱执行人行为之效果) 第一千零一十五条　遗嘱执行人于其权限内表示其乃遗嘱执行人并所作之行为对继承人直接生其效力。	(遗嘱执行人之地位) 第一千零一十五条　遗嘱执行人,视为继承人之代理人。
(遗嘱执行人之复任权) 第一千零一十六条　遗嘱执行人得以自己之责任使第三人执行其任务。但遗嘱人已于其遗嘱中表示另外意思时,从其意思。 2.前款正文之情形,就使第三人执行任务有不得已之事由时,遗嘱执行人对继承人仅就其选任及监督负有责任。	(遗嘱执行人之复任权) 第一千零一十六条　遗嘱执行人,非有不得已之事由,不得使第三人执行其任务。但遗嘱人已于其遗嘱中表示反对意思的,不在此限。 (新增)
第五节　(略)	第五节　(同左)
(撤回遗嘱之效力) 第一千零二十五条　依前三条规定被撤回之遗嘱,其撤回行为被撤回、被撤销或已不发生效力时,亦不回复其效力。但其行为乃因错误、欺诈或强迫所致之情形,不在此限。	(撤回遗嘱之效力) 第一千零二十五条　依前三条规定被撤回之遗嘱,其撤回行为被撤回、被撤销或已不发生效力时,亦不回复其效力。但其行为乃因欺诈或强迫所致之情形,不在此限。
第一千零二十七条　(略)	第一千零二十七条　(同左)
第八章　配偶之居住权利 第一节　配偶居住权 (配偶居住权) 第一千零二十八条　被继承人之配偶(以下于本章称"配偶")于继承开始时居住在属于被继承人财产之建筑物之情形,符合下列各项任一者时,就其居住之建筑物(以下于本节称"居住建筑物")之全部,取得无偿使用及收益之权利(以下于本章称"配偶居住权")。但被继承人于继承开始时与配偶以外之人共有居住建筑物之情形,不在此限。	(新增)

(续表)

修正案/章节	旧条文/章节
一、依遗产分割而取得配偶居住权时。 二、配偶居住权为遗赠标的时。 2.居住建筑物已成为属于配偶之财产之情形,他人享有其共有份额时,配偶居住权亦不消灭。 3.第九百零三条第四款之规定,准用于配偶居住权之遗赠。 (依裁定取得配偶居住权) 第一千零二十九条 受有遗产分割请求之家庭法院,限于下列情形,得裁定由配偶取得配偶居住权。 一、共同继承人间就配偶取得配偶居住权成立合意时。 二、配偶对家庭法院提出希望取得配偶居住权之情形,考虑居住建筑物所有权人所受不利益之程度,亦认为仍有为维持配偶生活之特别必要时(除前项所列之情形)。 (配偶居住权之存续期间) 第一千零三十条 配偶居住权之存续期间,为配偶终身。但遗产分割协议或遗嘱中有另外规定时,或家庭法院于遗产分割裁定中作出另外规定时,依其规定。 (配偶居住权之登记等) 第一千零三十一条 居住建筑物之所有权人,对配偶(限于已取得配偶居住权之配偶。以下于本节同)负有使其具备配偶居住权设定登记之义务。 2.第六百零五条之规定准用于配偶居住权;第六百零五条之四之规定准用于已具备配偶居住权设定登记之情形。 (配偶使用及收益) 第一千零三十二条 配偶应按从前之用法,以善良管理人之注意,使用及收益居住建筑物。但就从前未供居住用之部分,不碍以之供居住之用。 2.配偶居住权,不得让与。	

(续表)

修正案/章节	旧条文/章节
3.配偶非得居住建筑物所有权人之承诺,不得改建、增建居住建筑物,或使第三人使用、收益居住建筑物。 4.配偶违反第一款或前款规定之情形,居住建筑物所有权人得确定相当之期间而催告其改正,于其期间内未改正时,居住建筑物所有权人得依对有关配偶之意思表示而消灭配偶居住权。 (居住建筑物之修缮等) 第一千零三十三条 配偶得就居住建筑物之使用及收益作出必要修缮。 2.居住建筑物之修缮乃必要之情形,配偶未于相当期间内作出必要修缮时,居住建筑物所有权人得作出其修缮。 3.居住建筑物需修缮时(除依第一款规定由配偶自己作出修缮时),或就居住建筑物有主张权利之人时,配偶应毫不迟延地对居住建筑物所有权人通知其意旨。但居住建筑物所有权人既已知之时,不在此限。 (居住建筑物费用之负担) 第一千零三十四条 配偶负担居住建筑物之通常必要费用。 2.第五百八十三条第二款之规定,准用于前款之通常必要费用以外之费用。 (居住建筑物之返还等) 第一千零三十五条 配偶居住权已消灭时,配偶应返还居住建筑物。但配偶就居住建筑物享有共有份额之情形,居住建筑物所有权人不得以配偶居住权已消灭为由,请求其返还居住建筑物。 2.第五百九十九条第一款及第二款以及第六百二十一条之规定,准用于配偶依前款正文规定返还继承开始后有附属物之居住建筑物或继承开始后发生损伤之居住建筑物之情形。 (使用借贷及消费借贷规定之准用)	

（续表）

修正案/章节	旧条文/章节
第一千零三十六条　第五百九十七条第一款及第三款、第六百条、第六百一十三条以及第六百一十六条之二之规定准用于配偶居住权。 　　第二节　配偶短期居住权 （配偶短期居住权） 　第一千零三十七条　配偶于继承开始时无偿居住在属于被继承人财产之建筑物之情形，按下列各项所列之区分，分别于有关各项规定之日前之期间内，对依继承或遗赠而取得其居住建筑物（以下于本节称"居住建筑物"）所有权之人（以下于本节称"居住建筑物取得人"），享有就居住建筑物无偿使用之权利（仅无偿使用部分居住建筑物之情形，就其部分无偿使用之权利。以下于本节称"配偶短期居住权"）。但配偶已于继承开始时取得居住建筑物相关之配偶居住权时，或因符合第八百九十一条规定或因废除而丧失其继承权时，不在此限。 　一、包含配偶之共同继承人间将就居住建筑物作出遗产分割之情形　依遗产分割而确定居住建筑物归属之日或自继承开始时起经过六个月之日，其任一较晚之日。 　二、前项所列情形以外之情形　自第三款之申请日起经过六个月之日。 　2.前款正文之情形，居住建筑物取得人不得通过对第三人让与居住建筑物及其他方法而妨害配偶使用居住建筑物。 　3.除第一款第一项所列之情形外，居住建筑物取得人得随时申请消灭配偶短期居住权。 （配偶使用） 　第一千零三十八条　配偶（限于享有配偶短期居住权之配偶。以下于本节同）应按从前之用法，以善良管理人之注意，使用居住建筑物。	

(续表)

修正案/章节	旧条文/章节
2.配偶非得居住建筑物取得人之承诺,不得使第三人使用居住建筑物。 3.配偶违反前两款规定时,居住建筑物取得人得依对有关配偶之意思表示消灭配偶短期居住权。 (因取得配偶居住权而消灭配偶短期居住权) 第一千零三十九条　配偶已取得居住建筑物之配偶居住权时,配偶短期居住权消灭。 (居住建筑物之返还等) 第一千零四十条　除前条规定之情形外,配偶短期居住权已消灭时,配偶应返还居住建筑物。但配偶就居住建筑物享有共有份额时,居住建筑物取得人不得以配偶短期居住权已消灭为由,请求返还居住建筑物。 2.第五百九十九条第一款及第二款以及第六百二十一条之规定,准用于配偶依前款正文规定返还继承开始后有附属物之居住建筑物或继承开始后发生损伤之居住建筑物之情形。 (使用借贷等规定之准用) 第一千零四十一条　第五百九十七条第三款、第六百条、第六百一十六条之二、第一千零三十二条第二款、第一千零三十三条及第一千零三十四条之规定,准用于配偶短期居住权。 第九章　(略) (特留份之归属及其比例) 第一千零四十二条　兄弟姐妹以外之继承人,作为特留份,于次条第一款规定之为算定特留份之财产价额中,按下列各项所列之区分,分别受乘以有关各项规定比例后之数额。	第八章　(同左) (特留份之归属及其比例) 第一千零二十八条　兄弟姐妹以外之继承人,作为特留份,按下列各项所列之区分,分别受有关各项规定比例之相当数额。

（续表）

修正案/章节	旧条文/章节
一、仅直系尊亲属为继承人之情形　三分之一 二、前项所列情形以外之情形　二分之一 2.继承人为数人之情形,前款各项规定之比例,为此等乘以依第九百条及第九百零一条规定所算定之其各自继承份额后之比例。 （为算定特留份之财产价额） 第一千零四十三条　为算定特留份之财产价额,为自被继承人于继承开始时所有财产之价额中加上其赠与财产之价额,再自其价额中扣除债务之全额后之数额。 2.（略） 第一千零四十四条　（略） 2.第九百零四条规定,准用于前款规定之赠与价额。 3.就对继承人之赠与适用第一款规定时,同款中"一年"为"十年","价额"为"价额(限于因婚姻或养子女收养,或作为生计资本而所受赠与之价额)"。 （删去） （删去）	一、仅直系尊亲属为继承人之情形　<u>被继承人财产</u>之三分之一 二、前项所列情形以外之情形　<u>被继承人财产</u>之二分之一 （新增） （特留份之算定） 第一千零二十九条　特留份,自被继承人于继承开始时所有财产之价额中加上其赠与财产之价额,再自其价额中<u>扣除债务之全额,而算定之</u>。 2.（同左） 第一千零三十条　（同左） （新增） （新增） （遗赠或赠与之扣减请求） 第一千零三十一条　特留份权利人及其承继人,于保全特留份之必要限度内,得请求扣减遗赠及前条规定之赠与。 （部分扣减附条件权利等之赠与或遗赠） 第一千零三十二条　以附条件之权利或存续期间不确定之权利为赠与或遗赠标的之情形,应部分扣减其赠与或遗赠时,特留份权利人应按依第一千零二十九条第二款规定所确定之价格,径直向受赠人或受遗赠人给付其剩余部分之价额。 （赠与与遗赠扣减之顺序）

(续表)

修正案/章节	旧条文/章节
（删去）	第一千零三十三条　赠与，非于扣减遗赠后，不得扣减。
（删去）	（遗赠扣减之比例） 第一千零三十四条　遗赠，按其标的价额之比例扣减。但遗嘱人已于其遗嘱中表示另外意思的，从其意思。
（删去）	（赠与扣减之顺序） 第一千零三十五条　赠与之扣减，自后赠与起，依次对前赠与作出。
（删去）	（受赠人返还孳息） 第一千零三十六条　受赠人，除其应返还之财产外，应返还扣减请求作出之日以后之孳息。
（删去）	（因受赠人无资力而负担损失） 第一千零三十七条　因应受扣减之受赠人无资力而发生之损失，归于特留份权利人负担。
（删去）	（附负担赠与之扣减请求） 第一千零三十八条　附负担赠与，就已自其标的价额中扣除负担价额者，得请求其扣减。
第一千零四十五条　作出附负担赠与之情形中，第一千零四十三条第一款规定之赠与财产价额，为自其标的价额中扣除负担价额后之数额。 2.以不相当之对价所作之有偿行为，限于双方当事人明知加损害于特留份权利人而所作者，视为以有关对价为负担价额之附负担赠与。 （特留份侵害额之请求） 第一千零四十六条　特留份权利人及其承继人，得对受遗赠人(含依特定财产承继遗嘱承继财产或受继承份额指定之继承人。以下于本章同)或受赠人请求支付相当于特留份侵害额之金钱。	（不相当对价之有偿行为） 第一千零三十九条　（新增） 以不相当之对价所作之有偿行为，限于双方当事人明知加损害于特留份权利人而所作者，视之为赠与。于此情形，特留份权利人请求其扣减时，应偿还其对价。 （新增）

(续表)

修正案/章节	旧条文/章节
2.特留份侵害额,自第一千零四十二条规定之特留份中扣除第一项及第二项所列之价额,并于其中加算第三项所列之价额而算定。 一、特留份权利人所受遗赠或第九百零三条第一款规定之赠与之价额。 二、按依第九百条至第九百零二条、第九百零三条及第九百零四条规定算定之继承份额,而应由特留份权利人取得之遗产之价额。 三、被继承人于继承开始时负有之债务中,依第八百九十九条规定而由特留份权利人承继之债务(于次条第三款称"特留份权利人承继债务")之数额。 (受遗赠人或受赠人之负担额) 第一千零四十七条 受遗赠人或受赠人,按下列各项之规定,以遗赠(含依特定财产承继遗嘱而承继财产或依继承份额之指定而取得遗产。以下于本章同)或赠与(限于被算入为算定特留份之财产价额中者。以下于本章同)标的之价额(受遗赠人或受赠人为继承人之情形,自有关价额中扣除由有关继承人作为第一千零四十二条规定之特留份而应受之价额后之价额)为限度,负担特留份侵害额。 一、有受遗赠人和受赠人时,受遗赠人先负担。 二、受遗赠人为复数,或受赠人为复数之情形中其赠与乃同时作出者,受遗赠人或受赠人按其标的价额之比例负担。但遗嘱人已于其遗嘱中表示另外意思的,从其意思。 三、受赠人为复数时(除前项规定之情形外),自后赠与所涉之受赠人起,依次由前赠与所涉之受赠人负担。	(新增)

(续表)

修正案/章节	旧条文/章节
2.第九百零四条、第一千零四十三条第二款及第一千零四十五条之规定,准用于前款规定之遗赠或赠与标的价额。 3.受有前条第一款请求之受遗赠人或受赠人,已就特留份权利人承继债务作出清偿及其他使债务消灭之行为时,于已消灭之债务额限度内,得依对特留份权利人之意思表示而消灭依第一款规定所负担之债务。于此情形,因有关行为而对特留份权利人取得之求偿权,于已消灭之有关债务额限度内消灭。 4.因受遗赠人或受赠人无资力而发生之损失,归于特留份权利人负担。 5.法院得依受遗赠人或受赠人之请求,就依第一款规定所负担之债务之全部或部分支付,许以相当之期间。	
(删去)	(受赠人已让与赠与标的之情形等) 第一千零四十条 应受扣减之受赠人已将赠与标的让与至他人时,应对特留份权利人偿还其价额。但受让人于让与时已知加损害于特留份权利人时,特留份权利人亦得对之请求扣减。 2.前款规定,准用于受赠人就赠与标的设定权利之情形。
(删去)	(对特留份权利人偿还价额) 第一千零四十一条 受赠人及受遗赠人,于应受扣减之限度内,得向特留份权利人偿还赠与或遗赠标的之价额,而免除返还之义务。 2.前款规定,准用于前条第一款但书之情形。

修正案/章节	旧条文/章节
（特留份侵害额请求权之期间限制） 第一千零四十八条　特留份侵害额请求权,自特留份权利人已知继承开始及有侵害特留份之赠与或遗赠之时起一年间不行使时,因时效而消灭。自继承开始时起已经过十年时,亦同。	（扣减请求权之期间限制） 第一千零四十二条　扣减请求权,自特留份权利人已知继承开始及有应扣减之赠与或遗赠之时起一年间不行使时,因时效而消灭。自继承开始时起已经过十年时,亦同。
（抛弃特留份） 第一千零四十九条　（略）	（抛弃特留份） 第一千零四十三条　（同左）
（删去）	（代位继承及继承份额规定之准用） 第一千零四十四条　第八百八十七条第二款及第三款、第九百条、第九百零一条、第九百零三条以及第九百零四条之规定,准用于特留份。
第十章　特别贡献 第一千零五十条　因对被继承人无偿作出疗养看护及提供其他劳务,而就被继承人财产之维持或增加作出特别贡献之被继承人之亲属（除继承人、已抛弃继承之人及因符合第八百九十一条规定或因废除而丧失其继承权之人。以下于本条称"特别贡献者"）,得于继承开始后对继承人请求支付与特别贡献者之贡献相应数额之金钱（以下于本条称"特别贡献费"）。 2.就前款规定之特别贡献费之支付,当事人间未达成协议时,或不能订立协议时,特别贡献者得对家庭法院请求代替协议之处分。但自特别贡献者已知继承开始及继承人之时起已经过六个月,或自继承开始之时起已经过一年的,不在此限。 3.前款正文之情形中,家庭法院考虑贡献时期、方法及程度,继承财产额及一切情事,确定特别贡献费之金额。	（新增）

修正案/章节	旧条文/章节
4.特别贡献费之金额,不得超过自被继承人于继承开始时所有财产之价额中扣除遗赠价额后之余额。 5.继承人为数人之情形,各继承人负担特别贡献费之金额乘以依第九百条至第九百零二条规定所算定之有关继承人之继承份额后之数额。	

(二)《修改民法部分规定之法律》(《民法债权编修正案》)

修正案/章节	旧条文/章节
正文 第一千零一十二条第三款中于"第六百四十四条"之后增加",第六百四十五条"。 (删去) 附则 (遗嘱执行人报酬相关之过渡措施) 第三十六条 (删去) 施行日前成为遗嘱执行人者,就其报酬,不论新法第一千零一十八条第二款中准用之新法第六百四十八条第三款及第六百四十八条之二之规定,仍依从前之例。	正文 第一千零一十二条第二款中于"第六百四十四条"之后增加",第六百四十五条"。 第一千零一十六条第二款删去。 附则 (遗嘱执行人复任权及报酬相关之过渡措施) 第三十六条 就施行日前成为遗嘱执行人者,其旧法第一千零一十六条第二款中准用旧法第一百零五条规定之责任,仍依从前之例。 2.施行日前成为遗嘱执行人者,就其报酬,不论新法第一千零一十八条第二款中准用之新法第六百四十八条第三款及第六百四十八条之二之规定,仍依从前之例。

专题二 域外采风

瑞士债法现代化:《瑞士债法 2020》译介

石一峰[*]

导言

瑞士债法现代化的重要文本《瑞士债法 2020》(Schweizer Obligationenrecht 2020,以下简称 OR 2020)已经面世。该文本是自 2007 年起,由苏黎世大学法律系的 Claire Huguenin 和 Reto M. Hilty 两位教授共同发起的一项课题研究的成果。这一课题集结了瑞士 9 所法学院的 23 位法学教授参与,并最终于 2013 年出版了《瑞士债法 2020》(含文本及草案说明)。[1]

此次改革旨在推动"欧洲消费者保护指令",但与德国相比,没有相应的时间压力。同时这一草案也不是由联邦议会审议而制定,因而多有学者的理想色彩或者说是最新学说反映较完全的法律文本。正因为如此,在债法改革和民法典再法典化的浪潮中,瑞士债法现代化尤为引人注目。

关于该草案起草背景、经过等,国内已有文章进行介绍[2],在此不再赘论。本部分主要对瑞士债法现代化的立法技术和体系追求进行评介。[3]

---

[*] 石一峰,中国人民大学与海德堡大学联合培养博士,浙江大学光华法学院讲师。

[1] Huguenin/Hilty(Hrsg.), Schweizer Obligationenrecht 2020, 2013, Einleitung vor Art. 1ff, Rn. 6. Heinrich Honsell, Kritische Bemerkungen zum OR 2020, SJZ 2013, 457.中提及参与者是 27 个,也有说是 24 个研究者参与,这表明草案起草过程中存在人员的不断变动。

[2] 参见殷安军:《OR 2020:全球债法改革浪潮中的"瑞士声音"》,载梁慧星主编:《民商法论丛》第 58 卷,法律出版社 2015 年版,第 387 页以下;金印:《〈瑞士债法 2020〉及其对我国民法典编纂的启示》,载梁慧星主编:《民商法论丛》第 61 卷,法律出版社 2016 年版,第 595 页以下。

[3] 囿于 OR 2020 的文本翻译已占较大篇幅,评介部分只对重要之处进行论述,不求面面俱到。

一、一般条款的立法模式

《瑞士民法典》没有像《德国民法典》一样的总则,而只存在一个序编性质的关于法律适用、法律关系内容,与各州法律关系和证据等零散规则的规定。其中的历史原因在于,原来各州的法典就未设总则,但也并未因此产生任何不利。民法典颁布之前的《联邦委员会关于〈瑞士民法典〉的公告》指出,"即使有必要为整个法典一并设定一个单独的总则,那它相对来说也只是一种学理上的要求"[4]。因此,法典从实际运用出发,只在第7条规定:"债法中关于合同成立、履行、终止的一般规定也适用于其他民事法律关系。"OR 2020总则中的一般规定,即一般条款就承担起了传统总则的功能。

为此,OR 2020中出现了大量运用一般条款的立法技术。一般条款从文义上意味着具有普遍意义,同时"一般"也意味着对"具体类型"的统领。[5] 一般条款立法技术的运用是人们在法典化中承认人类有限理性的体现,通过一般条款中的不确定概念来赋予法官自由裁量权。[6] 一般条款应与所谓的法典基本原则相区分,后者是对整个法典都普遍适用的原则,前者可能仅适用于其统领下的制度。因此一般条款的立法技术比设置法典总则并进而设置基本原则的方式更为灵活,也更易实现法典的体系化。[7]

一般条款在OR 2020中体现为两种类型,一种是基本原则(Grundsatz),另一种是一般规则(Im Allgemeinen)。两者都是制度或问题的笼统性规定,使用了不确定概念,需要进一步解释。所以这些条款项下就会存在解释性条款或者是对具体情形的类型区分条款。例如,第13条是合同效力的基本原则,规定了合同成立时的一般效力问题,其中使用了"约束力"这个不确定概念,其后的第14—19条则是对合同约束力效力的具体解释,涉及特殊情形下约束力的抗辩

---

[4] Botschaft des Bundersrates zum schweizerischen ZGB, 1904, S.9.

[5] 此可从一般的德文"General"的意思中发现,Vgl. Duden deutsches Universal-Wörterbuch,8.Aufl.,2015,S.676.

[6] Vgl. Karl Engisch, Einführung in das juristische Denken, 11. Aufl., 2010, S.191;参见朱芸阳:《论民法上的一般条款的理念和功能》,载《湖北社会科学》2013年第4期。

[7] 为了实现体系化意义下的总则,必须以提取公因式的方式将一些规定提炼到总则部分,以实现其普遍适用。当下中国民法典的编纂以采取"民商合一"为主流,但总则的内容能否全部适用于传统民法和商法则不无疑问。相关讨论参见赵万一:《论民商法价值取向的异同及其对我国民商立法的影响》,载《法学论坛》2003年第6期;王保树:《商事通则:超越民商合一与民商分立》,载《法学研究》2005年第1期;赵旭东:《民法典的编纂与商事立法》,载《中国法学》2016年第4期;李建伟:《民法总则设置商法规范的限度及其理论解释》,载《中国法学》2016年第4期。

(第 15 条的虚伪表示)、消灭(第 16 条的消费者撤回权和第 19 条的情势变更)、变更(第 19 条的情势变更)。又如第 139 条抵销构成要件的一般规则,项下又区分了"有担保的情形"和"债务人破产的情形"。

由此可形成两方面的功能:在体系上形成"总—分"结构,节约立法资源,为某一制度提供一般性的规范供给,从而使其不至于无法可依;在内容上作为一般条款,统领项下各具体规定,同时又可以解释适用于未有立法明文规定,但属于一般条款调整的问题。例如侵权之债一般规则中的一般构成要件中使用了"一般行为义务"这个不确定性概念,那么对于新型的侵权,只要能解释为对"一般行为义务"的违反,就应受该一般条款及其项下规则的规范。

正是一般条款的运用使得瑞士债法总则在一定程度上可以在功能上替代民法总则。这一立法技术因债之关系的普遍性,结合序编的第 7 条就可以调整民法典的其他部分。所以在德国学者看来非常奇怪的[8],将时效这一原本属于民法总则的内容规定于债法总则并不影响《瑞士民法典》的逻辑体系和实际运行。

既然我国未来的民法典编纂极有可能不设立债法总则,那么合同法总则的规定就需要起到部分债法总则的作用。此时,一般条款的立法技术就可以被借鉴,同时像《瑞士民法典》第 7 条这样的转介条款也应当被运用。唯此,方能实现我国民法典的体系化和逻辑性。

二、法官裁判规范的实体化

OR 2020 中的另一大立法特色是将很多法官自由裁量的裁判规范在民法典这一实体法中予以规定。这些规定对所述法律制度或某一裁判要求只提出一些基本要旨,法官需要在具体案情的基础上加以充实,或通过阐明各种规定、主要条款和标准,分类整理典型案例和权衡各种观点才能将这些条款具体化。例如第 20、48、51(2)、54、57、70、76、196(2)、220 条等,这些条款都以明确清晰的语言表达了法官的独立裁量权。一方面,这些裁判规范表明法官有义务去解释法律适用中的模糊之处,如第 20 条第 3 款规定"合同被证明有漏洞时,法官有义务予以填补",第 48 条规定"法院应当在充分考量事物一般进程的基础上对损害进行估量";另一方面也表明了法官自由裁量权的方式和边界,如第 20 条第 2 款中的"依据诚信原则进行解释",第 57 条第 1 款和第 196 条第 2 款的"依公平原则"以及第 48、54、70 条等中的"事物一般进程"(der gewöhnliche Lauf der Dinge),"全部具体情况"(die sämtliche Umstände)等进行裁量。此与《瑞士

---

[8] Vgl. Christoph A. Kern, Nicole Jasmin Bettinger, Schuldrechtsmodernisierung in der Schweiz, ZEuP 2014, 566 ff.

《民法典》序编中的第 1 条第 2 款、第 2 条[9]、第 4 条中法官的裁判义务亦有关联。无法律规定和习惯时,法官也不能拒绝裁判,而必须行使自己的自由裁量权进行判决,但是这一自由裁量权受到诚信原则和公平原则的限制。

我国实体立法中亦不能忽视法官在裁判程序中的裁量权问题,唯有此才能使得实体法与程序法良好衔接。同时,在未来的法律实施中,法官的行为应当被实体规范重视,法官行为规则的确立使法官在保持自由裁量权的同时,不至于滥用职权,亵渎法律,以此保障法律的稳定性。

三、债之关系的体系化构造

比较 OR 2020 与现行瑞士债法(OR)的结构可以发现,草案对债之关系进行了最大限度的体系化改造。兹列表如下:

体系	OR 2020	OR	变动情况
债的发生	第一章 债的发生	第一章 债的发生	
	第一节 合同之债	第一节 合同之债	
	第二节 侵权之债	第二节 侵权之债	
	第三节 不当得利之债	第三节 不当得利之债	
	第四节 无因管理之债	第二分编 各种合同关系 第十四章 无因管理	将第二分编中的无因管理作为债的发生原因纳入"债总"
	第五节 清算之债	(无)	新增"清算"作为债的发生原因
债的静态发展	第二章 债的履行与不履行	第二章 债的效力	将债的效力具体化为履行与不履行两种情形进行规制
	第一节 债的履行	第一节 债的履行	
	第二节 债的不履行	第二节 未履行的后果	从"未履行的原因"转向"未履行的救济"
	(无)	第三节 涉及第三人情形	于第一章第一节"合同之债"的 B. 合同的效力的第 14 条规定 Ⅱ. 第三人履行债务之担保

---

[9] 该条中的"任何人"可扩大解释为包括法官。

(续表)

体系	OR 2020	OR	变动情况
债的静态消灭	第三章 债的消灭与继续性合同的终止	第三章 债的消灭	将债的消灭进一步细化,单列继续性合同的终止
	第一节 债的消灭	(无)	
	第二节 继续性合同的终止	(无)	
	第四章 诉讼时效与除斥期间	第四章 债法上的特别关系	将原本散落的诉讼时效与除斥期间的规定统一为一章
	第一节 诉讼时效		
	第二节 除斥期间		
债的动态发展	第五章 债权让与与债务承担	第五章 债权让与与债务承担	将第五章"债权转让与债务承担"分列为两节
	第一节 债权让与	(无)	
	第二节 债务承担	(无)	
债的特别关系	第六章 债法上的特别关系	第四章 债法上的特别关系	
	第一节 代理	(无)	将原本第一章第一节"合同之债"下的代理规定独立规定为债法上特别关系之一节
	第二节 连带之债	第一节 连带之债	整合原本第二章"债的效力"第一节"债的履行"中的不可分之债,区分为不可分债务,作为连带债务的一个类型(OR 2020 第198条);不可分债权作为连带债权的单独类型(OR 2020 第208条)
	第三节 附条件之债	第二节 附条件之债	
	第四节 定金、解约金、部分付款以及违约金	第三节 定金、解约金、工资扣除以及违约金	将"工资扣除"废除,增加"部分付款"

从对比的结果来看,OR 2020 将原本的债法结构进行了重新整合,遵循的体系逻辑脉络是:债的发生(原因)——债的静态发展(履行)——债的静态消灭(实体消灭与程序消灭)——债的动态发展(债的变更)——债的特别关系。这一体系遵循债之关系的产生和演变逻辑,最大限度地周延了债之关系的内容,从而使得债法总则更具有"提纲挈领"的作用。

其中最大的特色是新增加了"清算之债"作为独立的债的发生原因,来规范合同无效或解除后的返还和损害赔偿问题。"清算之债"的独立使得整个债之关系更加体系化,债的发生原因得以进一步厘清。笔者早在 2012 年就曾对此问题撰文,厘清了作为债务不履行(包括不适当履行)后果的违约责任与合同无效或解除后的清算责任区分的背后机理。[10] 实际上,从我国《合同法》的体例来看,两者区分的必要性也在事实上获得了承认。我国法将合同解除制度单独规定于《合同法》第六章"合同的权利义务终止"一节中,在立法体系上与第七章的"违约责任"相互独立。此种独立已表明合同解除与违约责任为两种不同的制度,但实践中两者的功能价值定位并未得到应有的区分,合同解除常被误读为违约的特殊情形。为此,需回归功能价值定位本身对两种制度进行明确界分。简单来说,合同解除制度的功能价值在于通过解除来建构一种新秩序,是对原合同秩序中各方权利义务的重新厘定。因而新秩序中的权利义务一方面来自于原合同秩序中权利义务的转化,另一方面来自于合同解除后产生的新的权利义务。违约责任制度的价值在于维护原有秩序,通过承担违约责任来救济原合同秩序中受损害的权利,进而补救原合同秩序。[11] 正是基于合同解除和无效后的清算(返还和损害赔偿等)是一种新的秩序,即新的债权债务关系的建立,其作为独立的债的发生原因才有其正当性。

四、统一赔偿责任法的萌芽

(一)统一赔偿责任法结构在 OR 2020 中的体现

OR 2020 另一个值得关注的特色是将原本第二章"债的效力"改为"债的履行与不履行",其中该章下的第二节"未履行的后果"全部改写为"未履行"这一新章节。改写的主要内容是转换原来的以"未履行原因"为脉络的结构,而采用以"未履行的救济方式"为基础的结构,即将履行障碍法的"原因进路"改为

---

〔10〕 参见何国强、石一峰:《合同解除与违约责任制度之比较》,载《赤峰学院学报(汉文哲学社会科学版)》2012 年第 5 期。

〔11〕 同上注。

"救济进路"。[12] 如此改革的原因在于：原本的"原因进路"侧重债务不履行的类型及原因，包括履行不能、迟延履行、不当履行等，然后根据不同类型和原因采取不同的救济方式。此种方式在规范上"荆棘丛生"，各种规定散乱而不利于法官寻找请求权基础；某一请求权必须同时符合多个规范才能实施，不利于法律的解释和适用。改采"救济进路"则不再关注不履行的原因，而是侧重不履行的救济，如中止己方履行、要求债务人履行、由自己或第三方完成债务的履行、减少自己债务的履行、请求损害赔偿、请求支付利息、解除合同等，这些救济方式除非相互冲突，否则可以一并主张（OR 2020 第 118 条）。OR 2020 第六章第四节还专门处理了定金、违约金、解约金与损害赔偿之间的关系，起到了"统一损害赔偿法"的基本功能，即可处理请求权的竞合问题。此种改弦易辙除了方便法律适用外，在体系上也实际通过一般条款（OR 2020 第 118 条）的方式构建了"义务违反——责任承担"新结构。

此种新结构与瑞士联邦司法部 1999 年提出的《赔偿责任法改革与统一的联邦立法预草案》（Vorentwurf zu einem Bundesgesetz über die Revision und Vereinheitlichung des Haftpflichtrechts）不无关系。该预草案是始于 1988 年的"赔偿责任法的改革与统一"的成果，旨在对债法中的赔偿责任规定进行整合，尤其是尝试在损害赔偿法方面对合同责任和侵权责任进行统合。这一草案对赔偿责任法统一的方式就是采取"义务违反——责任承担"的结构，使得一般行为义务的违反和合同义务的违反等能够被统合，亦即在"义务违反"层面将合同责任、侵权责任和缔约过失责任整合，而在责任承担上进一步考量不同责任的可归责性问题，从而形成过错责任、过错推定责任和无过错责任等，最后形成不同的救济方式。虽然 OR 2020 没有采取"赔偿责任法的改革与统一"的"激进"做法，而是分别在第 118 条以"未履行债之义务"统合债务不履行责任，在第 46 条中以"违反一般行为义务"统合了侵权责任，所采取的仍是"义务违反——责任承担"的结构。这为今后的进一步改革埋下了伏笔，已经显示了统一赔偿责任法的萌芽。[13]

（二）赔偿责任法统一的历史演进

"责任"一词在法律体系中具有多义性。在传统的债法体系中，合同责任，即违反合同义务产生的责任（以损害赔偿为主）；侵权责任，即违反一般行为

---

[12] 这两个术语的解释，可参见卢谌、杜景林：《论债权总则给付障碍法的体系进路》，载《法律科学》2006 年第 1 期。

[13] 值得注意的是法国债法和侵权责任法的改革中，无论是《卡特拉草案》《贝塔耶草案》，还是《司法部责任法草案（2016）》均采纳了统一民事责任的立法模式。参见李世刚：《法国侵权责任法改革——基调与方向》，人民日报出版社 2017 年版，第 63 页。

义务产生的责任(也以损害赔偿为主),两者都属于债的类型之一。两者都归为债的原因在于,其都是应为一定的给付义务。但二者又称为"责任"的原因在于债务人应以全部财产为义务的履行担保,负其"责任"。从词源上来看,Schadensersatzpflicht(损害赔偿义务)与 Vertragspflicht(合同义务)都属于 Pflicht(义务),因而可统合在"债"的概念之下。但从"义务违反——责任承担"的结构来看,Vertragspflicht 是一种基于当事人约定产生的自发义务,包括当事人之间合意产生的债务(Schuld)和社会契约论下的一般行为义务。而 Schadensersatzpflicht 是此种自发义务履行受阻时进一步产生的"矫正义务",包括了传统意义上的合同责任和侵权责任。"矫正义务"从结果上而言也是对自发义务履行的保障,同时也有国家强制力的支撑,其与 Haftung(责任)虽有差别,但也有关联。Haftung 是履行义务的担保,是强制实现义务的手段,是义务人以其全部财产为担保来承担的责任。瑞士法中将"矫正义务"称为 Haftpflicht,作为 Pflicht 和 Haftung 的中间形态存在,可译为赔偿责任,以表明其与损害赔偿义务相连,但又不是一般意义上的自发义务,而是责任意义上的"矫正义务"。赔偿责任的统一是要对违反自发义务基础上产生的"矫正义务"进行统合,从而将自发义务下的债务(Schuld)与赔偿责任(Haftpflicht)相区分。

　　此种区分是历史演变的结果和必然。责任一词在罗马法时期与债务未得到有效的区分,这与其将不履行债务作为责任产生的原因并以责任作为履行债务的替代有关。[14] 但随后罗马著名法学家马尔库·安第斯蒂·拉贝奥(Marcus Antistius Labeo)打破了"不履行—责任"模式,创立拉贝奥抗辩将债务人从客观规则的束缚中解脱出来,债务与责任的区分才逐渐显现。[15] 随后的日耳曼法将债务视为法的当为,不含有强制要素,是一种基于意思自治的自发履行。而一旦此种自发履行出现障碍,则需要责任关系的存在,责任使得履行具有强制意义。[16] 此时债务与责任就存在区分的必要性。近代大陆法系国家中,从法条上来看,债务和责任在形式上统一在债的概念之下,如《法国民法典》第 1142、1382、1383、1370 条;《德国民法典》将侵权行为放在第二编"债务关系法"之中等。但债务与责任的关系是 19 世纪德国民法学上最具争论的问

---

〔14〕 参见〔意〕彼德罗·彭梵得:《罗马法教科书(2005 年修订版)》,黄风译,中国政法大学出版社 2005 年版,第 216 页。

〔15〕 参见丁玫:《从优士丁尼法典看罗马法契约责任》,载 http://www.romanlaw.cn/sub2-5.htm,访问日期:2016 年 11 月 6 日。

〔16〕 See Karl von Amira, *Northern Germanic Obligation Law*, 1882. Karl von Amira, *Northern Germanic Law*, 1895.

题。[17] 德国学者 Herrmann Isay 甚至认为,未来修法时,应当将责任独立规定,并且将债务法中的保证及物权法中的担保物权一并制定为责任法。[18] von Schwerin 则提出在债法总则中应区分债务法与责任法。[19] 这些见解影响了现代民法典的结构,如 1964 年的《苏俄民法典》在债编第十九章专章规定了违反债的责任,突出了责任的地位。1994 年及 1995 年先后颁布的《俄罗斯民法典》第一部分和第二部分延续了《苏俄民法典》的区分,将违反债的责任与致人损害而发生的债独立规定。1995 年的《越南民法典》规定了不履行民事义务的民事责任与合同外的损害赔偿责任。1986 年的《民法通则》在结构安排上单独规定了民事责任一章(第六章),包括违约责任与侵权责任。2002 年的《德国债法现代化法》(Schuldrechtsmodernisierungsgesetz)对《德国民法典》中违反债的规定进行了修改,其中《德国民法典》第 280 条第 1 款也使用了统一的"义务违反"(Pflichtverletzung)作为上位概念,而分别规定了义务违反样态(Erscheinungsform)。[20] 对于违反合同义务的合同责任与违反保护人身财产一般义务的侵权责任而言,在解释上可认为两者都是义务违反的结果,因而具有同构的可能性。同时依据 1992 年《荷兰民法典》的规定,原则上也可将违约解释为侵害了第 6:162 条第 1 款意义上的权利。[21]《奥地利普通民法典》(Allgemeines Bürgerliches Gesetzbuch,以下简称 ABGB)第 1295 条第 1 款实际上将违约损害赔偿和侵权损害赔偿纳入统一框架内(损害可能因违反合同义务引起,也可能与合同没有关

---

[17] Vgl. Binder, *Zur Lehrer von Schuld und Haftung*, JherJb. 77(1927) 75 ff.; O. von Gierke, *Schuld und Haftung*, 1910; Schreibe, *Schuld und Haftung*, 1914.

[18] Vgl. Hermann Isay, *Schuldverhältnis und Haftungsverhältnis im heutigen Recht*. Jehring Jahrbücher für die Dogmatik des Bürgerlichen Rechts,1904, S.209. 当然此种无限的责任扩展可能也会造成体系矛盾,因为赔偿责任所要统合的义务违反下的责任与财产担保意义下的责任能否统合,仍有疑问。

[19] Vgl. von Schwerin. *Schuld und Haftung in geltenden Recht. Beiträge zur Erläuterung des deutschen Rechts*,1911, S.690.

[20] Vgl. Wieser, *Eine Revolution des Schuldrechts*, NJW 2001, 121 f.

[21] 但《荷兰民法典》第 6:74 条及以下条文规定的独立的违约责任又排除了第 6:162 条的适用。

系)[22]，并未对合同责任与非合同责任作出区分。[23] 与此同时，欧洲私法整合运动的发展[24]，也正在关注合同法与侵权法的互动。[25] 合同债务本身与违反合同义务导致的违约责任是可以区分的，而违约责任的构成则与侵权责任之间存在互动的可能性，两者统一于损赔偿责任法中进行规定有其合理性。由此可见赔偿责任法的统一在比较法上有其趋势。

对于此，我国1986年的《民法通则》在结构安排上单独规定了民事责任一章（第六章），包括违约责任与侵权责任。这改变了传统大陆法系的立法体例，创制了一种新的立法模式。其中第六章第106条规定："公民、法人违反合同或者不履行其他义务的，应当承担民事责任。公民、法人由于过错侵害国家的、集体的财产，侵害他人财产、人身的，应当承担民事责任。没有过错，但法律规定应当承担民事责任的，应当承担民事责任。"该条是统一赔偿责任法的基础。于2009年通过的《侵权责任法》将侵权责任独立于债编规定，也预示着我国立法和实践对赔偿责任法独立的态度。

（三）统一赔偿责任法的未来研究方向

虽然采完全统一赔偿责任法的立法构造在我国学理上仍不是主流学说[26]，但统一赔偿责任法的萌芽对法律体系化的追求是未来法律发展所不容忽视的。随着我国民法典编纂进程的加快，新的立法文本中对统一赔偿责任法

---

[22] Vgl. Koziol, Haftpflichtrecht II²(1984) 4; Schwimann (-Harrer), AGBG VII², Preliminary comment 1 to §§1293 ff AGBG; Koziol, Haftpflichtrecht I, 4/42, p. 158 and 17/9 p. 526; Koziol Delikt, Verletzung von Schulverhältnissen und Zwischenbereich, JBl 1994, 209-223 (209f). Quoted from Christian von Bar, Ulrich Drobnig, *The Interaction of Contract Law and Tort and Property Law in Europe.* Sellier. European Law Publishers GmbH, 2004, 载 http://europa.eu.int/comm/consumers/cons_int/safe_shop/fair_bus_pract/cont_law/index_en.htm，访问日期：2016年12月12日。

[23] Vgl. ABGB 1. Von dem Schaden aus Verschulden；§1295. (1) Jedermann ist berechtigt, von dem Beschädiger den Ersatz des Schadens, welchen dieser ihm aus Verschulden zugefügt hat, zu fordern; der Schade mag durch Übertretung einer Vertragspflicht oder ohne Beziehung auf einen Vertrag verursacht worden sein.

[24] Vgl. Basedow/Hopt/Zimmermann, *Handwörterbuch. des europäischen Privatrechts* (2009).

[25] Christian von Bar, Ulrich Drobnig, *The Interaction of Contract Law and Tort and Property Law in Europe.* Sellier, European Law Publishers GmbH, München, 2004, 载 http://europa.eu.int/comm/consumers/cons_int/safe_shop/fair_bus_pract/cont_law/index_en.htm，访问日期：2016年12月12日。

[26] 主张统一赔偿责任法，参见张家勇：《论统一民事责任制度的建构——基于责任融合的"后果模式"》，载《中国社会科学》2015年第8期；邱雪梅：《民事责任体系重构之研究》，厦门大学2007年博士学位论文；魏振瀛：《民事责任与债分离研究》，北京大学出版社2013年版；陈忠五：《契约责任与侵权责任的保护客体："权利"与"利益"区别正当性的再反省》，北京大学出版社2013年版。

的态度也已经显现。纵观已公布的各草案,可以发现沿用《民法通则》中的"民事责任"独立成章已成趋势。兹整理相关草案中的规定以作说明:

法律文本	统一赔偿责任法的表述	备注
《民法典总则专家建议稿》(法学会征求意见稿)[27]	设"民事权利的行使和保护"专章	其中民事权利的保护指向的应是责任承担机制,但章节下的内容并不明确,在"提交稿"中得到改善
《民法典总则专家建议稿》(法学会提交稿)[28]	设"民事权利的行使和保护"专章,并于第208条采取"义务违反—责任承担"的统一赔偿责任法结构	第209条还规定了民事责任的承担方式,不区分是合同责任还是合同外责任
《民法总则》(社科院建议稿)[29]	设"民事权利、义务和责任的一般规则"专章,并于第三节规定统一的民事责任	第274条规定了"义务违反—责任承担"的统一赔偿责任法结构;第275条规定了统一的民事责任承担方式;第277、278条分别规定了民事责任竞合和民事责任聚合
《民法总则(草案)》(一审稿)[30]	专章规定"民事责任"	第156条规定了"义务违反—责任承担"的统一赔偿责任法结构;第157、158条规定了连带责任和按份责任;第159条规定了统一民事责任的承担方式
《民法总则(草案)》(二审稿)[31]	专章规定"民事责任"	第171条规定了"义务违反—责任承担"的统一赔偿责任法结构;第172、173条规定了连带责任和按份责任;第174条规定了统一民事责任的承担方式等

---

〔27〕 参见 http://www.chinalaw.org.cn/Column/Column_View.aspx?ColumnID=81&InfoID=14364,访问日期:2016年7月19日。

〔28〕 参见 http://www.civillaw.com.cn/zt/t/?id=30198,访问日期:2016年7月19日。

〔29〕 参见 http://www.cssn.cn/fx/fx_yzyw/201603/t20160303_2895289.shtml,访问日期:2016年4月2日。

〔30〕 参见 http://www.npc.gov.cn/npc/flcazqyj/2016-07-05/content_1993342.htm,访问日期:2016年7月19日。

〔31〕 参见 http://www.npc.gov.cn/COBRS_LFYJNEW/user/UserIndex1.jsp?ID=8145189,访问日期:2016年12月12日。

（续表）

法律文本	统一赔偿责任法的表述	备注
《民法总则（草案）》（三审稿）[32]	专章规定"民事责任"	第180条规定了"义务违反—责任承担"的统一赔偿责任法结构；第181、182条规定了连带责任和按份责任；第183条规定了统一民事责任的承担方式等
《民法总则》	专章规定"民事责任"	第176条规定了民事责任的一般规定，但隐去了"义务违反—责任承担"的结构；第177、178条规定了连带责任和按份责任；第179条规定了统一民事责任的承担方式等

从上表可以发现，现有的最新的法律草案的文本都在采纳统一民事责任法的做法，尤其是《民法总则（草案）》（三审稿）中对此仍作保留。但最终出台的《民法总则》将"义务违反—责任承担"的结构隐去，理由是考虑到"公平责任、无过错责任等情形"中没有义务违反，但实际上这些责任只涉及可归责性标准问题，对于"义务违反"本身仍可坚持，只是"义务"一词可作更宽泛的理解。这表明统一赔偿责任法虽有共识可能，但其理论构建仍需进一步完善。为此，有两个方面课题急需研究：一是统一赔偿责任法的证成问题；二是统一赔偿责任法的构建问题。

对于证成问题，民法中责任的发展已表明责任问题在现代民法中的重要意义。传统上因构成要件的不同，将合同责任与侵权责任分别规定，并且将侵权责任归于债之范畴。但从合同与侵权责任的现代发展来看，二者却出现融合的现象，如为了解决合同发展过程中当事人履行利益之外人身和财产的损害赔偿问题，合同附随义务得到了深远的发展，合同向侵权扩张。[33] 同时侵权法的交往安全义务（Verkehrspflichten）也使得侵权责任的适用范围向外扩张。[34] 而合同责任与侵权责任的扩张使得两者存在请求权竞合（Anspruchskonkurrenz）的问

---

[32] 参见 http://mt.sohu.com/20161224/n476841384.shtml，访问日期：2016年12月26日。

[33] Vgl. Vincent Mayr, Schutzpflichten im deutschen un französischen Recht, Berlin: Peter Lang, 2005, S.22-24.

[34] 参见〔德〕克雷斯蒂安·冯·巴尔：《欧洲比较侵权行为法》（上），张新宝译，法律出版社2004年版，第145页。

题。[35] 由温德沙伊德提出的这一请求权[36]问题的本质是义务违反这一事实现象在法律上得到了不同的解读,因同一现象符合法律上的多种构成,从而产生了竞合。但需注意的是,现代欧盟成员国不再在有关服务者责任的法律中对合同责任和侵权责任进行区分。[37] 由此可见,两种责任的交叉和融合成为当下民法中的重要现象。在欧洲私法统一过程中,人们已经意识到单独考虑合同法或侵权法的统一并不足够,合同法与侵权法如何进行同构是当下的重要课题。[38] 而通过正确定位民事责任制度在民法典中的地位,以赔偿责任法对合同法与侵权法的关系进行厘清,将是法典化和再法典化的核心课题。这关涉统一赔偿责任法的证成问题。

对于构建问题,从民事责任的功能来看,民事责任的本质是利益分配的再调整机制(类似于一种合同,但此种合同的自主性转向强制性保障)。同时它也是一种秩序维护机制,是对未发生违法行为之状态的最大限度的维护,此种维护亦是保护国家基本权利的体现。民事责任的产生都是基于事实行为[39]——侵权与违约,因而两者存在进行统一建构的可能性。同时合同责任与非合同责任的客观化趋势也使得两者具有广泛的一致性和共同基础。[40] 民事责任的统一对于中国这样的新型法系而言,其通过统一赔偿责任法将传统民法上合同、侵权以及不当得利和无因管理进行一体规定,起到了新的统合作用。因而如何构建赔偿责任法内容与体系是责任法独立的必然逻辑,尤其是在采取"义务违反—责任承担"的赔偿责任一般条款的前提下,其下各种具体的责任如何对义务违反的类型、责任成立的要件以及责任承担方式等进行协调是未来的核心任务。[41] 这关涉统一赔偿责任法的构建问题。

但需注意的是,虽然我国《民法总则》已设立"民事责任"一章,但如果其后

---

[35] Vgl. Dietz, *Anspruchskonkurrenz*, 1934, S.125 f.

[36] Vgl. Windscheid, *Die Acitio des römischen Civilrechts*, vom Standpunkt des heutigen Rechts, 1856, S.2-5; Wilhelm Simshäuser, *Zur Entwicklung des Verhältnisses von materiellem Recht und Prozessrecht seit Savigny*, 1965, S.73-75.

[37] Vgl. Christian von Bar, Ulrich Drobnig, *The Interaction of Contract Law and Tort and Property Law in Europe*. Sellier. European Law Publishers GmbH, 2004, S.68.

[38] Vgl. Christian von Bar, Ulrich Drobnig, *The Interaction of Contract Law and Tort and Property Law in Europe*. Sellier. European Law Publishers GmbH, 2004.

[39] 民事法律事实的区分采王轶教授的简略区分说。参见王轶:《论民事法律事实的类型区分》,载《中国法学》2013年第1期。

[40] Vgl. Christian von Bar, Ulrich Drobnig, *The Interaction of Contract Law and Tort and Property Law in Europe*. Sellier European Law Publishers GmbH, 2004, S.86-88.

[41] 其中我国法将多种责任承担方式并列,但并未在具体的责任类型中明确责任承担方式具体如何适用,这对统一赔偿责任法的构建尤为关键。

的各编如合同和侵权责任,仍沿袭现有的立法状况和思路,那么仍然会造成体系上的重复和矛盾,削减了原本统一赔偿责任法的体系追求。因此,若欲追求统一赔偿责任法下的新体系,就必须对《民法总则》中的"民事责任"章和各编中的责任问题进行协调,此亦为统一赔偿责任法证成和构建中不容忽视的问题。另外,现有的《民法总则》在统一赔偿责任条款之下又规定了连带责任和按份责任,这种责任的性质为何有待进一步澄清。之后所规定的多种民事责任承担方式在内容和层级上也存在混淆,需要在之后的草案修改中予以完善,否则法官在适用时就存在混乱。换言之,统一赔偿责任法是需要在一般条款之下再行构建的,并非将责任承担方式悉数规定而完全不考量从"义务违反"到"责任承担"的过程,还应当进一步考虑义务违反的类型和责任构成中可归责性等其他要件的问题。

《瑞士债法 2020：新债法总则草案》（中译本）

石一峰* 潘玮璘**/译

说明

本草案的翻译源于笔者 2014 年到海德堡大学留学时所在的外国和国际私法与经济法研究所（Institut für ausländisches und internationales Privat- und Wirtschaftsrecht，简称 IPR）的 Christoph A. Kern 教授提及的其在《欧洲私法杂志》（Zeitschrift für europäisches Privatrecht，ZEuP）上发表的一篇关于瑞士债法现代化的文章[1]，他从德国法的角度评介了《瑞士债法 2020》（Schweizer Obligationenrecht 2020，以下简称 OR 2020）。之后笔者找到 OR 2020 的文本后，便开始一边学习德国法一边着手翻译。

秉承《瑞士民法典》简单易懂的语言风格，本译本力求将最新草案的文本以简单通俗之语言表达出来，除了展现草案的整体面貌外，文本内还针对一些特殊点与我国法进行对比，以期能传达瑞士债法改革中的新动态，为我国立法提供有益借鉴。

瑞士债法 2020：新债法总则草案

第一章 债的发生

第一节 合同之债

第一条

A.合同的成立

Ⅰ.意思表示一致

---

* 石一峰，中国人民大学与海德堡大学联合培养博士，浙江大学光华法学院讲师。
** 潘玮璘，中国人民大学民商法学博士，广西壮族自治区高级人民法院民一庭法官。
[1] Vgl. Christoph A. Kern, Nicole Jasmin Bettinger, Schuldrechtsmodernisierung in der Schweiz, ZEuP 2014, 562ff.

1.一般规则

(1)合同的成立要求各方当事人之间的意思表示一致。

(2)该意思表示既可以是明示的,也可以是默示的。

(3)当事人之间的合意可通过对要约的承诺达成,无论当事人之间是否有事先的磋商;也可以通过其他方式达成。

第二条

2.必要条款

(1)合同自各方当事人就所有必要条款达成一致时成立。

(2)当事人将某一条款保留后形成合意的,则推定这一条款对于当事人而言并非必要。

第三条

Ⅱ.要约与承诺

1.设定期限的要约

(1)一方当事人向另一方发出希望订立合同的要约,并设定了承诺期限的,则要约在该期限内对要约人具有法律约束力。

(2)承诺期限届满,要约人仍未收到承诺的,则要约不再约束要约人。

第四条

2.未设定期限的要约

a.当事人在场的要约

(1)一方当事人向在场的另一方当事人发出要约,但并未设定承诺期限的,除非要约立即得到接受,否则要约人不再受要约约束。

(2)通过电话或其他即时通讯的方式发出要约的,合同视为于当事人在场情形下订立。

第五条

b.当事人不在场的要约

(1)一方当事人向不在场的另一方当事人发出要约,且并未设定承诺期限的,要约只在合理的期限内约束要约人,所谓合理的期限可以依据承诺将顺利且及时到达所需要的时间确定。

(2)确定上述的合理期限时,推定要约人的要约已及时到达受要约人。

第六条

3.未预定物品的寄送

(1)未经预定物品的寄送不构成要约。

(2)收货人并无退回或者保管上述物品的义务。

(3)上述物品的寄送明显是出于错误的,则收货人应当通知发货人。

第七条

4.无法律约束力的要约、价目表、展览

(1)若要约附有一项排除约束力的保留条款,则该要约对要约人无法律约束力。

(2)发送商品目录、宣传册、课税表、价目表或其他含有类似信息的报表不构成要约。

(3)相反,标注价格的商品展览一般构成要约。

第八条

5.悬赏广告[2]

(1)对于完成某一行为,公开地允诺将支付报酬的人,应当依照其允诺支付报酬。

(2)此种允诺可以被撤回,但允诺对履行行为规定了完成期限的,或依据当时情况有理由认为悬赏人是不会撤回的除外。

(3)若悬赏人在其要求的行为完成之前就撤回允诺的,除非其能够证明他人根本不能完成该行为,否则其应当赔偿他人基于悬赏广告在善意情形下为了完成该行为所支出的费用,但该赔偿金最多不超过原本承诺的报酬数额。

第九条

6.默示承诺

(1)沉默一般不构成承诺。

(2)依特定情形,明示承诺不可期待,则受要约人没有在合理时间内拒绝要约的,合同即可视为成立。

第十条

7.对要约条款作出变更的承诺或迟到的承诺

(1)对要约的内容作出实质性变更的承诺,为新要约;在要约规定的承诺期限届满后才作出的承诺,亦为新要约。

(2)对于一份明显及时发出却仍迟到的承诺,要约人若不愿受该承诺约

---

[2] 关于悬赏广告的性质,主要有单方行为说与契约行为说两大观点,瑞士立法采后者。在我国,学界通说为单独行为说,最高人民法院《关于适用〈中华人民共和国合同法〉若干问题的解释(二)》第 3 条及《中华人民共和国最高人民法院公报》1995 年第 2 期"李珉诉朱晋华、李绍华悬赏广告酬金纠纷上诉案",对悬赏广告已采契约说。最高人民法院《民事案件案由规定》亦将"悬赏广告纠纷"列为合同纠纷(案由 73)。可见,悬赏广告契约说是我国最高人民法院的确定立场。顺便提及,我国台湾地区"民法"债编 1999 年修正时,亦将悬赏广告明定为契约。我国《民法总则(草案)》(一审稿)第 105 条曾规定"单方允诺"也是债的发生原因之一,但《民法总则(草案)》(二审稿)第 115 条在独立的债的发生原因部分删除了"单方允诺",因此立法者的态度应当是仍尊重司法实践。

束,应就承诺迟到的情况不迟延地通知受要约人。

第十一条

8.要约和承诺的撤回

(1)撤回要约的通知先于要约或与要约同时到达受要约人处,或虽然在要约之后到达,但受要约人于要约到达之前就已知悉撤回要约通知的,则要约视为未作出。

(2)前款规则亦适用于承诺的撤回。

第十二条

Ⅲ.债务承认

对某项债务的承认即可推定存在所承认之债务,即使该承认行为并未表明债务发生的原因。

第十三条

B.合同的效力

Ⅰ.基本原则

1.合同一经成立即对当事人有法律约束力。

2.合同自成立时生效,除非该合同附延缓条件。

第十四条

Ⅱ.第三人履行债务之担保

一方当事人允诺由第三人来履行自己债务的,应对由第三人不履行该债务所造成的损失予以赔偿。

第十五条

Ⅲ.虚伪表示

当事人之间以虚伪表示订立合同的,债务人不得以虚伪表示向信赖合同效力的善意第三人主张抗辩。

第十六条

Ⅳ.消费合同中的撤回权

1.基本原则

(1)任何订立消费合同者,若并无机会就给付进行充分检验或就订约风险进行慎重考虑,则可撤回该合同。

(2)消费者在经营者作出给付之前,不得事先放弃上述权利。

(3)对所接受给付的利用并不视为放弃上述权利。

第十七条

2.撤回期限

(1)消费者应当在十四天内向经营者发出撤回合同的通知。

(2)撤回期限自消费者知晓撤回权时起算,但起算时刻不得早于作出给付之时。

(3)无论何种情形下,撤回期限自给付作出一年后届满。

第十八条

3.撤回的效力

(1)撤回权的效力适用有关清算之规定。

(2)经营者无权就消费者之撤回请求损害赔偿。

第十九条

Ⅴ.情势变更

合同订立后,客观情况发生了无法预见的不利于一方的变化使得合同义务的履行依诚信原则已不能被苛求时,法官可变更或终止合同。

第二十条

C.合同的解释与补充

1.在依据形式和内容评价一份合同时,重要的是依据当事人相一致的意思而非当事人所使用的不正确标记或表达。

2.当事人相一致的意思无法查明时,合同应依据诚信原则进行解释。

3.合同被证明有漏洞时,法官有义务予以填补。

第二十一条

D.合同的形式与内容

Ⅰ.合同形式

1.一般规则

(1)合同无须遵守特别的形式即可产生效力。

(2)但对特定的形式要求,法律另有规定的或当事人另有约定的除外。

第二十二条

2.法定的合同形式

a.书面形式

依法律规定应当采取书面形式的合同,应当由所有受合同约束的当事人签名。

第二十三条

b.亲笔签名

(1)合同当事人应当亲笔签名。

(2)在符合惯例时,亲笔签名的复制形式与亲笔签名具有同等效力。

(3)经过认证的电子签名与亲笔签名具有同等效力。

第二十四条

c.特别情形

(1)对于无法阅读文字的人,只有证明其在签字时已理解了文书内容时,其签名才具备法律效力。

(2)对于无法亲笔签名的人,可以以经认证的画押或公证声明代替。

第二十五条

d.文本形式

法律规定应当以文本形式订立合同的,任何能够持久地证明当事人表示的书面表达,都符合该规定。

第二十六条

e.合同变更与合同部分终止

法律已规定应当以特定形式订立合同的,依该规定的目的,任何变更或部分终止合同的行为也需适用此特定形式。

第二十七条

f.主张

(1)法定形式要求的目的将决定,合同的效力是否依赖于对该形式要求的遵守,以及何方当事人可以就该形式瑕疵提出主张。

(2)若对某种形式要求的遵守是出于公共利益的,则合同的无效需法官依职权认定。

第二十八条

3.约定的合同形式

(1)当事人约定应当以特定形式订立合同的,推定合同只有在遵守该形式时才能生效。

(2)若当事人未就约定的书面形式作进一步说明,则推定应以法定书面形式理解。

第二十九条

4.形式瑕疵的弥补

至少一方当事人完成合同主要义务的履行后,就可弥补合同的形式瑕疵,只要弥补本身并不与所违反的形式要求相冲突。

第三十条

Ⅱ.合同内容

1.一般规则

(1)在强制性法律和公共政策的限度内,当事人可以自由地确定合同内容。

(2)违反强制性法律和公共政策的合同只有在其所违反的强制性法律和公共政策之目的也要求其无效时,才无效。

第三十一条

2.主张

(1)何方当事人可以就内容瑕疵提出主张,取决于合同内容所违反的规范目的。

(2)若对上述相关规范的遵守是出于公共利益,则合同的无效需法官依职权认定。

第三十二条

Ⅲ.预先拟定的、未与对方协商的合同条款

1.模糊且难以理解的合同条款

若预先拟定的、未与对方协商的合同条款模糊且难以理解,则应当作出不利于提供上述条款一方的解释。

第三十三条

2.不公平的合同条款

(1)以违背诚信原则的方式,造成一方当事人的权利与义务之间显著的、不合理的失衡的合同条款无效。

(2)上述合同条款的无效应当自合同成立起一年内提出主张。[3]

第三十四条

Ⅳ.共同规定

1.部分无效

合同仅部分具有瑕疵的,若当事人即使无该部分也会订立合同的,仅该部分无效。

第三十五条

2.合同的转换

某一无效合同符合另一种合同的有效要件的,若当事人知晓该瑕疵也会对合同达成合意,则适用后一种合同类型。

第三十六条

3.合同无效的后果

a.损害赔偿

(1)若一方当事人知道或应当知道合同存在形式或内容瑕疵,则应当赔偿对方因合同无效所造成的损失。

(2)若另一方当事人知道或应当知道合同存在前款瑕疵,则无权请求赔偿。

---

[3] 对比我国《民法典》第497条的规定,预先拟定的格式条款有违公平的,并未有主张无效的时间限制。

第三十七条
b.附加后果

因形式或内容瑕疵致合同无效的其他附加后果,依清算之规定处理。

第三十八条
E.意思表示瑕疵

Ⅰ.重大错误

1.当事人因重大错误而订立合同的,可以向另一方当事人主张合同无效(ungültig)。[4]

2.在下列情形中,合同当事人具有重大错误:

(1)该种错误涉及依诚信原则为合同必备基础的特定情况。

(2)当事人根本未有表示之意或表示之内容与其所欲表示的意思有重大差别。

3.仅对订立合同的动机发生错误的,不属于重大错误。

4.仅为计算错误的必须在原合同中改正。

第三十九条
Ⅱ.欺诈

1.因对方故意欺诈而订立合同者,可以主张合同无效,即使因受欺诈而陷入的错误并非重大。

2.因第三人故意实施的欺诈行为而订立合同者,只有当对方当事人在订立合同时知道或者应当知道有欺诈行为时,才可主张合同无效。

第四十条
Ⅲ.胁迫

1.因对方或第三人非法胁迫致不安而订立合同者,可主张合同无效。

2.根据具体情形,当事人有理由相信自己或与其关系密切的人的生命、身体、名誉或财产受到了急迫和明显的威胁的,构成本条的受胁迫。

3.对他人合法行使权利的惧怕不构成受胁迫,但被他人以此勒索不正当的额外利益的除外。

第四十一条
Ⅳ.乘人之危

1.在订立合同时被对方乘人之危者,可主张合同无效。

2.乘人之危是指,当事人一方利用对方当事人的困境、轻率、缺乏经验以及其他任何阻碍其决定自由的情形,使自己获得与己方给付明显不相当的对待给

---

[4] OR 2020统一了合同效力的术语,将原先的无效(nichtig)、可撤销(anfechtbar)、效力待定(schwebende wirksam)、不生效力(unwirksam)统一为无效(ungültig)。

付允诺。

第四十二条
Ⅴ.共同规定

1.主张

(1)有权方未在一年内主张意思瑕疵的,视为该合同有效。

(2)对于重大错误和欺诈,该一年期间自行为被发现时起算;对于胁迫,自胁迫消除之时起算;对于乘人之危,自阻碍其自由决定的情形结束时起算。

第四十三条
2.意思瑕疵合同的维持与无效

(1)若合同另一方当事人已接受因此错误订立的合同,错误方必须依其理解的内容受合同约束。[5]

(2)合同部分无效按照合同形式与内容瑕疵的规定处理。

(3)在欺诈、胁迫或乘人之危的情形下,即使该瑕疵只影响到合同的部分条款,意思表示瑕疵方仍可就整个合同主张无效。

第四十四条
3.合同无效的后果

a.损害赔偿

(1)一方由于自身违反义务的行为致使对方产生意思表示瑕疵的,应当赔偿对方因合同无效所遭受的损失。

(2)一方由于自身原因而发生重大错误的,若对方不知道或不应知道该瑕疵,该方应当赔偿对方因合同无效所遭受的损失。

(3)欺诈或胁迫来自于第三方的,有权主张合同无效的一方在符合公平原则且对方既不知道也不应知道该瑕疵的情形下,应当赔偿对方因此遭受的损失。[6]

---

[5] 这就是所谓的"错误的表示无妨"(falsa demonstratio non nocet)。如果当事人在相同意义上一致地理解他们的表示,便以这种意义为准。该款在效力上特别强调:在此情形下排除意思表示发生错误一方的撤销权。

[6] 此处的规定与第39条第2款的规定并不冲突,后者是被欺诈一方主张合同无效(由于术语统一,相当于撤销合同),需以"对方当事人在订立合同时已经知道或者应知道有欺诈行为"为前提,此处是即使未有该前提,被欺诈方仍可主张合同无效,但在"符合公平原则且对方既不知道也不应知道该瑕疵"时会导致赔偿损失的后果。换言之,无论对方当事人是否知情,被欺诈方都有权主张合同无效,只是第39条第2款中未规定损害赔偿的结果,此处因"对方当事人在订立合同时已经知道或者应知道有欺诈行为"前提缺失,而有损害赔偿的后果。

第四十五条
b.附加后果

因意思瑕疵致合同无效的其他附加后果,依清算之规定处理。

第二节 侵权之债

第四十六条
A.责任的一般规则

Ⅰ.侵权责任的一般要件

任何违反一般行为义务且无合法抗辩理由的人,都应当对由此造成的损害承担赔偿责任。

第四十七条
Ⅱ.损害

1.一般规则

损害包括财产损失和其他方面的损失。

第四十八条
2.证明减轻

若损害的数额无法被证明或证明本身并不可能,则法官应当在充分考量事物一般进程的基础上对损害进行估量。

第四十九条
3.身体伤害的情形

身体伤害情形中,受害人有权在充分考量损害会导致其未来收入恶化的情况下,请求赔偿现在和将来的损失。

第五十条
4.供养人死亡的情形

因供养人死亡而失去供养来源的损失也应当得到赔偿。

第五十一条
5.家庭宠物受到伤害的情形

(1)不以投资或商业为目的而仅在家庭范围内饲养的动物受到伤害的,对其治疗的费用即使超过该动物本身财产价值的,也可作为损失提出。

(2)上述家庭宠物受到伤害或死亡的,法官在确定损害时可考虑其所具有的情感价值。

第五十二条
Ⅲ.非物质性损害赔偿

(1)当责任的构成要件都得以满足时,法官即可判决责任人对非物质性损害进行赔偿。

(2)该非物质性损害赔偿可以金钱或者其他方式进行。

第五十三条

Ⅳ.抗辩事由

特别是在正当防卫、紧急避险以及合法自助行为的情形下,责任得以排除。

第五十四条

Ⅴ.赔偿的确定

法官应当依据全部具体情况确定损害赔偿和非物质性损害赔偿的方式和数额。

第五十五条

Ⅵ.赔偿减免的事由

由于受害人自身的原因导致损害发生或扩大的,法官可以适当减少赔偿数额或完全免除责任人的赔偿责任。

第五十六条

Ⅶ.与刑法的关系

刑事法院对过错或过错能力的判断以及对损害的认识对民事法院没有约束力。

第五十七条

B.无责任能力人的责任

(1)依公平原则,法官也可以判令无责任能力人赔偿其所造成的损失。[7]

(2)暂时失去责任能力的人若不能证明失去责任能力的状态是不可归责于自身的,则仍应对在此状态下引发的损失负赔偿义务。

第五十八条

C.组织责任

Ⅰ.一般规则

雇主应当对其雇员或者其他辅助人在履行职务时所造成的损害承担责任;除非雇主能够证明其对该种损害已经尽到了所有必要的注意义务或即使尽到所有必要的注意义务也不能阻止损害的发生。

第五十九条

Ⅱ.商事企业责任

商事企业应当对由其经营活动所引起的损害承担责任,除非其能够证明自身的经营组织已对损害的发生采取了合适的预防措施。

---

[7] 与我国《民法典》第1188条相比,瑞士债法没有涉及监护人的赔偿责任问题。在体系上,我国《民法典》第1188条中的监护人责任属于独立的债的发生原因,是一种法定之债,旨在弥补我国保险制度不足情形下的受害人救济问题。相似见解可参见王轶:《作为债之独立类型的法定补偿义务》,载《法学研究》2014年第2期。

第六十条

D.危险责任

(1)从事特殊危险活动的人应当对该种活动的特征性风险变成现实所引起的损害承担责任。

(2)特殊危险活动是指,依照该活动的性质或活动所使用的材料、设备或动力的性质,即使尽到了所有必要的注意义务,仍会时常引起损害或导致某种严重损害。

第六十一条

E.动物致人损害责任

动物饲养者应当对动物造成的损害承担责任,除非其能够证明就动物的看管与监督已经尽到了全部合理的注意义务或即使尽到了所有合理的注意义务也不能阻止损害的发生。[8]

第六十二条

F.物件致人损害责任

房屋或其他建筑物造成损害的,应当由其所有人承担责任,除非其能够证明该损害并不是该房屋或其他建筑物的建造设计瑕疵或维护不足所造成的。

第六十三条

G.国家及其公职人员的责任

国家及其公职人员在履行职责时造成损害的责任,按照侵权责任的规定处理。

第三节　不当得利之债

第六十四条

A.不当得利的返还(Erstattung einer ungerechtfertigten Bereicherung)

Ⅰ.基本原则

(1)从他人财产中不正当获利的人,应当将该获利返还给他人。

(2)关于清算的规定在此仍应得到适用。

第六十五条

Ⅱ.例外情形

1.上述获利返还不包括以下情形:

(1)自愿对不存在的债务进行清偿,但能够证明清偿是基于对债务的错误认识或基于正当地期待对方也进行对待履行的除外;

---

[8]　本法对动物致损责任采过错推定原则。我国《民法典》第1245条对饲养动物致损的一般规定是无过错责任,受害人故意为免责事由;第1248条中动物园动物致人损害的,动物园责任为过错推定责任。

(2)债务人在有权拒绝履行债务的情形下以清偿债务为目的而履行债务。

2.取得利益的一方在被请求返还时能够证明其已经不再保有该利益的可以拒绝返还,但其在取得或转让利益时知道或应当知道自己负有返还义务的除外。

第六十六条
Ⅲ.返还的形式和计算

(1)在原物返还不可能或原物返还不合理时,获利方应当折价补偿,除非获利对获利人而言已无利益。

(2)善意的获利人有权选择折价补偿的计算是以取得利益时还是返还利益时的市场价值为准;但在恶意获利人情形下由对方来做此选择。

第六十七条
Ⅳ.使用费用与利息

(1)获利人应就其使用某标的物向对方支付合理费用,除非其善意地认为该使用是合法的。

(2)应返还的金钱给付应自获得时起支付利息。

第六十八条
Ⅴ.费用

(1)获利人有权请求补偿其为维护获利标的物而支出的必要的、有益的费用。

(2)恶意获利人对有益费用的补偿请求不应超过返还利益时该物所增加的价值。

(3)获利人无权请求其他费用的补偿,但可以在不损害标的物的前提下于返还之前取走其在该物上的增添物。

第六十九条
B.不当获益的返还(Erstattung eines ungerechtfertigt erlangten Gewinns)

Ⅰ.基本原则

因侵害他人受法律保护之利益而获益的人,应当全部或部分地将该收益返还给他人,但其能证明不知道或不应知道侵犯了他人利益的除外。

第七十条
Ⅱ.收益的计算

1.证明规则

(1)享有受法律保护利益者应当可信地证明一项收益被他人获得。

(2)无法量化证明的收益应由法官在考虑事物一般进程的基础上予以评估。

第七十一条

2.扣除

为获取收益而支付的费用可以在适当且可证明的范围内从收益中扣除。

第七十二条

Ⅲ.返还获益的确定

(1)法官应在考虑所有具体情形后确定获益人应偿还收益的数额。

(2)法官应当着重考虑如下情形存在与否及其程度:

①该偿还对保障享有利益者的特定利益是必要的;

②负有偿还义务者通过自己的给付获取该收益。

第四节 无因管理之债

第七十三条

A.基本原则

无义务而管理他人事务者,应当以恰当的谨慎并以他人的最佳利益和可推知的意图行事。

第七十四条

B.适用范围的划分

(1)管理人的行为得到本人追认的,可适用委托合同的相关规定。

(2)管理人的行为违背本人意愿或不符合本人要求的,相关的利益返还可适用不当得利的规定。

(3)管理人将他人事务误认为自己事务加以管理的,也可适用上述规定。

第七十五条

C.管理人的权利和义务

Ⅰ.报告、交还和报酬

(1)管理人应当立即将其管理行为报告给本人,并将其在管理过程中的所有获利交还给本人。

(2)管理人在其职业范围内进行管理的,有权要求本人支付适当的报酬。

第七十六条

Ⅱ.费用的偿还

(1)本人应当向管理人偿还必要的、有益的以及具体情形下适当的管理费用及其利息,并且应代替管理人承担其所负担的具备如下必要性的债务;管理过程中发生其他损害的,本人也应当依法官的裁量给予管理人补偿。

(2)即使管理行为并未获得预期成效,管理人也可向本人主张上述权利。

(3)管理人所支出的费用无法得到偿还的,其有权依据不当得利的相关规定取走管理中的增添物。

第七十七条
Ⅲ.责任
1.一般规则
(1)管理人应对任何义务违反行为承担责任。
(2)管理人为避免本人利益受到紧迫损害而为管理行为的,其责任可从轻评判。
(3)管理行为违背本人意愿且本人的禁令既没有违法也没有违反公共秩序的,管理人应当对意外事件承担责任,但其能够证明即使并未有其介入行为,意外事件也会发生的除外。

第七十八条
2.无合同行为能力的情形
(1)管理人无缔约能力的,返还依照不当得利的相关规定处理。
(2)侵权责任的规定在此仍能得到适用。

第五节 清算之债

第七十九条
A.基本原则
(1)合同被证明是无效或因其他原因失去效力的,应当依合同或法律规定清算该合同。
(2)涉及解决合同纠纷或清算期间或清算后合同当事人关系的约定在合同失去效力后仍然有效。

第八十条
B.清算时点
合同开始清算的时点取决于合同的性质、清算的原因以及合同履行的程度。

第八十一条
C.返还给付
Ⅰ.返还的性质
(1)已经履行的给付应当予以返还。
(2)原物返还本身已不可能或不合理的,应当折价补偿。

第八十二条
Ⅱ.折价补偿的计算
(1)折价补偿的数额依据当事人订立合同时的意思计算。
(2)清算是基于给付的价值计算的,应当与给付的市场价相符。
(3)给付有瑕疵时,折价补偿数额应当按比例减少。

第八十三条
Ⅲ.使用、利息以及对给付的维护费用
(1)负有返还原物义务的一方使用该标的物的,应当向对方支付适当的使用费。
(2)应返还的金钱给付自支付时应支付利息。
(3)负有返还原物义务的一方有权请求补偿其对需返还的给付所支出的必要的、有益的维护费用。

第八十四条
Ⅳ.为履行所支付费用
引起合同被清算的事由可归责于合同一方当事人的,该方应当赔偿另一方为履行合同所支付的费用,若这一费用依据具体情况也是正当的。

第二章　债的履行与不履行

第一节　债的履行

第八十五条
A.当事人
Ⅰ.债务人亲自履行
(1)当给付依赖于债务人的人身性时,债务人有义务亲自履行。
(2)第三人违背债务人意愿履行债务的,只要债权人接受该履行,则债权人与债务人之间的债务关系消灭。

第八十六条
Ⅱ.第三人代位权
有下列情形的,向债权人履行债务的第三人代位取得债权人的权利:
(1)当第三人为他人债务赎回抵押物,则其有权取得该抵押物的所有权或限定物权。
(2)当债务人不迟于给付时通知债权人,则代为履行的第三人将取得债权人的地位。

第八十七条
Ⅲ.为第三人利益而订立的合同
(1)合同订立时已允诺向第三人给付,则该当事人可以要求向第三人履行债务。
(2)符合合同或交易习惯时,第三人有权独立请求履行债务。
(3)第三人已向债务人表明其愿意行使该项债务履行请求权的,债权人不得再免除债务人的债务。

第八十八条
B.标的物
Ⅰ.部分履行
(1)整个债务已确定且全部已到期的,债权人可以拒绝部分履行。
(2)即使债权人愿意接受部分履行,债务人也不得以债权人已接受部分履行为由拒绝履行已确定债务的余下部分。

第八十九条
Ⅱ.种类物之债
(1)所负担债务需依据种类物来确定的,债务人享有确定种类物的选择权。
(2)债务人不得提供低于中等质量的给付。

第九十条
Ⅲ.选择之债
(1)一项债务指向不同给付方式且只要以一种方式实现履行即可的,债务人有权对此进行选择,除非合同对此另有规定。
(2)有选择权的一方当事人以不当的方式未及时作出选择的,另一方可以为其设置一个应作出选择的合理期限;若该方在此期限内仍未作出选择,则选择的权利移转于另一方。

第九十一条
Ⅳ.替代履行
债权人接受与债务人所负债务不同的给付的,即推定从对该给付的利用中所取得的收益可以充抵原债务。

第九十二条
Ⅴ.利息
债务涉及利息支付但依合同或交易习惯并不能确定利率的,则需按照年利率为5%进行支付。

第九十三条
C.履行地
Ⅰ.一般原则
依合同或交易习惯并不能确定履行地的,则按照以下规定处理。

第九十四条
Ⅱ.金钱之债
金钱债务应当在履行时债权人住所或法人住所所在地履行。

第九十五条
Ⅲ.实物之债及其他给付之债

(1)特定标的物应当在债务成立时该标的物所在地交付。

(2)其他给付之债应当在债务成立时债务人住所或法人住所所在地履行。

第九十六条

Ⅳ.住所、法人住所或分支机构办公地的变更

(1)债权人在债务成立之后变更住所、法人住所或分支机构办公地,对债务人履行债务造成显著困难的,债务人可以在原履行地履行。

(2)变更履行地所增加的履行费用由债权人承担。

第九十七条

D.履行时间

Ⅰ.一般规则

(1)依合同或交易习惯并不能确定履行时间的,债务人可以立即履行债务或债权人可以立即请求履行债务。

(2)履行应当在正常营业时间内进行。

第九十八条

Ⅱ.履行期间与履行期日

1.期间内的履行以及期间延长

(1)履行应当在特定期间完成的,则必须在该期间届满前履行。

(2)履行期间被延长的,延长的期间自原期间届满后的第一天起算。

第九十九条

2.期间的计算

(1)履行期间以日计算的,触发该期间起算的当天不计算在内。

(2)履行期间以周计算的,于最后一周内与期间起算当天所对应之日届满。

(3)履行期间以月或年计算的,于最后一月内与期限起算当天所对应之日届满。没有与期限起算当天所对应之日的,于最后一月的最后一天届满。

(4)期间起算或届满当月以该月第一天起算或于该月最后一天届满;当月的月中是指该月的第十五天;半个月可视为十五天。

第一百条

3.周六、周日及法定假日

(1)计算履行期间时也应当包含周六、周日以及履行地国家认定的法定假日。

(2)履行之日或履行期间的最后一天为上述周六、周日或法定假日的,则该日之后的第一个工作日为履行之日或履行期间的最后一天。

第一百零一条

Ⅲ.关联给付的履行

1.一般规则

(1)债务人也对债权人享有与其债务相关的到期债权的,在债权人为履行提供担保、已履行或承诺履行之前,债务人可以中止履行自己的债务。

(2)给付间存在交换关系的,即使债务人对债权人所享有的债权已经得到担保,其也可以中止履行自己的债务。

第一百零二条

2.债务人丧失清偿能力

(1)由于对方丧失清偿能力而威胁到对待给付的,即使债务人所享有的债权尚未到期,债务人仍可以中止履行债务。

(2)给付间存在交换关系的,债务人可以设置一个合理的期限以便丧失清偿能力的一方能够为自己债务的履行提供担保。

(3)该担保未能在合理期限内提供的,债务人可以解除合同。

第一百零三条

E.支付

Ⅰ.国家货币

(1)金钱之债应当以所负担货币的法定支付方式来支付。

(2)债务以非支付地的国家货币来履行的,债务总额仍可以债务到期日的汇率为准换算为该支付地的国家货币来支付。

第一百零四条

Ⅱ.非现金支付

(1)履行金钱之债可以通过汇款的方式将应付债务总额汇到债权人的账户下完成。

(2)该债务于应付债务总额记入债权人的账户下后即为履行完毕。

第一百零五条

F.其他规定

Ⅰ.清偿分配

1.部分清偿的情形

(1)债务人可以部分清偿先分配清偿本金债务,但其拖欠主债务的利息或其他费用的除外。[9]

---

[9] 此处强调的是清偿顺序的问题,即债务人想要部分清偿主债务,前提是已清偿主债务的利益或其他费用。因此,若A对B负担100万的主债务,而利益或其他费用10万,当A支付50万于B,欲进行部分清偿的,则要先清偿利益和费用,因此主债务的清偿结果是:100 − (50 − 10)= 60万。

(2)债权人仅被部分提供保证、抵押或其他担保的,债务人不得主张其部分清偿优先分配于清偿已受担保或其他更优担保的债权的那一部分。

第一百零六条

2.数个债务履行的情形

a.债务人或债权人的表示

(1)债务人对同一个债权人负有数个债务的,债务人有权在履行时表示其旨在清偿哪一项债务。

(2)未作此种表示的,该履行将被认为旨在清偿债权人在收据中所指明的债务,但债务人对此立即提出反对的除外。

第一百零七条

b.未做任何表示的情形

(1)既没有债务人就清偿选择的有效表示也没有可以指明清偿选择的给付收据的,该履行将被认为旨在清偿已届履行期的那一项债务;若数个债务均已届履行期,即指首先被提起强制执行程序的那一项债务;若并未提起此类程序,即指最先届至履行期的那一项债务。

(2)若数个债务同时届至履行期的,该履行依各个债务的比例予以清偿。

(3)若数个债务均未届至履行期的,该履行将被认为旨在清偿受担保最少的那一项债务。

第一百零八条

Ⅱ.收据以及债权凭证的返还

1.债务人的权利

(1)履行债务的债务人有权要求对方开出收据,并在完全履行债务后有权要求债权人返还或销毁债权凭证。

(2)债务人并未完全履行其债务,债权凭证还记载着债权人其他权利的,债务人在请求开具收据之外,仅能要求在债权凭证上对其已完成的履行予以记载。

第一百零九条

2.法律效力

(1)在需支付利息或其他分期付款的情形下,债权人为后期的一次付款无保留地开具收据的,推定该次付款之前的所有前期应付款项均已履行。

(2)债权人为本金开具收据的,推定相关的利息和费用也已付清。

(3)向债务人返还债权凭证的,可推定债务已清偿完毕。

第一百一十条

3.无法返还债权凭证的情形

(1)债权人主张债权凭证丢失的,债务人在履行债务时可以要求债权人以公开或公证文书的方式表示债权凭证已销毁且债务已为清偿。

（2）上款规定不影响有关有价证券失效的规定。

第一百一十一条

G.债权人受领迟延

Ⅰ.构成要件

债权人受领迟延是指,债权人无正当理由拒绝接受适当的给付或拒绝提供其有义务实施的、对债务人履行债务必需的准备工作。

第一百一十二条

Ⅱ.法律后果

1.一般规则

（1）债权人对其受领迟延有可归责性的,应当赔偿由此引起的债务人损失。

（2）自债权人受领迟延之时起,履行风险移转于债权人。

第一百一十三条

2.实物给付的情形

a.提存权

（1）债务人有权通过债权人承担费用的方式提存标的物,由此清偿其债务。

（2）提存地点由法院确定；即使没有法院的确定也可将货物提存于仓库。

第一百一十四条

b.取回权

（1）只要债权人尚未表示接受提存物或抵押权并未因提存而失效,债务人就有权取回提存标的物。

（2）债务人取回提存标的物后,债权及其全部从权利即恢复。

第一百一十五条

c.变卖权

（1）依标的物的特性或交易的方式提存不可行、标的物易变质或提存需要大量的保养或保存费用的,债务人就此情况事先通知债权人并经法院同意后,可将标的物公开变卖并提存所得价款。

（2）若标的物存在交易所价格或市场价格,或其本身价值小于公开出售费用,则变卖不需要公开进行且法院可以直接批准出售而无需事先通知债权人。

第一百一十六条

3.合同的解除

（1）债务人有权设置一个合理期限以要求债权人接受履行或实施准备工作。

（2）在该期限届满后债权人仍受领迟延的,债务人在及时通知债权人后有权解除合同。

(3)以下情形无须设置期限：

①债权人的行为表明再为其设置一个额外的期限已经毫无意义；

②合同本身已表明应当在某一准确的时间点或于此之前完成给付。

(4)合同解除的后果依照有关清算的规定处理。

第一百一十七条

H.其他履行受阻的情形

因可归责于债权人的其他原因或因不可归责于债务人的原因致其无法确定债权人身份，使得债务人无法向债权人或其代理人完成给付的，债务人有权采取上述债权人受领迟延情形下的措施。

第二节 债的不履行

第一百一十八条

A.未能履行

Ⅰ.一般规则

(1)当债务人未能履行其义务时[10]，债权人有权：

①中止自己债务的履行；

②要求债务人履行；

③自己或第三方完成债务的履行；

④减少自己债务的履行；

⑤请求损害赔偿；

⑥请求支付利息；

⑦解除合同。

(2)债权人可以一并行使上述权利，但相互间不相容的除外。

第一百一十九条

Ⅱ.为履行辅助人所承担的责任

债务人利用履行辅助人履行义务或行使权利的，债务人须对履行辅助人的

---

[10] 此处的"不履行"或"未履行"（Die Nichterfüllung /Non-performance of obligation），从下文对于"违约形态"的类型规定来看，并不包括"不适当履行"，而似乎只有"不履行"和"迟延履行"。但从该法在最后一部分中调整违约金、继续履行以及损害赔偿之间关系的规定(第118、119条)中可以推定出，在瑞士债法中，所谓"不履行"即包括了"不适当履行"(具体参见第118、119条的注释)。

行为负责,除非债务人能证明若是自己亲自履行就不会造成承担责任后果的。[11]

第一百二十条

Ⅲ.迟延

(1)债务已届履行期的,债务人收到债权人的催告履行通知后,债务人即构成履行迟延。

(2)当事人约定了债务履行截止期限或从一方当事人事先保留并适当行使的解约通知中能得出这一履行截止期限的,债务人自该截止期限届满之时起已构成履行迟延。

第一百二十一条

Ⅳ.债务人的责任免除

1.不可归因于债务人的情形

若债务人能证明其违反义务是由于出现不可归责于自身的情形,则债权人无权请求继续履行、替代履行或损害赔偿。[12]

第一百二十二条

2.免除责任

若当事人事先约定限制或排除债权人某项权利造成了当事人所约定的权利义务的分配发生根本性改变的,则该限制或排除的约定无效。

第一百二十三条

B.后果

Ⅰ.留置权[13]

债务人不履行债务的,有关关联给付的履行规定可依其目的类推适用。

---

〔11〕 该部分的原文是"es sei denn, er beweise, dass er nicht haften würde, wenn er selbst gehandelt hätte"。这里的规则并不是指,若债务人自己为之则不必承担责任;而是要说明,这种替代性质的责任并不是无过错责任,即在同样的情形下,若该损害是债务人自己为之,则没有过错或不具有可归责性的,那么同样的行为若是辅助人为之,亦不具有可归责性,因此该损害也不应当归责于债务人一方。

〔12〕 瑞士债法直接将出现不可抗力等不可归责于自身原因的情形作为责任免除事由,债权人无权请求继续履行、替代履行或损害赔偿等违约责任形式。与此相对应的是我国《民法典》第563条第1款第1项的规定:因不可抗力致使不能实现合同目的,允许当事人通过行使解除权的方式将合同解除。但实际上,前者的规定似更为合理。对于后者,需要反思的是,《民法典》第590条已经规定了因不可抗力而不能履行合同的一方应当及时通知对方当事人,因此第563条又赋予当事人解除权。而既然合同目的已经不能实现,这时仍让另一方当事人享有解除权,从反面讲就是赋予了其保持合同效力的决定权(即不行使解除权),而这样做实际上已经无意义了,因此以自动解除或免除责任的方式结束合同关系才更合理。

〔13〕 此处的留置权相当于我国《民法典》第527条中的"中止履行"。

第一百二十四条

Ⅱ.继续履行

1.债务人迟延的情形

(1)债务人履行迟延的,债权人仍可请求继续履行。

(2)发生履行迟延的,履行风险转由债务人承担,除非其能证明即使自己按期履行,标的物也会受到意外损害。

第一百二十五条

2.其他义务违反的情形

债务人以其他方式违反义务的,债权人可以在债务人可胜任的合理范围内请求补救或替代履行。

第一百二十六条

Ⅲ.替代履行

(1)债务人对某项行为负有义务,却在为其设置的合理宽限期届满后仍未履行的,债权人可以自行或让第三人完成给付,由此产生的费用由债务人承担。

(2)有关债权人因债务人迟延而确定解除合同宽限期的规定[14],可依其目的在上款情形下类推适用。

第一百二十七条

Ⅵ.对待给付的扣减

债权人接受与合同约定不符的给付的,其可以将该给付与合同约定的给付之间的价值差额在自己的对待给付中按比例扣减。

第一百二十八条

Ⅴ.损害赔偿

债权人对因债务人违反义务而产生的损害享有赔偿请求权。

第一百二十九条

Ⅵ.利息

(1)债务人履行金钱之债迟延的,债权人有支付利息请求权。

(2)利息的数额和计算方法依照债务履行的相关规定处理。

---

〔14〕 该款的目的在于,虽然第1款规定了应为债务人设置合理宽限期,但同时作为不履行后果之一的"解除合同"也要求先设置一个宽限期,因此例如关于在解除合同前是否无须设置宽限期(该法第130条第2款)的规定,也可以类推适用于该条"自行代替履行"。

第一百三十条

Ⅶ.合同的解除[15]

1.构成要件

a.债务人迟延的情形

(1)债务人履行迟延,且在为其设置的合理宽限期届满后仍未履行的,债权人可以解除合同。

(2)以下情形无须设置宽限期:

①债务人的行为表明设置宽限期已无实益;

②由于债务人的履行迟延,给付对于债权人已无实际用处;

③合同本身已经表明应当在某一准确的时间点或之前完成给付。

(3)只要已履行的给付对于债权人而言不是无用的,则债权人仅能就债务人陷入迟延的尚未履行部分主张解除合同。

第一百三十一条

b.其他义务违反的情形

(1)债务人以其他方式违反义务的,若违反义务的严重程度达到可以解除合同的正当性的,债权人可以解除合同。

(2)合同解除在以下情形下特别具有正当性:

①义务违反从根本上剥夺了债权人基于该合同有权获得的利益;

②所违反的义务的准确履行对合同而言是根本性的。

第一百三十二条

③预期不履行的情形

在债务履行期届至前,债务人明显将以某种方式违反义务且此义务违反已满足解除合同的正当性的,债权人可以解除合同。

第一百三十三条

2.解除合同的主张

解除合同应当在以下时间点后的合理期限内主张:

(1)为债务人设置的履行宽限期届满后仍未履行的;

---

[15] 瑞士债法与我国《民法典》最大的不同就是直接将解除合同或赋予解除权作为债务不履行的后果或责任方式之一。而我国《民法典》第563条规定的法定解除权放在了第六章"合同的权利义务终止"下,因此并没有被作为责任方式之一;而即使是《合同法》第582条中的"退货"也并不意味着"解除合同"。这是由从《民法通则》延续下来了"权利—义务(债务)—责任"的体系模式所决定的,因为仅仅通过解除合同来结束合同关系并不能真正称之为一种救济手段,当事人还得借助其他责任方式才能达到违约救济的目的;瑞士债法则没有这么多的束缚,能够对债务不履行产生的后果或效力(Folgen/Effects)进行集中规定,当然就包括了法定解除权。

(2)债权人知道或应当知道义务违反的。

第一百三十四条

3.解除合同的后果

解除合同的后果依照清算的相关规定处理。

第三章 债的消灭与继续性合同的终止

第一节 债的消灭

第一百三十五条

A.基本原则

Ⅰ.消灭的原因

债权债务关系尤其可通过债的履行、更新、混同或抵销而消灭。

第一百三十六条

Ⅱ.从权利的消灭

(1)债权消灭后,所有的从权利,尤其涉及利息、违约金、保证或抵押的从权利也一并消灭。

(2)债权恢复的,其从权利亦恢复。

(3)就土地抵押权、有价证券以及和解协议,法律另有规定的除外。

第一百三十七条

B.债的更新

(1)新债的设立并不能推定出旧债的清偿。

(2)对往来账户关系中的债务差额抽取并承认的,推定发生债的更新;且相应的担保并未解除。

第一百三十八条

C.混同

(1)债权人与债务人的权利能力混同而成为同一主体时,债权债务关系终止。

(2)混同消失的,债权债务关系恢复。

(3)就土地留置权以及有价证券,法律另有规定的除外。

第一百三十九条

D.抵销

Ⅰ.构成要件

1.一般规则

(1)双方互负金钱债务或者其他相同种类给付的,任何一方均可以将其债务与其已届履行期的对应债权相抵销。

(2)即使自己相对应的债权有争议的,债务人也可以进行抵销。

(3)已过时效的债权在其过期之前已适于抵销的,亦可以抵销。

第一百四十条
2.有担保的情形

担保人在主债务有抵销权的范围内可以拒绝向债权人承担担保责任。

第一百四十一条
3.债务人破产的情形

(1)债务人破产或处于涉及资产转让的和解协议中时,即使债权人的债权尚未到期,债权人也有权以其抵销属于与其相对的共同债务人的债权进行抵销。

(2)在债务人破产、获得债务重组延期偿付或处于涉及资产转让的和解协议中时,抵销的排除或异议按照《债务执行和破产法》的相关规定处理。

第一百四十二条
Ⅱ.抵销的主张与效力

(1)抵销通过债务人向债权人的主张而实现。

(2)只要债权和对应债权相一致,两者在抵销主张发出时即消灭。

第一百四十三条
Ⅲ.不能抵销的情形

因债务人的侵权行为产生的债权或不可抵押的债权,在违背债权人的意愿时不能被抵销。

第二节 继续性合同的终止[16]

第一百四十四条
A.常规终止

(1)在遵守约定或法定通知期限的情形下,无固定期限的继续性合同可全部或部分终止;若没有此种规定,则应当遵守合理的通知期限。

(2)有固定期限的继续性合同于约定的期限届满时终止。

(3)有固定期限的继续性合同在约定的期限届满后仍继续履行的,推定该合同无固定期限。

第一百四十五条
B.例外终止

(1)继续性合同因发生重大事由可在不设定通知期限的情形下随时终止;重大事由是指合同的持续履行对通知终止方而言已为不合理的任何情形。

---

[16] 我国《民法典》第三编第一分编第七章"合同的权利义务终止"中未区分出"继续性合同"的终止,仅在第566条"解除的法律后果"中要求根据"合同性质"进行区分。考虑到"继续性合同"在性质和功能上的特殊性,我国在未来立法中理应作此种细分。

(2)若没有发生上款的重大事由,则推定对该继续性合同的终止属于常规终止。

第一百四十六条
C.终止的后果
Ⅰ.例外终止情形下的损害赔偿
若重大事由是由当事人一方引起的,则其应对因例外终止而造成的对方当事人的损害承担赔偿责任。

第一百四十七条
Ⅱ.附加后果
终止的附加后果依照清算的相关规定处理。

第四章 诉讼时效与除斥期间

第一节 诉讼时效

第一百四十八条
A.基本原则
(1)债权已过诉讼时效的,债务人有权拒绝履行该债务。
(2)从权利,尤其是利息和违约金,与主债权请求权一并受到诉讼时效的限制。

第一百四十九条
B.诉讼时效的期间
Ⅰ.一般规则
(1)自债权人知道或应当知道债务人的身份以及引起债权的相关事由之日起三年后,该债权诉讼时效届满。
(2)无论债权人是否知晓上款事实,自债权到期十年后该债权诉讼时效届满。

第一百五十条
Ⅱ.在人身和环境损害赔偿的情形下
自债权人知道责任人的身份和损害发生的事实之日起三年后,由人身和环境损害引起的债权诉讼时效届满。

第一百五十一条
Ⅲ.最长诉讼时效
(1)无论在何种情形下,债权自引起债权的相关事由发生之日起三十年后诉讼时效届满。
(2)最长诉讼时效不发生中止、阻止或中断;即使在该期间届满之前当事人已向法院或仲裁庭递交诉状或仲裁申请,这一期间也应被遵守。

第一百五十二条
C.诉讼时效的计算
(1)诉讼时效期间自引发时效起算的事件发生后的次日起算,并于诉讼时效的最后一天经过后届满。
(2)调整合同履行中期间计算的规定亦适用于诉讼时效。

第一百五十三条
D.诉讼时效的阻止和中止
1.债权出现下列情形的,诉讼时效不起算;已经起算的,中止计算:
(1)在父母监护期间,子女对父母享有的债权;
(2)照顾协议有效期间,无判断能力者对照顾者享有的债权;
(3)无行为能力人尚未指定代理人时享有的债权;
(4)夫妻关系存续期间,夫妻之间享有的债权;
(5)已登记的同性伴侣关系存续期间,伴侣之间享有的债权;
(6)与雇主同居的雇员在受雇期间对雇主所享有的债权;
(7)债权人享有使用收益的债权;
(8)尚不能向法院或仲裁庭主张的债权[17];
(9)选择是否继承已死亡债权人遗产期间仍存续的或其遗产处于公开的财产清单中的;
(10)债权人因不可抗力而无法主张的债权。
2.自阻止或中止诉讼时效的事由结束之日起算或继续起算诉讼时效。

第一百五十四条
E.诉讼时效的中断
Ⅰ.引起中断的事由
债权出现下列情形的,诉讼时效中断:
(1)债务人承认该债权,尤其是支付了该债务的利息、部分履行了该债务或为该债务提供担保或保证的;
(2)以书面形式向债务人主张债权的;
(3)进行债务催收、寻求债务和解、向法院或仲裁庭主张债权或提起抗辩、提出破产申请或同意债务重组的。

---

[17] 原文的表述是"solange eine Forderung vor einem staatlichen Gericht oder einem Schiedsgericht nicht geltend gemacht werden kann"。因此,此处并不是说债权人不具备主张其债权的法律地位,而是该债权目前尚无法向法院或仲裁庭主张,例如山洪暴发导致债权人无法及时去法院起诉。

第一百五十五条

Ⅱ.中断的效力

1.一般规则

诉讼时效的中断引起诉讼时效的重新起算。

第一百五十六条

2.在启动诉讼程序的情形下

(1)诉讼时效因采取债务和解或向法院、仲裁庭主张债权或提起抗辩而中断的,自法律争议经过终审程序处理后,诉讼时效重新起算。

(2)诉讼时效因启动债务催收而中断的,诉讼时效自每一次催收行为结束之时起重新起算。

(3)诉讼时效因债务人申请破产或同意债务重组而中断的,诉讼时效自债权可依据《债务执行和破产法》重新主张之时起重新起算。

第一百五十七条

3.在存在保证的情形下

(1)对主债务人的诉讼时效中断的,对其保证人的诉讼时效也中断。

(2)对其保证人的诉讼时效中断的,对主债务人的诉讼时效不中断。

第一百五十八条

4.连带债务的情形

其中一个连带债务人的诉讼时效中断,并不适用于其他所有连带债务人。[18]

第一百五十九条

F.对诉讼时效的约定

(1)诉讼时效可以通过当事人的约定缩短或延长。[19]

(2)法律规定的三年诉讼时效最短可缩至一年,最长可延至十年;法律规定的十年诉讼时效最短可缩至三年,最长可延至三十年。

---

〔18〕 这与我国最高人民法院《关于审理民事案件适用诉讼时效制度若干问题的规定》第17条的规定不同。我国区分真正连带债务与不真正连带债务。前者中断效力可涉他,后者不能。

〔19〕 当事人对于诉讼时效和除斥期间(依本法第162条)都有权予以约定修改,这与我国诉讼时效期间严格法定颇为不同。我国最高人民法院《关于审理民事案件适用诉讼时效制度若干问题的规定》第2条规定:"当事人违反法律规定,约定延长或者缩短诉讼时效期间、预先放弃诉讼时效利益的,人民法院不予认可。"但需注意的是,瑞士债法上诉讼时效的约定仍应遵守最长诉讼时效的规定(本条第3款)。至于何种立法体例更好,则并非一概而论。这涉及对当事人约定的信赖和对法律的信赖,只要对两种信赖都存在相应的保护机制,任一规定都能发挥诉讼时效的目的。

(3)三十年的最长诉讼时效不得约定缩短或延长。

第一百六十条

G.诉讼时效抗辩的放弃

(1)债务的诉讼时效届满后,债务人可以放弃诉讼时效的抗辩权。

(2)债务人对诉讼时效抗辩权的弃权状态最长可持续十年,但不得超过三十年的最长诉讼时效。债务人放弃诉讼时效抗辩权时并未规定弃权期限的,视为弃权一年。

(3)债务人于正在计算诉讼时效的期间内放弃诉讼时效抗辩权的,视为对诉讼时效的延长,并适用关于诉讼时效约定的规定。

第一百六十一条

H.诉讼时效的适用

法官不得依职权审查债务的诉讼时效。

第二节 除斥期间(Die Verwirkung)[20]

第一百六十二条

(1)法定的行使权利的期间届满时权利人仍未行使权利的,该权利丧失。

(2)除斥期间的要件和期间可由当事人在不违反该期间目的的前提下予以修改。

(3)法官应当依职权审查债务的除斥期间。

第五章 债权转让与债务承担

第一节 债权转让

第一百六十三条

A.构成要件

Ⅰ.债权的可转让性

(1)债权人无须债务人的同意即可将现存的或将来的债权转让给他人,但依法律规定或债务关系的性质排除债权转让的除外。

(2)将来债权于产生之时是可确定的,即可被转让。

第一百六十四条

Ⅱ.通过合同限制债权转让

(1)无论债权人和债务人是否约定排除或以某种条件限制债权的可转让

---

[20] 除斥期间在德国法上的表述是 Ausschlussfrist,如《德国民法典》第462、651g 条等,瑞士法上则用 Verwirkung 来表示。从中文翻译来看,德国法上的表述强调权利经过某一期间而被排除,瑞士法上则是指权利经过某一期间就丧失效力,两者均可表达除斥期间的内涵。

性,债权都可以有效地被转让。[21]

(2)但上款不影响债务人对债权人的损害赔偿请求权。

第一百六十五条

Ⅲ.形式

(1)债务转让应当采取书面形式。

(2)但缔结债权转让合同所负义务并无形式上的要求。

第一百六十六条

Ⅳ.依法律或判决的债权移转

法律或法院判决确定将某一债权移转于他人的,该移转无须任何形式上的要求即可生效。

第一百六十七条

B.效力

Ⅰ.债权的移转

1.一般规则

通过债权转让,受让人取得转让人的法律地位并获得在转让时所存在的债权。

第一百六十八条

2.债权转让中的优先权和从权利、证明文件及证据材料

(1)优先权和从权利与债权一同转让,但与转让人的人身不可分离的除外。

(2)转让人有义务向受让人交付债权凭证以及所有与此相关的证明材料,并向其提供所有主张该债权的必要信息。

(3)未偿付的利息请求权推定与主债权一同转让。

第一百六十九条

3.异议与抗辩[22]

---

[21] 该条特别强调了债权作为一种独立的财产权具有不可剥夺的可转让性(Abtretbarkeit)。与此立法态度所不同的是我国《民法典》第545条规定:"债权人可以将债权的全部或者部分转让给第三人,但有下列情形之一的除外:……(二)按照当事人约定不得转让;……"该条第2款随即规定了损害赔偿请求权,由此可以看出草案起草者的态度是:制度的设计只要存在相应的救济措施,就应当以最大的自由为优先。

[22] 广义的程序法中的Einreden包括来自程序法的程序性抗辩和来自实体法的异议性抗辩,即Einwendungen。来自实体法的异议包括Rechtshindernde Einwendungen(权利阻碍的抗辩,指请求权不存在,如作为请求权基础的合同无效,指已产生的请求权消灭,例如合同被撤销)、Rechtsvernichtende Einwendungen(权利失效的抗辩)和Rechtshemmende Einwendungen(权利妨碍的抗辩,即实体法上狭义的抗辩权(Einreden),指请求权虽然可以保持原样继续存在,但不可通过法院实现,例如已过诉讼时效的请求权)。

(1)针对被转让债权的任何异议与抗辩,若于债务人知晓该转让时已经存在的,也可以向受让人主张。

(2)债务人亦可主张基于与原先债权人的基础关系产生的异议和抗辩,即使它们是在债务人收到转让通知之后才成立的。

(3)债务人不得以债权转让无效或作为转让基础的法律行为向受让人提出异议。

第一百七十条

4.抗辩的放弃

受让人也可援引债务人与转让人原先所约定的对抗辩的放弃。

第一百七十一条

Ⅱ.债务人的履行

1.依据通知

(1)债务人收到债权转让的通知后,受让人始得向债务人请求债务履行。

(2)债权转让通知应当采用书面形式并且应具体到能够向债务人指明所转让的特定债权。

(3)债务人依据通知的指示履行债务的,即可消灭债务。

(4)债务人依据并非原债权人处发出的通知而向并非债权人履行债务的,不消灭其债务,除非其能够证明已对履行请求方的合法证明尽到了必要的注意义务。

第一百七十二条

2.收到通知前

债务人在收到有效的债权转让通知前已向原债权人履行债务的,即可消灭债务。

第一百七十三条

3.支付的拒绝与提存

(1)对债权的权属发生争议的,债务人可以拒绝支付,并可通过将给付向主管机关提存的方式消灭债务。

(2)债务人在知晓债权权属发生争议的情形下仍支付的,其自担风险。

(3)争议处于法律待决状态但债权已到期的,争议的各方都有权要求债务人提存付予。

第一百七十四条

Ⅲ.担保义务

1.一般规则

(1)有偿转让债权的,转让人负有保证转让之时债权有效的义务。

(2)除以上事项外,转让人还应保证债务人将不会主张任何异议或抗辩,以及债权上不存在转让人而非受让人知道或应当知道的第三人权利。

(3)转让人并不保证债务人有偿付能力,除非转让人已自愿承担该义务。

(4)无偿转让债权的,转让人对债权是否有效存在都不承担担保义务。

第一百七十五条

2.以偿付为目的的债权转让

债权人基于清偿债务的目的而转让其债权,但并未确定被转让的债权所能够抵充的数额的,则以受让人从债务人处实际收到的或在尽到了合理注意义务下即应获得的给付数额为准。[23]

第一百七十六条

3.责任的范围

(1)转让人在担保义务中承担责任的范围仅限于其收到的对价及其利息,以及债权转让过程中或通过诉讼程序向债务人主张权利失败后所产生的费用。

(2)基于法律规定的债权移转的情形下,原债权人对于债权的有效存在以及债务人的偿付能力都不承担担保责任。

第一百七十七条

C.特别法中的保留

特别法对于债权转让另有规定的,从其规定。

第二节　债务承担

第一百七十八条

A.承担人与债务人之间的合同

(1)承诺为他人承担现存的或将来的债务的,应当以向债权人实际履行债务或经债权人同意替代债务人的法律地位的方式来为其消灭债务。

(2)将来债务的承担在其产生时即可有效,只要将来债务在其产生时就已具有足够的可确定性。

(3)债务人的债务并未消灭的,其有权要求债务承担人提供担保。

---

〔23〕 该条是指:A 对 B 负担债务,且 A 对 C 享有债权,此时 A 为了向 B 清偿债务,将其对 C 的债权转移给 B,因为当该债权具有财产价值,特别是金钱债权时,转让债权即可达到清偿的目的。但问题是,这样的财产价值也只是债权而已,只是一种请求权,依据该法第 174 条第 3 款的规定,转让人并不保证债务人有偿付能力,因此 B 真正获得给付的数额或价值是不确定的,即得清偿的债务额是不确定的,由此该条规定,以 B 实际收到 C 的给付数额或价值为准。

第一百七十九条
B.承担人与债权人之间的合同
Ⅰ.一般规则
（1）债务承担人可以通过与债权人订立合同的方式参与到原债权债务关系中来,以取代原债务人并解除其所负担的债务。
（2）该合同不受形式上的特别要求,但基于履行性质有特定形式要求的除外。

第一百八十条
Ⅱ.要约与承诺
（1）债权人的承诺可以明示或默示的方式完成,也可依实际情况得知;债权人一旦无保留地接受承担人的给付或对承担人其他债务性的给付行为表示同意的,也可推定债权人做出承诺。
（2）债权人可以随时宣告其对要约的承诺,但承担人与原债务人也可以为其设置一个承诺期限,若于该期限届满后债权人仍沉默的,视为债权人拒绝承诺。
（3）在债权人对要约表示承诺之前,新的承担人与债权人达成另一债务承担协议并已向债权人提出要约的,原承担人不再受原先要约约束。

第一百八十一条
Ⅲ.债务人变更的效力
1.从权利
（1）从权利不受债务人变更的影响,但与原债务人的人身不可分离的从权利除外。
（2）为债务提供的抵押或保证的第三人,仅在抵押人或保证人同意该债务承担时才会继续对债权人承担担保责任;但法定抵押权不受此影响。

第一百八十二条
2.异议与抗辩
（1）所有基于债务关系所生的异议与抗辩均由原债务人处转移至债务承担人。
（2）债务承担人不得向债权人主张原债务人对债权人的个人性的异议与抗辩,其与债权人之间的合同另有约定的除外。[24]
（3）债务承担人依据引起债务承担的法律关系有权向原债务人主张的异议

---

[24] 我国《民法典》第553条只规定新债务人可以主张原债务人对债权人之抗辩,未作如此细致的区分。

与抗辩,不得向债权人主张。[25]

第一百八十三条

Ⅳ.债务承担合同的无效

(1)债务承担合同无效的,原债务人的义务及全部从权利一并恢复,但不得对抗善意第三人的权利。

(2)债权人有权要求承担人赔偿其由于丧失之前已获得的担保或类似原因产生的损失。

第一百八十四条

C.财产或营业的概括承担

Ⅰ.一般规则

(1)对财产或营业连同其所包含的资产和债务一并接管的,一旦受让人已就此通知债权人或在公开刊物上予以公告,其将自动成为相关债务的债务人。

(2)对商事企业、合作社、社团、财团或已完成商事登记的独资企业的财产或营业一并接管的,依照2003年10月3日颁布的《并购法》的相关规定处理。

第一百八十五条

Ⅱ.效力

(1)财产或营业的转让与转让合同同时生效,但第三人在知晓转让合同后两个月内对承受人表示异议的除外。

(2)原债务人与新债务人在三年内对债务承担连带责任,该期限对于已到期债权于通知债权人或公告之日起算;未到期的于债务到期之日起算。

(3)概括的债务承担与单一的债务承担在其他方面具有相同效力。

第一百八十六条

D.特别法中的保留

对遗产分割或已设抵押的不动产的出售另有规定的,从其规定。

第六章　债法上的特别关系

第一节　代理

第一百八十七条

A.一般规则

(1)被他人授予代理权的人,以他人名义订立合同的,合同关系的权利与义务归属于被代理人,而不是代理人。

(2)代理人的代理权可由法律行为授予或由法律直接规定。

---

[25] 并非是原债务关系,而是债务承担人与债务人之间约定为何愿意债务承担的另一法律关系,由此得以与第2款进行区分。

第一百八十八条
B.以他人名义行为

(1)代理人在订立合同时并未像上条一样表明自己以他人名义行为的,只有当合同的另一方必然能依据具体情形推断存在代理关系或另一方根本不在乎合同相对人的身份时,该合同关系中的权利与义务才归属于被代理人。

(2)合同相对人要求披露被代理人身份,代理人于合理的期限内对此仍未公开的,推定该代理人以自己的名义订立合同;但合同相对人仍可以保留基于意思表示瑕疵而主张合同无效的权利。

第一百八十九条
C.授权
Ⅰ.基于法律行为的代理权授予

(1)代理权可以通过向代理人单方表示的方式授予。

(2)代理权的范围依据这一法律行为来确定。

(3)当形式规定的目的在于保护被代理人免于轻率行事时,授予代理权的表示应当与代理人将要订立的合同具有相同的形式。

第一百九十条
Ⅱ.基于通知的代理权授予

(1)被代理人将授予代理权通知第三人,或创设、维持某种授予代理权的外观的,对于善意第三人而言,视为代理人在相应的范围内已被授予代理权。

(2)被代理人已将授予代理权通知第三人的,则只有在被代理人就代理权的全部或部分撤回再次通知善意第三人之后,授予代理权始得有效撤回。

第一百九十一条
Ⅲ.自己代理

代理人与自己订立合同的、同时代理合同双方当事人的或存在其他类似的利益冲突的,只有在被代理人事先同意或事后追认该代理行为或该代理行为不存在对其造成不利的风险的情况下,合同关系中的权利与义务始得归属于被代理人。

第一百九十二条
Ⅳ.代理权的终止
1.终止事由

(1)通过法律行为授予的代理权可由授权人随时限制或撤回;且授权人不得事先放弃该项权利。

(2)被代理人或代理人死亡、被宣告失踪、丧失相应行为能力或破产的,代理权终止,但本人授予代理权时另有规定的除外;这也同样适用于法人或其他已完成商事登记的团体解散的情形。

(3)代理权应在被代理人死亡后生效的,适用有关遗嘱处分的法律规定。

第一百九十三条

2.代理权证书的返还

代理人已取得代理权证书的,于代理权终止时应当将其返还或向法院交存。

第一百九十四条

3.效力

(1)只要代理人不知道或不应知道其代理权已终止的,其仍如同代理权有效存在一般可使被代理人或其权利继受人承受权利和义务。

(2)若第三人知道或应当知道代理人的代理权已终止的,不适用上款的效力规定。

第一百九十五条

D.无权代理

Ⅰ.追认

(1)某人无代理权而以代理人身份订立合同的,被代理人仅在追认这一合同时,才成为该合同的债权人或债务人。

(2)合同另一方有权要求被代理人在合理的期限内作出追认,若未在合理期限内追认的,合同另一方就不再受该合同约束。

(3)追认的效力推定回溯到合同成立之时。

第一百九十六条

Ⅱ.不予追认

(1)本人以明示或默示方式拒绝追认的,为代理行为的一方应当赔偿由于合同无效而造成的合同相对人损失[26],但能够证明相对人已经知道或应当知道代理权授予瑕疵的除外。

---

[26] 该款是关于"无权代理中,为代理行为的一方所承担责任"规定,与我国《合同法》所采取的责任方式不同。依据我国《民法典》第 171 条规定的"未经被代理人追认的,对被代理人不发生效力",此处的责任并不直接是信赖利益的损害赔偿,而是由行为人直接成为合同当事人,进而可能承担的责任是违约责任。我国司法实务也确实采纳了这种责任方式,最高人民法院《关于适用〈中华人民共和国民事诉讼法〉若干问题的意见》(已废止)第 49 条规定:"法人或者其他组织应登记而未登记即以法人或者其他组织名义进行民事活动,或者他人冒用法人、其他组织名义进行民事活动,或者法人或者其他组织依法终止后仍以其名义进行民事活动的,以直接责任人为当事人。"而典型的判例可参见"大连长海水产集团公司等与文登市前岛渔业公司造船厂船舶建造合同纠纷上诉案"[(2006)鲁民四终字第 122 号],本案中,法院认为:"……王兆会以'大连长海水产集团经销部'的名义作出的行为应认为是王兆会自己的行为,后果由其自行承担,王兆会应当履行该协议规定的还款义务。"

(2)代理人存在义务违反的行为且符合公平要求时,法官可判决其承担进一步的损害赔偿责任。

(3)上款规定不影响有关清算的法律规定。

第一百九十七条
E.特别法中的保留

特别法对于代理人、团体的机关、经理人或其他全权代办人的代理权另有规定的,从其规定。

第二节 连带之债

第一百九十八条
A.连带债务
Ⅰ.产生

在以下情形下数个债务人对一项债务承担连带债务:

(1)数个债务人表示他们每一个人都愿意对债权人独自承担全部债务;

(2)数个债务人需要向债权人履行一项不可分的给付;

(3)两人以上对同一损害承担责任;

(4)其他由法律明确规定的情形。

第一百九十九条
Ⅱ.债权人与债务人之间的关系
1.债权人的选择权

债权人有权自主决定请求全部债务人或其中一个债务人履行全部或部分债务。

第二百条
2.损害赔偿中的连带责任

(1)两人以上对同一损害同时承担赔偿责任的,各自在自己的责任份额范围内连带承担损害赔偿责任。

(2)两人以上以教唆人、发起人或帮助人的身份引起同一损害的,共同承担连带的损害赔偿责任。

(3)窝赃人以其获利部分为限承担连带的损害赔偿责任。

第二百零一条
3.异议与抗辩

(1)任一连带债务人仅能向债权人主张从其与债权人之间的个人关系或依据连带关系的产生基础和内容产生的异议与抗辩。

(2)每一个连带债务人在其未能向债权人有效主张异议与抗辩时,应当对其他连带债务人承担责任。

第二百零二条

4.某一债务人的个人行为

某一连带债务人不得通过其个人行为使其他连带债务人陷入不利地位。

第二百零三条

5.连带债务的终止

(1)任一连带债务人向债权人清偿债务,尤其以付款或抵销方式清偿债务的,其他连带债务人亦在相应范围从与债务人的关系中解脱出来。

(2)某一债务人的清偿未能完全满足债权人的,清偿仅能在与债权人事先规定的法律关系范围内对其他连带债务人有利。

第二百零四条

Ⅲ.连带债务人之间的关系

1.份额

(1)在连带债务人之间的法律关系未另有规定时,连带债务人应当对债权人承担相同份额的债务。

(2)在损害赔偿情形下,每一连带债务人的责任份额依据各自所违反义务的程度以及具体情况来确定。

第二百零五条

2.追偿

(1)某一连带债务人的清偿超出其应承担的份额的,其有权就超过的部分向其他连带债务人追偿。

(2)享有追偿权的连带债务人在其向债权人清偿的超出范围内,代位取得债权人对其他债务人的相关权利。

(3)债权人或享有追偿权的连带债务人不得通过改善某一连带债务人的法律地位而损害其他债务人。

(4)连带债务人对债权人主张的异议和抗辩,也可向享有追偿权的连带债务人主张。

第二百零六条

3.部分债务人的偿付失败

无法从某一连带债务人处获得清偿的部分,由剩余的其他债务人按比例分摊。

第二百零七条

B.连带债权

(1)债务人表示其愿意授予每一债权人请求履行全部债务的权利或依据法律明确规定,得在数个债权人中产生连带债权。

(2)债务人向其中一个连带债权人履行债务的,就可以消灭其从对所有债权人的债务。

(3)债务人可以选择向任一连带债权人清偿债务,但其中已有连带债权人对该债务人提起诉讼的除外。

第二百零八条
C.不可分债权

若对数个连带债权人所负担的债务在履行上是不可分的,则债务人应当同时向所有债权人一并履行,每一债权人亦有权要求债务人同时向所有债权人一并履行。

第三节 附条件之债

第二百零九条
A.延缓条件与解除条件

(1)当事人约定法律行为生效与否取决于未来不确定的事件是否成就的,即为法律行为附延缓条件。

(2)当事人约定法律行为失效与否取决于上述条件是否成就的,即为法律行为附解除条件。

第二百一十条
B.效力
Ⅰ.条件的成就

(1)一旦条件成就,法律行为即生效或失效。

(2)解除条件成就后的效力依照清算的有关规定处理。

第二百一十一条
Ⅱ.条件未成就时的状况

(1)只要所附条件尚未成就,附条件之债的债务人不得为任何阻止条件发生效力的行为。

(2)附条件之债的债权受到危害时,债权人有权采取如同其债权没有附条件一样的保全措施。

(3)在附条件处分行为的条件成就前,所做的处分行为在其阻碍条件发生效力的范围内无效。

第二百一十二条
Ⅲ.违反诚信阻止或促成条件成就

(1)一方当事人违反诚信阻止条件成就的,视为该条件已成就。

(2)一方当事人违反诚信促成条件成就的,视为该条件未成就。

第二百一十三条
Ⅳ.条件未成就期间的获利

(1)延缓条件成就时,债权人可以保有条件未成就前从相对人的履行中已获得的利益。

(2)延缓条件确定不能成就的,债权人有义务依照清算的相关规定返还所获利益。

第二百一十四条

C.不允许的条件

所附条件旨在使得违反强制性法律或公共秩序的作为或不作为有效的,该附条件的请求权无效。

第二百一十五条

D.随意条件和向继承人的可移转性

若条件取决于一方当事人的行为,且该行为并不具有人身性,则该条件亦可由其继承人完成。

第四节 定金、解约金、部分付款以及违约金

第二百一十六条

A.定金

(1)订立合同时所支付的金钱视为旨在保证合同的履行。

(2)推定上款所支付的金钱可以抵销支付方的主债务。

(3)合同无效、被撤销或被解除的,所支付的金钱应当依照清算的相关规定予以返还。

第二百一十七条

B.解约金与部分付款

(1)当事人约定解约金的,任一方当事人都有权以向对方支付该笔金钱的方式解除合同。

(2)不行使上款所述的解约权的,推定该解约金应抵销支付方的主债务。

(3)有关违约金扣减的规定可依规范目的类推适用于解约金;就此亦得类推适用于解除已部分付款合同时债权人所保有的已对其支付的金钱。

第二百一十八条

C.违约金

Ⅰ.与合同履行的关系

(1)当事人约定合同不履行需支付违约金的,债权人只能在支付违约金和继续履行当中择一请求。[27]

---

[27] 在违约金与合同履行的违约责任形式中并不涉及"提供了给付但不适当"的违约形态(即不适当履行)。但依据该条第1、2款与第219条的规定,所谓的"不履行"(Nichterfüllung/non-performance)实际上包括了"不适当履行",因此当事人在已履行的情况下,仍可以选择违约金,以对不适当履行造成的损失索赔。

(2)已约定了未能遵守履行时间或地点而产生的违约金的,债权人可以另行请求支付违约金。[28]

(3)债务人能够证明其有权通过支付解约金的方式解除合同的,不适用上述条款。

第二百一十九条
Ⅱ.与损害赔偿的关系

(1)即使债权人未受任何损害,仍然有义务支付违约金。[29]

(2)若债权人所受损害超过违约金的,只要造成损害的债务不履行可归责于债务人,债权人就有权请求超过违约金数额的赔偿。

第二百二十条
Ⅲ.违约金的数额、扣减与无效

(1)当事人可约定任意数额的违约金;但法官应对数额过高的违约金予以扣减。

(2)若违约金旨在支持违反强制性法律或公共秩序的允诺的,该违约金约定无效。

(3)若债务人能够证明债务不履行是由于不可归责于自己的阻碍事由所导致的,其无义务支付违约金。

---

[28] 即在请求继续履行外还可要求支付违约金。

[29] 此处规定实际上是相当具有效率性的。该条看似是在确定违约金的惩罚性,但依据该条第2款以及第220条第1款的规定,违约金实际上以实际损失为基本依据,当事人可以请求增加或减少赔偿额。因此,该款在解释上的功能大致有二,一是在违约金不高、实际损害不多但难以准确统计或证明的情况下,例如在不适当履行或迟延履行中,当事人可以直接请求支付违约金,只要对方不提出数额过高的抗辩,在无须证明损失的情况下,这样的请求更便捷有效。二是对于一些纯粹或主要以精神利益为给付内容的合同中,在精神损害不便证明的情况下,特别是不涉及人身损害时,可以直接主张违约金,这也极有效率地提供了精神抚慰。

《欧洲共同买卖法草案》第 99 条
(货物或数字内容与合同相符) 评注*

〔德〕赖纳·舒尔策**/著　金晶***/译

【摘要】《欧洲共同买卖法草案》第 99 条包含了"货物或数字内容与合同相符"的关键规定,也包含了将不符合合同约定视为不履行的关键规定。第 99 条首先针对"与合同不符"进行了最一般定义(第 99 条第 1 款),涉及质量、数量、描述、装运、包装、附件和说明。根据第 99 条第 2 款,除非当事人另行约定,货物和数字内容必须符合第 100 条、第 101 条和第 102 条的要求。第 100 条规定了货物和数字内容符合合同的标准。第 101 条规定了消费者合同中的不正确安装问题,第 102 条要求货物应免于任何权利或无明显理由的第三方主张。《〈欧洲共同买卖法〉条例草案》附件一试图在主观适约性概念和保护市场上标准化产品的买受人需求之间折中。

【关键词】数字内容　适约性　交付数量不足

在数字经济时代,新型合同已成为各国合同法理论和立法的关注焦点。2011 年欧盟制定《〈欧洲共同买卖法〉条例草案》(也称《欧洲共同买卖法草案》)[COM(2011)0635 final]附件一,为未来欧洲买卖法领域的深入整合提供了新思路。而第 99 条以下有关"提供数字内容合同"违约救济体系的规则设计,系欧盟首次以立法形式规定"提供数字内容合同",具有较强示范意义,也是 2015 年《欧盟提供数字内容合同指令草案》[COM(2015)634 final]的规则蓝本。

德国明斯特大学赖纳·舒尔策(Reiner Schulze)教授主编的《欧洲共同买卖法评注》一书,以逐条评注的形式描述这部买卖法草案的细节,译者选取第 99

---

* 本文为中国政法大学 2018 年科研创新项目"《民法典合同编》数字合同的规则建构与理论难点"(项目号:10818438)的阶段性成果。

** 〔德〕赖纳·舒尔策,德国明斯特大学法学院荣休教授。

*** 金晶,德国明斯特大学法学博士,中国政法大学民商经济法学院副教授。

条"与合同相符规则"(适约性规则)评注以飨读者,展现"提供数字内容合同"在违约救济上相比于传统合同救济规则的延续性和创新性。

译者按

第99条 与合同相符：

1. 为与合同相符,货物或数字内容必须：

(1)具备合同要求的数量、质量和说明；

(2)以合同要求的方式装运或包装；并且

(3)提供合同要求的附件、安装说明或其他说明。

2. 除非另行约定,为与合同相符,货物或数字内容还需满足第100条、第101条和第102条的要求。

3. 消费者买卖合同中,任何损害消费者的减损第100条、第102条和第103条规定要求的约定无效,除非消费者在订立合同时已经知道货物或数字内容的特定状况并将之视为符合合同予以接受。

4. 消费者合同中,当事人不得为损害消费者而排除或减损适用第3款或更改其效果。

一、目的

第99条包含了货物或数字内容与合同相符的关键规定,也包含了将不符合合同约定视为不履行的关键规定。[1] 将"与合同不符"视为一种不履行情形已在第97条第1款第(3)项和第(4)项中得到体现,但其通过第99条及后续条款获得了一个明确的维度,并也因其试图在不履行体系中纳入不同模式为该体系带来了一定紧张关系。

第99条及后续条款也明确,尽管《〈欧洲共同买卖法〉条例草案》附件一事实上采纳了统一的不履行概念模式,但因《〈欧洲共同买卖法〉条例草案》附件一中某些不履行情形的相应法律效果是特定的,故而《〈欧洲共同买卖法〉条例草案》附件一也需对某些不履行情形作出规定。这种偏离不仅出现在消费者合同中,也出现在商事合同中。但由于上述偏离所遵循的方向不同,在纯粹专业性合同和有消费者参与的合同之间,"与合同不符"的概念差别很大。

惩罚与合同不符的两种附加救济措施是修理和替换(第110条第2款)。该体系的主要因素特别包括：

——买受人在缔约时知晓与合同不符情况时,不得适用与合同不符时的救济权利(第104条)。但该规定仅适用于商事合同。

---

[1] Vgl. Feltkamp/Vanbossele, (2011) ERPL 888–889; Schopper, *Verpflichtungen und Abhilfen der Parteien*, in Wendehorst/Zöchling-Jud (eds.), Am Vorabend eines GEK, p.119.

——消费者合同中,低于法律要求的货物质量约定的特殊要求(第99条第2款)导致该合同类型下知晓"与合同不符"情况的某种客观化。

——商事合同中,尽管可以看到某些客观化(与消费者合同完全不同的维度)倾向,"与合同不符"概念是主观的。

——确定与合同不符的时间相关的特殊规定(第105条);特别是在消费者合同中假定如果风险转移后的六个月内出现明显"与合同不符"情形,则该情形自风险转移时就已存在(第105条第2款)。

此外,在物理和法律意义上区分"与合同不符"也很重要。从法律意义而言,第102条对买受人知悉进行了特殊规定,该规定使买受人无法行使因合同不符产生的权利,这一点有别于第104条,亦即为商事合同和消费者合同提供了不同解决方案(第102条第3款、第4款)。

消费者合同中,规定"与合同不符"内容的条款主要是强制性规定(第99条第4款、第101条第2款、第102条第5款、第105条第5款)。[2] 第99条首先针对"与合同不符"进行了最一般定义(第99条第1款),涉及质量、数量、描述、装运、包装、附件和说明。一般而言,第99条第1款表明,货物和数字内容须具备合同要求的特性。[3] 第99条第2款和第3款弱化了最初关于当事人可完全自由决定合同标的的声明。这两项规定首先要求合同符合第100条(货物和数字内容适约的标准)、第101条(消费者合同中的错误安装)和第102条(第三方权利)的要求。当事人可偏离上述要求进行约定。商事合同中,此种约定可能成为第86条"不公平性审查"的对象。消费者合同中,就消费者为偏离货物或数字内容的法定要求而达成的约定而言,其合意的标准更高。第99条第3款将第100条、第102条和第103条规定为,在偏离消费者合同要求所需的相应适格合意时的相应规定。[4] 此处,第103条可能存在错误[5],并且第99条第3款遗漏了第101条也不合理。

根据第101条第4款,第101条的所有规定在消费者合同中都具有强制性。

---

〔2〕 参见 Faust, *Leistungsstörungsrecht*, in Remien et al (eds.), GEK für die EU?, pp. 170-171,作者提出,实务中,当事人的约定能否修正适约性要求至关重要。

〔3〕 参见 Feltkamp/Vanbossele, (2011) ERPL 886,作者认为,与合同相符的定义优先于合同规范。

〔4〕 参见 Feltkamp/Vanbossele, (2011) ERPL 886;此类规定的强制性,亦参见 Faust, *Leistungsstörungsrecht*, in Remien et al (eds.), GEK für die EU?, S.171-173。

〔5〕 参见 Schopper, *Verpflichtungen und Abhilfen der Parteien*, in Wendehorst/Zöchling-Jud (eds), Am Vorabend eines GEK, p.119,作者也认为第99条第3款应参引第103条。

二、释义

（一）与合同相符

第 101 条规定了"与合同相符"的基本要求。货物和数字内容的数量、质量和描述必须符合合同要求。此外还须以合同要求的方式装运或包装，并提供所有附件、安装说明和合同要求的其他说明。根据该规定，当事人可以自由决定货物和数字内容的特性。

如果合同对货物进行了描述并确定了质量和数量，则货物和数字内容对上述内容的任何偏离都构成与合同不符。

1. 交付数量不足

交付数量低于合同要求也被视为与合同不符。但由于第 130 条第 2 款仅涉及买受人明知交付数量不足情形，因此本条仅适用于隐蔽的数量不足。实务产生的问题是，第 130 条第 2 款以外的其他情形，究竟应按照因部分未交付而部分解除的规定处理，还是应依据与合同不符的规定处理？交付数量不足主要是将合同标的视为一个整体，故而可用的救济措施也需适用于整个合同标的。因此，可以将隐蔽的交付数量不足视为与合同不符。[6]

实务中，"将交付数量不足视为与合同不符"产生的问题是，若销售特定货物时，专业买受人明知交付的数量少于出卖人承诺的交付数量，买受人（根据第 104 条，此种买受人不是消费者）就不得适用因不履行而享有的任何救济措施。

除此以外，将交付数量不足视为与合同不符在实务上并无其他后果。

买受人知道交付数量不足时，适用第 130 条第 2 款的法效，即除非买受人有合法理由拒绝，否则买受人有义务接受数量不足之交付。

2. 交付数量过多

向买受人交付数量过多也应被视为与合同不符。第 99 条第 1 款并未对此作出绝对明确的规定。但是，交付数量过多满足了不符合合同数量的标准。在《联合国国际货物销售合同公约》和《共同参考框架草案》中，围绕上述情形是否视为与合同不符存在争议。

但交付过多的性质更复杂，也许比该问题在实务中的情况更复杂。交付过多可能能借助如下层面解决：不仅可以通过不履行解决，尤其是与合同不符；也可以借助合同订立，或通过被剥夺过多交付的、本应由经营者承担的风险急剧

---

[6] 德文文献的相关讨论，参见 Müller, in Ebenroth et al, Handelsgesetzbuch, 4th edn, § 377 no 43; Grunewald, in Münchener Kommentar zum Handelsgesetzbuch, 2nd. edn., § 377 no 50; Hopt, in Baumbach/Hopt, Handelsgesetzbuch, 35th. edn., § 377 nos 17, 18; Saenger, in Ferrari et al (eds.), Internationales Vertragsrecht, 2nd. edn., art 51 CISG nos 8, 9。

增加解决。但即便是此种模式,即试图在合同订立或类似机制解决过多交付时,事实上也提供了额外的不履行的方式。选用性工具的性质要求所有订立的合同应选择法律工具,此种性质不允许通过接收额外的货物或数字内容而简单假设该合同是依据《〈欧洲共同买卖法〉条例草案》附件一订立。因此,第130条第3款至第5款的所有救济措施都须被视为不履行的救济措施,这种救济措施扩大了通常合同救济手段的范畴。

交付过多货物的情况下,有必要寻求第130条第3款至第5款的特殊规定。第130条第3款适用于《〈欧洲共同买卖法〉条例草案》附件一涉及的所有个人组装情形。根据该规定,交付的货物或数字内容数量过多的,买受人必须保留或拒绝交付。在拒绝多余交付的情形下,可以适用所有救济措施,尽管第117条第1款的合同解除权是一种相当例外的情形,且事实上这种违反在商事合同中将会非常根本,或在消费者合同中甚至会构成重大违约。

根据第130条第4款,如果买受人保留了多余交付,就将被视为已提供了合同规定的标的物并须以合同价格支付价款。这种情形下,交付过多就不再被视为与合同不符。如果买受人有理由相信,出卖人明知买受人并未订购仍故意无误交付了超额数量,则第130条第4款不适用于消费者合同。这一规定适用了"惯性销售模式"下的理念,《消费者买卖指令》对此也有所规定。这意味着,消费者可以保留多交付的货物或数字内容而无须承担任何附加义务。但若消费者决定保留这些货物或数字内容,就有悖于诚实信用和公平交易(第2条)的要求。在此情形下,消费者将无权行使与合同不符情形下的任何救济措施。

第130条不适用于不以支付价款为对价的提供数字内容合同(第130条第5款)。但或许在这些情形中,保留过多交付标的物将排斥适用因不履行而产生的权利(此情形下的救济权利只能是根据第107条主张损害赔偿)。

若因第99条规定的某项理由或其他可能理由导致接受过多交付(包括不以支付价格为对价的提供数字内容合同在内的第130条规定的情形)而与合同不符的,尽管存在数量问题,仍适用与合同不符的规定(或许也适用于第130条第5款的消费者合同)。

3.具备合同要求的质量和说明

第99条第1款第(1)项还进一步要求货物须具备合同要求的质量和描述。此处,规定了适约性标准的第100条是与当事人约定具有重要关联的条款。合同当事人可以自由约定较第100条的标准更有利于买受人的质量或描述。若合同质量或描述不符合第100条,则约定优先,除非消费者合同中消费者对这些条件的合意不符合第99条第3款。这种偏离第100条要求的情况在商事合同中相对较易(第99条第2款)。即使有损买受人且偏离第100条的要求均符合若合同条款未经协商,则适用第八章有关不公平合同条款的规定。第 100 条由此起到了《〈欧洲共同买卖法〉条例草案》附件一中公平概念指向标的作用。

从《〈欧洲共同买卖法〉条例草案》附件一的语言看并不明确的是,交付异种物是否也属于与合同不符[参见第 87 条第(18)项]。这种歧义主要源于第 87 条的规定表达,该条区分了货物和提供数字内容不符合同[第 87 条第 1 款第(3)项和第(4)项]且"与合同不符任何应予交付的(标的)"[第 87 条第 1 款第(5)项]两种情形。在这种情形下,"与合同相符"意味着交付异种物也应被视为不履行。必须是为履行合同才交付不同于合同约定货物的情形下,尽管规定与合同不符的条文类别不同,若出卖人旨在完成履行义务而为交付,第 87 条第 2 款有关与合同不符的规定也适用于交付异种物的情形。

4. 以合同要求的方式装运或包装

第 99 条第 1 款第(2)项并未规定与合同相符的单独标准。"装运"和"包装"系同义词,并未提供有关"与合同相符"的两种不同要求。若包装与合同不符,也将货物或数字内容视为与合同不符。第 100 条第(2)项规定了包装的通常要求。关于第三点的评论也同样适用于此。

5. 附件、安装说明或其他说明

根据第 99 条第 1 款第(3)项,提供货物或数字内容时,提供任何合同要求的附件和说明也属于与合同相符范畴。第 100 条第 5 款还规定了法定标准及相应后果[参见第 100 条第(12)项]。该规定旨在将提供合同要求的附件和说明纳入与合同相符的概念之下。

"附件"概念只能影响合同主要内容的货物或数字内容效用的任何物件。即便存在提供数字内容合同,也可将其他数字内容视为附件。但当事人也可在第 100 条第 5 款允许的偏离范畴内自由决定将哪些物件视为附件。

以上对未能交付附件和说明的立场可能会给适用与合同不符规定带来一定困难。可以质疑的是,例如,第 105 条第 2 款能否适用于因未交付附件和说明而产生的与合同不符的情况。适用该规定就意味着推定交付不完整。如果买受人声明所收货物不含任何合同约定的附件,对出卖人而言,欲推翻这一推定极其困难。这种情形下,应认为,买受人的上述声明不足以构成推定第 105 条第 2 款的依据。

(二)第 100 条、第 101 条和第 102 条的要求

根据第 99 条第 2 款,除非当事人另行约定,货物和数字内容必须符合第 100 条、第 101 条和第 102 条的要求。第 100 条规定了货物和数字内容符合合同的标准。第 101 条规定了消费者合同中的不正确安装问题,第 102 条要求货物应免于任何权利或无明显理由的第三方主张。《〈欧洲共同买卖法〉条例草案》附件一试图在主观适约性概念和保护市场上标准化产品的买受人需求之间

折中。当事人对合同标的物的决定自由是有限的。即便在商事合同中,决定合同标的物也非绝对自由。然而,第 99 条第 2 款规定,当事人有权自由作出与本条列举的三项要求有所不同的决定。通过提供一个明确的参考方向和体系,详细列举上述要求进而限制这种自由,也反映了《〈欧洲共同买卖法〉条例草案》附件一所采纳的正义观念。在非协商合同条款中,若出卖人提供的货物或数字内容不符合上述三项规定,即便商事合同中条款对标的物的描述也须非常精确,由此可以取代法定标准,但偏离法定标准可能会导致适用第八章有关不公平条款的规定。可能有观点认为,基于第 80 条第 2 款和第 3 款,必须将对货物进行描述排除在不公平条款审查的适用范围之外。根据这些规定,公平性控制不包含合同主要标的物的定义和价格。对货物或数字内容的描述,主要可以被视为对合同主要标的物的定义。然而,有关货物或数字内容与合同相符的具体要求却会导致对上述除外范围的限制。如果存疑合同条款偏离了任意性规定,就可在任何情况下适用公平性审查。由此看来,任意性规定的存续意味着,不能将那些可能属于适用范围的标的物视为界定合同主要标的物。第 100 条、第 101 条和第 102 条将合同主要标的物限于货物或数字内容本身的类别之下,而未触及诸如货物或数字内容所需具备的质量要求这些内容。如果通过非协商条款过度偏离第 100 条、第 101 条和第 102 条,就须依据第 83 条有关消费者合同的规定和第 86 条有关商事合同的规定将此种偏离(条款)视为不公平。

(三)减损第 100 条至第 103 条以损害消费者

第 99 条第 2 款也适用于消费者合同,其后果是,即便在消费者合同中也可能存在偏离第 100 条和第 102 条要求的情况。但根据第 99 条第 3 款,在消费者合同中,如果存在偏离第 100 条和第 102 条规定的情形,就需承担更高的负担。[7] 第 99 条第 3 款援引了第 103 条,这种援引并不合理。这显然是一处预想之外的起草错误,须予纠正。这种损害消费者的、偏离第 100 条和第 102 条标准的条款的有效性取决于消费者在缔约时对货物和数字内容具体情况的了解,以及消费者是否接受这些货物和数字内容并认为其符合合同。这种更高的接受的要求旨在确保消费者在上述情况中能认真决定并不被误导,消费者的合法预期不应与出卖人承诺的内容相偏离。但这是整个《〈欧洲共同买卖法〉条例草案》附件一强调的理念,即合法预期应优先于"游离"于另一方当事人良知之外的内容。因此,第 99 条第 3 款显然不会过多增加合同通常的要求。第 99 条第 3 款增强了透明性(第 82 条)要求,也增强了对那些偏离第 99 条第 3 款关于

---

[7] 对于将安装和包装视为货物符合合同的标准之一以及不履行的效果持批判观点的,参见 Faust, "Kaufrecht", in Schulte-Nölke et al (eds.), Der Entwurf für ein optionales europäisches Kaufrecht, p.165。

符合明确展示数字内容和货物的规定的条款进行公平性控制的要求。仅在非协商条款情形下才可能发生偏离有关货物和数字内容的标准法定要求且可能潜在违反第99条第3款标准的情况。如果消费者就合同条款进行了协商,那就满足了第99条第3款有关合意的更高标准。这也会产生反向效应,即第99条第3款规定了协商的更高标准。

即便第99条第2款如此规定,若满足买受人合意更高要求的规定偏离了第100条的特定规定,此类规定也将无效。第100条第(6)项涉及像依据第69条第1款使合同条款成为合同一部分的情形。在消费者合同中(第69条第4款),第69条具有强制性,即便消费者已通过适格方式达成合意,合同当事人约定也不得偏离该规定。[8]

(四)第99条第3款的强制性

根据第99条第4款,第99条第3款具有强制性。从技术上来看,第99条第4款的规范构成并不完美。[9] 第99条第3款仅适用于消费者合同,故在第99条第4款中强调这一事实是多余的。第99条第4款旨在排除消费者合意降低货物和数字内容质量更高要求的可能性(从第100条、第101条和第102条来看,其与第103条的关联是错误的,应关联第101条)。[10] 第99条第4款实际上仅涉及决定当事人之间后续合同的一项合同(先合同或框架合同),从《〈欧洲共同买卖法〉条例草案》附件一的典型适用范围来看,这是非常少见的。当事人可以自由约定有关消费者合意有效性的更高要求(例如要求特定形式),但这也只是一个理论问题。

---

[8] 类似观点,参见 Gsell, "Fehlerbegriff und Beschaffenheitsvereinbarung im Gemeinsamen Europäischen Kaufrecht", in Schulte-Nölke et al (eds.), Der Entwurf für ein optionales europäisches Kaufrecht, pp.245-246。

[9] 参见 Schopper, "Verpflichtungen und Abhilfen der Parteien", in Wendehorst/Zöchling-Jud (eds.), Am Vorabend eines GEK, p.119, 作者认为,由于第99条第3款已经包含了相关规定,因此第99条第4款是多余的,删除此条毫无问题。

[10] 亦参见 Schopper, "Verpflichtungen und Abhilfen der Parteien", in Wendehorst/Zöchling-Jud(eds.), Am Vorabend eines GEK, p.119。

《北航法律评论》简介

《北航法律评论》(Beihang Law Review)系北京航空航天大学法学院主办的法学刊物,创刊于2010年,现由北航青年教师和学生共同组成编辑团队。它以"弘扬法治理念,阐释法学精义,透析社会现实,推动法学教育"为办刊宗旨与理想,坚持学术自由、兼容并蓄、思想自由的人文精神,透视和洞察中国当前的法律体系、社会结构、社会心理及思想意识,透过独特的视角,探寻中国法治道路的方向,兼具理论性、适用性与前瞻性。

《北航法律评论》采用学术集刊的出版形式,每年出版1至2辑,设有"专题研讨""论文""译文""案例分析""时评""人物访谈"等栏目。《北航法律评论》策划的专题有法律实证主义、侵权法的回顾与展望、刑事诉讼法的修改、民法典编纂和网络安全与网络犯罪等,希望成为国内法学前沿理论研究与交流的思想阵地。本刊已被中国知网(CNKI)数据库、中国法律知识总库、北大法宝等数据库全文收录。

本刊编辑部地址:北京市海淀区学院路37号北京航空航天大学法学院《北航法律评论》编辑部,邮编:100191,E-mail:bhlawrev@163.com。

《北航法律评论》约稿函

为达致办刊宗旨与理想及学术旨趣,《北航法律评论》欢迎海内外学者来稿。来稿请以电子邮件方式发送至本刊编辑部,本刊编辑部邮箱为 bhlawrev@163.com。对本刊编辑原则及体例,特声明如下,以供参考:

1. 本刊拟每年出版 1 至 2 辑,采取以书代刊的方式,文章形式可为论文、译文、案例分析、书评、随笔、立法与司法动态述评及学术会议综述等;

2. 本刊原则上对来稿不考虑作者身份及学术背景,仅以学术水平与学术规范为标准,论文或译文原则上应为 1 万字以上;

3. 本刊所刊载文章中的观点均属于作者个人,并不必然反映编辑部或其他机构、个人的观点;

4. 本刊版权属于本刊编辑部所有;本刊所刊载文章,均视为已由其作者授予自发表之日起 1 年的专有使用权;

5. 为保证学术研究的严肃性与纯洁性,维护良好学风,凡为本刊供稿之作者在文中引用他人著述时,均须注明出处;如有剽窃、抄袭行为,本刊将本着文责自负的原则,由侵权者本人承担全部责任;

6. 来稿需在同一种语言下未事先以任何书面或网络等形式公开发表;稿件请附英文标题、中文摘要和关键词,并注明作者身份和联系方式;译稿需同时邮寄原文稿,并附作者或出版者的翻译授权许可;

7. 本刊欢迎对所刊文章的转载、摘登、翻译或结集出版,但任何转载、摘登、翻译或结集出版,均须事先得到本刊编辑部的书面许可;

8. 为扩大本刊及作者知识信息交流渠道,除非作者在来稿时声明保留,则视为同意本刊编辑部拥有向第三人授予已刊作品的电子出版权、信息网络传播权和数字化汇编、复制权;以及向《中国社会科学文摘》《高等学校文科学术文摘》和中国人民大学书报复印资料等文摘类刊物推荐转载已刊作品的权利;

9. 自本刊收到来稿之日起,2 个月后如未采用或未通知,作者或译者可自行处理;

10. 任何来稿视为作者或译者已经阅读或知悉并同意本刊上述各项声明。

《北航法律评论》引证体例

一、一般体例

1. 引证应能体现所援用文献、资料等的信息特点:(1)能与其他文献、资料等相区别;(2)能说明该文献、资料等的相关来源,方便读者查找。
2. 引证注释以页下脚注形式连续编排。
3. 本体例要求注释与正文分开。在正文需加注释处右上角以阿拉伯数字标记。脚注编号通常位于相应标点之外。
4. 正文中出现100字以上的引文,不必加注引号,直接将引文部分左右边缩排两格,并使用楷体字予以区分。100字以下引文,加注引号,不予缩排。
5. 引证可不使用引导词或加引导词,支持性或背景性的引用根据可使用"参见""例如""例见""又见""参照""一般参见""一般参照"等;对立性引证的引导词为"相反""不同的见解,参见""但见"等。
6. 注释中重复引用文献、资料时,若为注释中次第紧连援用同一文献、资料等的情形,可使用"同上注"。若两个注释编号次第紧连,但引证的同一文献不在同一页码,则使用"同上注,第 M 页"。若重复援用同一文献、资料等的注释编号中间有其他注释的情形,应先加注作者名,在作者名后注明"见前注 X,第 M 页"。若前注中有多项引证不同文献、资料等的情形,则应注明作者或者文献、资料标题后,加"见前注 X"或"见前注 X,第 M 页"(在引证同一文献、资料等的不同页码时),以示区分。
7. 图书或成册作品援用的一般结构次序为:
作者:标题,出版者,出版时间,版次,页码。
8. 定期出版物援用的结构次序为:
作者:标题,出版物名称,卷期号,出版时间,页码。
9. 作者(包括编者、译者、机构作者等)为三人以上时,可仅列出第一人,使用"等"予以省略。
10. 作者众所周知的作品,可不加作者名。
11. 编辑、整理而非创作之作品,应在编者、整理者姓名后,作品标题前注明编辑/编著/主编/整理等。

12. 引证多作者独立作品汇集的汇集作品文献、资料时(如研讨会等成果结集出版),在该独立作品后注明"载"某汇集作品。

13. 引证二手文献、资料,需注明该原始文献资料的作者、标题,在其后注明"转引自"该援用的文献、资料等。

14. 引用影印本或其他印本,用括弧注明原作出版时间及影印时间。

15. 引证信札、访谈、演讲、电影、电视、广播、录音等文献、资料等,在其后注明资料形成的时间、地点或出品时间、出品机构等能显示其独立存在的特征。

16. 外文作品的引证,从该文种的学术引证惯例,不必译成中文;外国人名、地名等专有名称建议保持原文。

二、引用例证

1. 著作

* 张晋藩:《中国法律的传统与近代转型》,法律出版社 2005 年版,第 32 页。

* Dennis Patterson, Law and Truth, New York: Oxford University Press, 1996, p. 76.

2. 译作

* 〔法〕孟德斯鸠:《论法的精神》(下册),张雁深译,商务印书馆 1963 年版,第 32 页。

3. 编辑(主编)作品

* 朱景文主编:《对西方法律传统的挑战——美国批判法律研究运动》,中国检察出版社 1996 年版,第 32 页。

* 郭道晖等主编:《中国当代法学争鸣实录》,湖南人民出版社 1998 年版,第 32 页。

4. 杂志/报刊文章

* 徐爱国:《霍姆斯〈法律的道路〉诠释》,载《中外法学》1997 年第 4 期,第 115 页。

* 马蔚:《集体企业改制的法治缺失》,载《工人日报》2004 年 6 月 12 日第 5 版。

* Oliver W. Holmes, The Path of the Law, 10 Harvard Law Review 457, 460 (1897).

5. 作者众所周知的

*《马克思恩格斯选集》(第一卷),人民出版社 1995 年版,第 32 页。

6. 著作中的文章

＊〔美〕宋格文:《天人之间:汉代的契约与国家》,李明德译,载高道蕴等主编:《美国学者论中国法律传统》,中国政法大学出版社 1994 年版,第 32 页。

7. 网上文献资料引证(引证网上文献资料应将该页面另存为独立文档,发送至本编辑部的电子邮箱或者打印出寄送本刊编辑部,以备查阅)。

＊梁戈:《评美国高教独立性存在与发展的历史条件》,载〈http://www.edu.cn/20020318/3022829.shtml〉(2002 年 5 月 17 日访问)。

＊ Randi Bussin, Multilingual Web Site Strategy & Implementation: Microsoft 〈http://www.headcount.com/globalsource/articles.htm〉 (last visited Apr. 19, 1999).